高等职业教育理实一体化系列教材

电商物流中心运营管理
（基于 ITP 一体化教学管理平台）

主　编　杨礼美　吕志君
副主编　杨麒伊　代朝本　余建海
参　编　陈　蕾　晏少东　肖德均
　　　　李苏芳　韩雅光　张琚燕

机械工业出版社

本书是在"产教融合，协同育人"的背景下，由上海百蝶教育科技有限公司联合国内多名在高等职业院校任教并具有丰富一线教学经验的教师共同开发的、基于ITP一体化教学管理平台的高等职业教育理实一体化教材。

"电商物流中心运营管理"是高等职业院校物流管理专业和电子商务专业的核心课程。本书的主要特色是教学管理平台化、教学载体虚拟化、教学内容项目化、教学模式理实一体化、能力训练任务化、考核评价成果化，以此实现以模拟操作技能训练为切入点，逐步提升学生管理技能的教学目标。

本书共设计了两个教学项目、七个子项目和十四个教学任务，主要内容包括电商物流中心调研方案设计与实施、入库作业方案设计与实施、补货作业方案设计与实施、盘点作业方案设计与实施、出库作业方案设计与实施、综合作业优化方案设计与实施（单人作业）以及综合作业优化方案设计与实施（小组作业）。

本书作为电商物流虚拟仿真运营管理软件的配套教材，适用于高等职业院校物流管理、电子商务及其相关专业的学生使用。

图书在版编目（CIP）数据

电商物流中心运营管理：基于ITP一体化教学管理平台 / 杨礼美，吕志君主编. —北京：机械工业出版社，2020.9（2024.2重印）

高等职业教育理实一体化系列教材

ISBN 978-7-111-66527-4

Ⅰ. ①电… Ⅱ. ①杨… ②吕… Ⅲ. ①电子商务—物流管理—高等职业教育—教材 Ⅳ. ①F713.365.1

中国版本图书馆CIP数据核字（2020）第177574号

机械工业出版社（北京市百万庄大街22号　邮政编码100037）

策划编辑：李　兴　　责任编辑：李　兴　邢小兵
责任校对：赵　燕　　封面设计：马精明
责任印制：常天培

北京机工印刷厂有限公司印刷

2024年2月第1版第5次印刷

184mm×260mm・17.75印张・421千字

标准书号：ISBN 978-7-111-66527-4

定价：54.80元

电话服务　　　　　　　网络服务

客服电话：010-88361066　　机 工 官 网：www.cmpbook.com
　　　　　010-88379833　　机 工 官 博：weibo.com/cmp1952
　　　　　010-68326294　　金 书 网：www.golden-book.com
封底无防伪标均为盗版　机工教育服务网：www.cmpedu.com

前　言

21世纪以来，随着互联网技术和电子商务技术的普及应用，"一带一路"倡议带来了物流业、电商业、商贸业等综合业态的全新发展，我国物流业总体规模快速增长。电子商务是依托网络通信技术进行的商务活动，主要包括商城、消费者、产品和物流四大元素，是现代物流的重要组成部分。电商物流与传统物流相比，在服务层面提出了更高的要求，需要大批掌握先进技术的高素质物流人才以适应具有信息化、自动化、网络化、智能化的发展需求。

本书着重对于学生创新意识和创新能力的培养，以适应2035年"高水平科技自立自强，进入创新型国家前列，建成科技强国"的国家战略目标。为满足我国电商物流业对日益增长的高端技能型电商物流作业管理人才需求，在"产教融合，协同育人"的背景下，由上海百蝶教育科技有限公司联合国内多名在高等职业院校任教并具有丰富一线教学经验的教师共同开发的、基于ITP一体化教学管理平台的高等职业教育理实一体化教材。《教育部关于全面提高高等职业教育教学质量的若干意见》（教高〔2006〕16号）明确指出：课程建设与改革是提高教学质量的核心，也是教学改革的重点和难点；改革教学方法和手段，融"教、学、做"为一体，强化学生能力的培养。"电商物流中心运营管理"是高等职业院校物流管理专业、电子商务专业核心课程，编写本书的目的就是为了满足高等职业院校物流管理专业和电子商务专业课程教学改革需要，为课程教学改革提供一套完整的教学解决方案：即以学生职业能力培养为中心，以突破高等职业院校教育专业课程教学改革困境为出发点，以电商物流虚拟仿真运营管理软件为教学载体，以教学内容项目化为导向，以任务驱动为能力训练手段，以理实一体为教学模式，以工作结果为考核评价依据，逐步提升学生管理技能。

高等职业院校物流管理专业和电子商务专业担负着培养面向生产或服务企业一线基层管理者的重要任务，作为电商物流中心的基层管理者，既要具备熟练的作业技能，又要具备客户意识、服务意识、质量意识、效率意识、成本意识等管理意识，并在此基础上培养和提升自身的管理技能。在实际工作中，基层管理者的作业技能和管理技能是密不可分的，两者互为前提和因果关系，相互影响，相互促进。因此，本书以培养学生熟练掌握电商物流中心作业技能（货物入库作业、补货作业、盘点作业及出库作业）为出发点，旨在以此为基础培养和提升学生的管理意识和管理技能。书中技能链接部分主要是结合不同的项目任务要求，对有效实施该任务所需的管理技能加以陈述和强调，旨在为顺利完成作业任务建立起必要的管理逻辑和管理意识，为培养和提升管理技能奠定基础。

本书的主要特色是教学管理平台化、教学载体虚拟化、教学内容项目化、教学模式理实一体化、能力训练任务化、考核评价成果化，以此实现以模拟操作技能训练为切入点，逐步提升学生管理技能的高端技能型物流人才培养目标。

本书作为基于ITP一体化教学管理平台的电商物流虚拟仿真运营管理软件（IELS）的配套教材，适用于高等职业院校物流管理、电子商务及其相关专业的学生使用。本书的配套教学管理平台及虚拟仿真软件可以向教材的合作企业——上海百蝶教育科技有限公司购买或以学校名义申请试用。本书提供完整的配套教学资源，包括微课视频、教师演示任务数据及方案设计模板，其中供学生学习使用的教学资源可在ITP一体化教学管理平台中获取，供教师使用的教学资源可向机械工业出版社（www.cmpedu.com）申请获取。

  本书在编写过程中，参考了大量的书籍、文献、论文等，作者已经尽可能在参考文献中详细列出，在此对这些前辈、同行、专家、作者表示深深的谢意。引证材料由于疏漏没有列出的，在这里深表歉意。本书承蒙上海百蝶教育科技有限公司刘华荣总经理提供各方面的支持，同时也承蒙顺德职业技术学院的高钧教授在百忙之中对本书进行了认真审阅，在此谨表示衷心的感谢，同时对参与和支持本书出版的所有同志表示谢意。

  由于水平有限，书中难免有差错遗漏之处，敬请读者批评指正。

编 者

目　录

前言

项目一　电商物流中心单项作业方案设计与实施 ... 1

子项目一　电商物流中心调研方案设计与实施 ... 2
　　任务一　电商物流中心调研方案设计 ... 3
　　任务二　电商物流中心调研方案实施 ... 19

子项目二　电商物流中心入库作业方案设计与实施 ... 32
　　任务一　电商物流中心入库作业方案设计 ... 33
　　任务二　电商物流中心入库作业方案实施 ... 45

子项目三　电商物流中心补货作业方案设计与实施 ... 70
　　任务一　电商物流中心补货作业方案设计 ... 71
　　任务二　电商物流中心补货作业方案实施 ... 77

子项目四　电商物流中心盘点作业方案设计与实施 ... 98
　　任务一　电商物流中心盘点作业方案设计 ... 99
　　任务二　电商物流中心盘点作业方案实施 ... 105

子项目五　电商物流中心出库作业方案设计与实施 ... 118
　　任务一　电商物流中心出库作业方案设计 ... 119
　　任务二　电商物流中心出库作业方案实施 ... 129

项目二　电商物流中心综合作业优化方案设计与实施 ... 195

子项目一　电商物流中心综合作业优化方案设计与实施（单人作业） ... 196
　　任务一　电商物流中心综合作业优化方案设计（单人） ... 197
　　任务二　电商物流中心综合作业优化方案实施（单人） ... 207

子项目二　电商物流中心综合作业优化方案设计与实施（小组作业） ... 232
　　任务一　电商物流中心综合作业优化方案设计（小组） ... 233
　　任务二　电商物流中心综合作业优化方案实施（小组） ... 243

附录 ... 270
　　附录A　电商物流中心设施设备基础信息 ... 270
　　附录B　标准正态分布表 ... 273
　　附录C　电商物流中心调研模板（供参考） ... 274

参考文献 ... 275

项目一

电商物流中心单项作业方案设计与实施

项目背景

百蝶集团是一家自营式 B2C 网络零售商，是国内电子商务领域名列前茅的电子商务平台之一。百蝶集团电商平台通过入驻商户和百蝶自营网上超市两种方式进行运营。其中，入驻商户是以邀请商家入驻的模式合作，通过整合品牌商和生产商，为商家和消费者之间提供一站式解决购物平台；百蝶自营网上超市为百蝶集团近年来全新打造的网上零售超市，集团凭借自身在中国电子商务市场的领先优势，整合数千家品牌商、生产商，在线销售家电、数码通信、家居百货、母婴、食品等优质商品，为客户提供便捷高效的网上综合购物服务。

百蝶自营网上超市建立了自营物流体系，对所有线上销售商品实行统一采购、统一管理、统一销售等，在实现规模效益的同时，有效地实现产品的可追溯性。为实现客户订单快速效应，百蝶自营网上超市已建立华北、华东、华南、西南、华中、东北六大物流中心，同时在全国超过 360 座城市建立核心城市配送站。与此同时，百蝶自营网上超市已建立起自有配送快递服务，可实现客户订单 24 小时配送到家服务。

由于百蝶自营网上超市的不断成熟，线上销售量稳步提升，为保证订单的服务质量，百蝶自营网上超市不断建立新的物流中心。2017 年 3 月，百蝶自营网上超市在上海建立的全新上海百蝶电商物流中心完工并投入使用。上海百蝶电商物流中心引进先进的"无人仓"技术，通过自动三向叉车、智能搬运机器人和智能分拣线等智能化仓库硬件设备实现无人化作业，有效地降低了人力成本。同时，上海百蝶电商物流中心引进先进的智能调度软件系统，实现物流中心的"无纸化"作业。上海百蝶电商物流中心实行 24 小时交叉作业不间断服务，并结合自有配送快递服务，在订单快速响应的同时，有效地降低了仓储成本。

上海百蝶电商物流中心为上海市的直配仓，每天业务繁多，为优质高效地响应客户订单，物流中心各个部门需要有效协同合作，对各个作业环节进行流程优化，制定有效的标准化作业流程，并为物流中心的布局设计和设备调度提供解决方案。作为一名物流中心管理工作人员，请对物流中心的运行进行有效分析，你认为如何展开这一系列的工作才能更加高效地维持物流中心的运行？

子项目一
电商物流中心调研方案设计与实施

 子项目情景

上海百蝶电商物流中心拥有30名员工，库房面积近20 000m²，物流中心为单层直线型布局，在东西两侧均建有装卸平台，东侧为入库卸车平台，西侧为出库装车平台。装卸平台高1.2m，车辆停靠后，车厢抱垫板与站台面基本上处于同一平面，出库装车平台的输送线可直接延伸至车厢内，可大幅降低装卸作业环节的劳动强度。

上海百蝶电商物流中心在过去半年的运营中，高品质的商品和高效的配送服务使其业务量持续攀高，为保证后期的服务质量，上海百蝶电商物流中心近期招聘数名新员工。由于上海百蝶电商物流中心引进了先进的物流装备和物流技术，物流中心采用"货到人"拣选作业方式，并使用"无纸化"作业，所有员工均使用信息化作业方式，为保证新员工能适应新的工作方式，公司为新员工提供为期8周的岗前培训，主要包括物流中心的理论知识学习、参观学习、轮岗学习和定岗学习四部分内容。

其中，理论知识的学习时间为期1周，包括企业文化学习、电商物流的基本理论知识学习、设施设备的认知学习和岗位职责学习等；参观学习的时间为期1周，包括对电商物流中心布局、设施设备、岗位职责、商品信息、库存信息等的调研学习；轮岗学习为期6周，主要是对各个岗位业务的熟悉了解；在轮岗学习结束后，员工根据自身的特点和优势选择合适的岗位进行定岗实习，对定岗岗位进行细化学习，为真正进入实际工作岗位打下良好的基础。

2018年8月27日，新员工开始为期2周的理论知识学习和参观学习，公司要求在参观学习结束后，新员工要根据自己的学习和参观收获，将看到的和学到的东西以书面的形式进行总结，并以报告的形式进行递交。作为新员工，你将如何安排接下来的理论知识学习和参观学习？

 学习目标

【知识目标】
1. 掌握电商物流及其相关概念，理解电商物流模式的分类。
2. 掌握物流中心及其相关概念，理解物流中心的要素及分类。
3. 掌握现代物流技术的概念，理解现代物流技术的分类及设备设施。
4. 掌握智能仓储设备的分类、功能和用途。
5. 掌握电商物流中心各岗位及其职责，理解电商物流中心组织结构及岗位设置的原则。

【技能目标】
1. 能够依据项目任务书的要求设计完整的电商物流中心调研方案。
2. 能够依据调研方案完成电商物流中心岗位及其职责、设施设备及其规模调研。

3. 能够依据调研方案完成电商物流中心商品数据、库存量数据及作业成本调研。
4. 能够规范撰写电商物流中心调研报告。
5. 能够规范绘制电商物流中心平面布局图。

【素质目标】
1. 树立严谨认真的工作态度。
2. 培养吃苦耐劳的工作精神。

任务一　电商物流中心调研方案设计

知识链接

一、电子商务物流基础知识

（一）电子商务

1．电子商务的含义

《电子商务模式规范》（SB/T 10518—2009）对电子商务的定义是：基于互联网技术和网络通信手段进行货物或服务交易，并提供相关服务的商业形态。电子商务按照交易主体的不同可具体细分为：企业（或其他组织机构）之间（Business to Business，简称 B2B）、企业（或其他组织机构）和消费者之间（Business to Consumer，简称 B2C）、消费者之间（Consumer to Consumer，简称 C2C）。

2．电子商务的分类

电子商务的运营模式有多种，主要分为 B2B 模式（企业对企业）、B2C 模式（企业对消费者）和 C2C 模式（消费者对消费者）等。

（1）B2B 模式（Business to Business）指商家（泛指企业）对商家的电子商务。在 B2B 模式下，企业与企业通过互联网实现产品、信息、服务等的交互，通过互联网技术和电商网络平台实现交易。

（2）B2C 模式（Business to Consumer）指商家（或企业）对消费者的电子商务。这种形式的电子商务一般以网络零售业为主，商家借助互联网开展线上销售活动，客户对象主要为消费者。

（3）C2C 模式（Consumer to Consumer）指消费者对消费者的电子商务。C2C 模式同 B2B 模式、B2C 模式一样，都是电子商务的主要模式之一。C2C 模式主要是为买卖双方提供一个在线交易平台，使卖方可以主动提供商品并上网销售，而买方可以自行选择商品进行购买。

（二）电子商务物流

1．电子商务物流的含义

《电子商务物流服务规范》（SB/T 11132—2015）对电子商务物流进行了定义。电子商务物流（Electronic Commerce Logistics）是为电子商务业务提供运输、存储、装卸、搬运、包装、流通加工、配送、代收货款、信息处理、退换货等服务的活动。

2. 电子商务物流的特点

与传统物流相比，电子商务物流的特点主要表现在以下几个方面：

（1）信息化。物流信息化是电子商务物流的必然要求。物流信息化表现为物流信息的商品化、物流信息收集的数据库化和代码化、物流信息处理的电子化和计算机化、物流信息传递的标准化和实时化、物流信息存储的数字化等。

（2）自动化。信息化是自动化的基础，自动化的外在表现是无人化，自动化的效果是省力化。物流的自动化可以扩大物流作业能力，提高劳动生产率，减少作业错误率，是电子商务物流的主要特征之一。

（3）网络化。网络化是电子商务物流活动的另一个主要特征。网络化是指物流信息系统中的计算机通信网络，物流中心、供应商、客户之间的联系通过计算机网络关联，实现信息网络化；同时，网络化也体现在组织的网络化上，企业内部网络将部门相互关联，实现企业内部信息沟通的网络化。

（4）智能化。智能化是信息化高层次的应用。为了提高物流现代化水平，物流作业中运用大量的运筹与决策，将理论知识通过计算机技术应用于物流技术和设备中，实现智能化物流。物流的智能化已成为电子商务背景下物流发展的新趋势。

（5）柔性化。物流的柔性化是指通过配套的柔性化物流系统，根据消费需求"多品种、小批量、多批次、短周期"的特点，实现灵活组织和实施物流作业的目的。柔性化的物流能够更好地适应生产、流通和消费需求。

此外，物流设施、商品包装的标准化以及物流的社会化、共同化也都是电子商务物流的特点。

3. 电子商务物流模式

（1）电商自营物流是指企业对自身物流活动直接进行组织与管理。一般来说，采用该种模式的企业，大都具备一定的物流设施与设备，并具备相应的物流管理人才。

电商自营物流具有很大的优势。首先，电商自营物流有效降低了物流成本，提升了物流服务水平。从我国电子商务市场发展阶段来看，各类电商企业竞争加剧，已经从单一产品、价格的竞争发展到服务层面的竞争，为了抢占用户，增加用户黏性，电商企业通过加强电商"最后一公里"建设，提升用户体验。其次，电商自营物流有效增加了电商企业的主动性。通过自建物流体系，电商企业自主安排物流计划，不仅极大地提升了配送的效率，而且极大地提高了顾客的满意率。进行自建物流的电商企业可以通过自有的物流进行新业务的推广和品牌的宣传，对已购用户进行再次营销，提升再次购买的可能性及用户黏性，并且电商自营物流提升了资金的回流速度。电商企业自建物流可以通过自己的配送人员，在上门配送货物的同时收款，能够实现当天发出的货物当天回款，极大地提高了资金周转效率，降低了资金周转压力。同时，电商物流培育了另一个价值中心。若电商企业自建物流，随着自建物流规模的不断扩大、实力的不断增强，电商企业的自有物流体系将不仅可以满足企业内部的物流需求，更有可能向外扩展，为其他企业提供物流服务。确切地说，电商企业自有物流体系将发展为第三方物流。

但是，对于电商企业来说，建立企业自营物流并不是件容易的事情。首先，建立自营物流面临着巨大的资金压力。物流的选址与新建需要较长时间完成，投入期较长即需要牵制大量的资金。此外，电商企业的发展速度远远超过物流的建设速度，一定时间内，自建物流系统是无法发挥作用的。加之物流行业专业性有限，短期压力较大，若没有雄厚的资金的持续投入，自建物流是无法实现的。其次，建立自营物流需要企业的多部门参与，同时需要投入大量人员，管理压力较大。

（2）物流联盟模式是指基于正式的相互协议而建立的一种物流合作关系，参加联盟的企业汇集、交换或统一物流资源以谋取共同利益；同时，合作企业仍保持各自的独立性。物流联盟为了达到比单独从事物流活动取得更好的效果，在企业间形成了相互信任、共担风险、共享收益的物流伙伴关系。企业间不完全采取导致自身利益最大化的行为，也不完全采取导致共同利益最大化的行为，只是在物流方面通过契约形成优势互补、要素双向或多向流动的中间组织。一般来说，组成物流联盟的企业之间具有很强的依赖性，物流联盟的各个组成企业明确自身在整个物流联盟中的优势及担当的角色，内部的对抗和冲突减少，分工明晰，使供应商把注意力集中在提供客户指定的服务上，最终提高了企业的竞争能力和竞争效率，满足企业跨地区、全方位物流服务的要求。

（3）第三方物流（Third-Party Logistics，简称3PL或TPL）模式是指独立于买卖之外的专业化物流公司，长期提供给卖家全部或部分的物流功能服务，也可为企业提供物流解决方案，实现定制化的企业物流服务。第三方物流可以与企业实现信息共享，实现优势互补，从而降低企业的物流成本，提高其经济效益。

（4）第四方物流模式主要是提供物流咨询服务的咨询公司根据企业实际需求，结合专业分析诊断，提供优质的物流系统优化和设计方案。第四方物流公司以其知识、智力、信息和经验为资本，为物流客户提供一整套的物流系统咨询服务。第四方物流的关键在于为顾客提供最佳的增值服务，即迅速、高效、低成本和个性化的服务等。

（5）物流一体化模式是指以物流系统为核心，由生产企业、物流企业、销售企业及消费者结合成有机整体，实现供应链的整体化和系统化。这种模式下建立完善的物流企业与生产企业关系，并增加客户体验交流，有效整合资源，实现资源共享，提高社会效益。这是成熟电子商务物流的标志。

二、现代物流中心基础知识

（一）认识现代物流

1. 现代物流的含义

现代物流是指整合信息、运输、仓储、库存、装卸、搬运以及包装等物流活动为集成管理的新兴物流管理形式，现代物流可最大限度地降低物流总成本，为顾客提供更好的服务。

2. 现代物流的主要特征

（1）物流反应快速化。订单快速响应，前置和配送时间短，商品周转次数多。

（2）物流功能集成化。将物流与供应链的相关环节进行集成，即物流与商流的渠道集成、物流渠道质检的集成、物流功能集成、物流环节与制造环节的集成等。

（3）物流服务系列化。物流服务功能的正确定位与完善化、系列化。除了传统的储存、运输、包装、流通加工等服务外，可向上扩展至市场调研与预测、采购及订单处理，向下延伸至配送、物流咨询、物流方案的选择与规划、最佳库存控制策略、贷款回收与结算、教育培训等增值服务。

（4）物流作业规范化。现代物流强调功能、作业流程、作业动作的标准化和程式化，使复杂的作业变成简单的易于推广与考核的动作。

（5）物流目标系统化。现代物流从系统角度出发，统筹规划整个物流中心的各种物流活动，谋求整体物流活动最优化。

（6）物流手段现代化。现代物流使用最新的技术、设备与现代化的管理模式与手段为销售提供优质的服务，确保生产、流通、销售规模化。

（7）物流组织网络化。现代化的物流网络体系，快速、全方位地加快了产品的流通。

（8）物流经营市场化。现代物流企业的经营采用市场机制，无论是物流企业，还是社会化物流企业在承担物流任务时，都以"最佳服务，最低成本"的服务目标取信于用户。

（9）物流信息电子化。由于计算机信息技术的应用，增加了现代物流过程的可见性，大大降低了物流过程中库存积压、延期交货、延时交货、库存与运输不可控等风险，从而加强了供应商、物流商、批发商和零售商等在物流组织过程中的协调性。

3．现代物流与传统物流的区别

传统物流指产品出厂后的包装、运输、装卸、仓储、配送的物流活动。现代物流是在传统物流的基础上增加了物流系统化、综合物流管理的概念，使物流向两头延伸并加入新的内涵，使社会物流与企业物流有机结合，使采购物流、生产物流、销售物流、回收物流一体化。

现代物流与传统物流的区别主要表现在以下几个方面：

（1）传统物流主要是产品发生简单的位移，现代物流则增加提供增值服务。

（2）传统物流是被动服务，现代物流是主动服务。

（3）传统物流实行人工控制，现代物流实施信息管理。

（4）传统物流无统一服务标准，现代物流实施标准化服务。

（5）传统物流的重点是点对点服务，现代物流力求构建全球服务网络。

（6）传统物流是单一环节的管理，现代物流是物流系统的优化管理。

（二）认识物流中心

1．物流中心的含义

物流中心（Logistics Center）是指专门从事物流活动的中介场所。《物流术语》（GB/T 18354—2006）定义，物流中心是从事物流活动且具有完善的信息网络的场所或组织，应符合下列要求：第一，主要面向社会提供公共物流服务；第二，物流功能健全；第三，集聚辐射范围大；第四，储存、吞吐能力强；第五，对下游配送中心、客户提供物流服务。

2. 物流中心的功能

根据物流中心本身的内涵和特点，物流中心的功能可以划分为基础功能、基本功能和增值功能，见表 1-1-1。

表 1-1-1　物流中心功能

功能类型	功能	详情
基础功能	储存功能	储存功能是物流中心的基本功能，但其主要目的不是储存货物，而是通过储存使货物更好、更快地周转
	运输功能	物流中心配置运输功能的目的是为了更好地满足客户服务需要，方便用户；其次是满足自身对运输的要求
	装卸搬运功能	物流中心应配备相应的装卸搬运设备，尽可能地实现装卸搬运的机械化和自动化，以提高装卸搬运作业效率，减少商品的损毁
	流通加工功能	物流中心设立流通加工功能，是为了更加有效地满足客户需求
	包装功能	物流中心设立包装功能，是为了更加有效、低成本地进行物流活动
	配送功能	配送的业务流程包括客户需求确认、货物分拣、组装、分货、交货等环节
基本功能	集约功能	物流中心的集约功能主要表现在资源要素的集约和功能要素的集约。资源要素主要包括物质资源要素、人力资源要素和资金资源要素等，功能要素主要包括信息、包装、储存、装卸搬运以及运输与配送等功能要素。集约能实现物流资源与功能配置的有效结合，有利于提高物流资源的利用率，发挥物流功能的作用，同时有效降低物流成本
	组织功能	物流中心的组织功能主要表现在物流中心对物流资源要素的组织、物流功能要素的组织以及物流活动的组织等方面
增值功能	信息服务功能	物流中心在建立信息系统的同时，还可以利用信息系统为客户提供多方面的信息服务
	商流服务功能	商流服务功能指的是物流中心在为客户提供物流服务的过程中，同时为用户提供的交易服务所产生的增值服务
	结算与资金服务功能	结算与资金服务功能是物流中心为客户提供的一种延伸服务。结算功能包括物流费用的结算、代收货款等；资金功能主要是指物流中心在提供物流服务的同时为客户提供相应的资金支持与服务

3. 物流中心的分类

按功能划分，物流中心可分为集货中心、配送中心和集配中心。

（1）集货中心。集货是将零星货物组成批量货物的一种经济活动，专门从事这种活动的物流中心一般称为集货中心。集货中心要想有效地完成自身的职能，应具有以下主要设施：一是要具有与其相关的设备装备；二是要具有相应的储存设施；三是要具有相应的网络系统。

（2）配送中心。根据《物流术语》（GB/T 18354—2006）定义，配送中心是从事配送业务且具有完善信息网络的场所或组织，应基本符合以下要求：主要为特定客户或末端客户提供服务；配送功能健全；辐射范围小；多品种、小批量、多批次、短周期。

（3）集配中心。集配中心是指融集货中心和配送中心功能为一体的物流中心，具有集货功能，也具有配送功能。

三、现代物流技术简介

（一）物流技术的含义

物流技术一般是指与物流要素活动相关的所有专业技术的总称，包括各种操作方法、管理技能等，如流通加工技术、物品包装技术、物品标识技术、物品实时跟踪技术等，也包括物流规划、物流评价、物流设计、物流策略等。目前飞速发展的现代信息技术，一方面给物流技术增添了新的内容，如 Bar Code（条形码）、EDI（电子数据交换）、GIS（地理信息系统）、GPS（全球定位系统）等；另一方面还给传统的以实物运作为主的物流技术带来了发展的机遇和挑战。

（二）物流技术的构成

按照范围划分，物流技术有狭义和广义之分。狭义的物流技术主要指与物流操作活动密切相关的物流技术。广义的物流技术不仅包括物流活动中的有关物流技术，也包括其构成之外的一些物流技术以及物流技术的发展规律等。

按领域划分，物流技术可划分为硬技术和软技术。物流硬技术是指组织实施电子商务过程中所需要的各种物流设施、物流机械设备、物流材料和物流技术手段，既包括传统的物流硬技术和装备，也包括典型的现代物流硬技术手段和装备。物流软技术是指为组织实现高效率的物流所需要的计划、分析、评价等方面的技术和管理方法等，它包括物流系统化、物流标准化、各种物资设备的合理调配使用，库存、成本、操作流程、人员、物流线路的合理选择，以及为物流活动的高效率而进行的计划、组织、指挥、控制和协调等。

按内容划分，物流技术可划分为实物作业技术和现代信息技术。实物作业技术主要包括包装、运输、储存保管及装卸搬运技术等；现代信息技术主要包括如 Bar Code、EDI、GIS、GPS 等。

（三）物流技术的作用

物流技术是构成电商物流系统的要素之一，担负着物流作业的各项任务，影响着物流活动的每一个环节，在物流活动中处十分重要的地位。物流技术通过切入物流企业的业务流程实现对物流企业各生产要素的合理组合和高效利用，降低了经营成本，提高了物流活动的效率。

1. 提高效率

电商物流的优势之一就是能简化物流的业务流程，从而提高物流的作业效率。一方面人们可以通过电子商务方面的有关技术，对电商物流活动进行模拟、决策和控制，从而使物流作业活动选择最佳方式、方法和作业程序，提高物流的作业效率；另一方面，物流作业技术的应用可以提高物流作业的水平、质量和效率。

2. 降低费用

先进、合理的物流技术不仅可以有效地提高电商物流的效率，而且可以降低电商物流的费用，这主要是由于先进、合理的电商物流技术的应用不仅可以有效使物流资源得到合理运用，而且可以有效地减少物流作业过程中的货物损失。

3．提升运作质量和客户满意度

物流技术的应用不仅提高了电商物流的效率，降低了物流费用，而且提高了客户的满意度，密切了和客户的关系。随着电子商务物流技术的应用、快速反应的建立，可使企业能及时地根据客户的需要将货物保质保量、迅速准确地送到客户指定的地点。

4．衡量服务水平高低的主要标志

物流技术的应用是物流生产力提高的决定性因素，其水平的高低直接关系到物流各项功能的完善和有效实现，直接影响着整体物流水平的高低。因此，电商物流技术是整体物流水平高低的主要标志。

四、现代物流仓储设备

物流仓储设备是现代化企业的主要作业工具之一，是合理组织批量化生产和机械化流水作业的基础。物流仓储设备按用途细化可分为包装设备、仓储设备、集装单元器具、装卸搬运设备、流通加工设备和运输设备。

1．包装设备

包装设备是指完成全部或部分包装过程的机器设备。包装设备是使产品包装实现机械化、自动化的根本保证，主要包括填充设备、罐装设备、封口设备、裹包设备、贴标设备、清洗设备、干燥设备、杀菌设备等。

2．仓储设备

仓储设备主要包括货架、堆高车、搬运车、出入库输送设备、分拣设备、提升机、搬运机器人以及计算机管理和监控系统等。这些设备可以组成自动化、半自动化、机械化的仓库，用来堆放、存取和分拣承运货物。

3．集装单元器具

集装单元器具主要包括集装箱、托盘、周转箱和其他集装单元器具。货物经过集装器具的集装或组合包装后，具有较高的灵活性，随时都处于准备运行的状态，利于实现储存、装卸搬运、运输和包装的一体化，达到物流作业的机械化和标准化。

4．装卸搬运设备

装卸搬运设备是指用来搬移、升降、装卸和短距离输送物料的设备，是物流机械设备的重要组成部分。从用途和结构特征来看，装卸搬运设备主要包括起重设备、连续运输设备、装卸搬运车辆、专用装卸搬运设备等。

5．流通加工设备

流通加工设备主要包括金属加工设备、搅拌混合设备、木材加工设备及其他流通加工设备。

6．运输设备

运输在物流中的独特地位对运输设备提出了更高的要求，要求运输设备具有高速化、智能化、通用化、大型化和安全可靠的特性，以提高运输的作业效率，降低运输成本，并使运输设备达到最优化利用。根据运输方式的不同，运输设备可分为载货汽车、铁路货车、货船、空运设备和管道设备等。对于第三方物流公司而言，一般只拥有一定数量的载货汽车，而其他的运输设备直接利用社会的公用运输设备。

五、电子商务物流技术与设备简介

（一）条形码技术

条形码又称条码（Bar Code），是将宽度不等的多个黑条和空白，按照一定的编码原则排列，用以表达一组信息的图形标识符。条形码可以标出商品的生产地、制造商、商品名称、类别、日期等信息，具有读取快、精度高、成本廉价、操作方便、简单实用等优点。常见的条形码分类方法是按编码方式和识别目的来分类。

1. 按照编码方式分类

按照编码方式可分为一维条形码、二维条形码和复合码。

（1）一维条形码又称为线性条形码，是一种只在水平方向表达信息，在垂直方向则不表达任何信息的条形码符号。一维条形码信息靠不同宽度条和空白位置来传递，所含信息容量小，如图1-1-1所示。常见的一维条形码有EAN/UPC条形码、ITF-14条形码、UCC/EAN-128条形码和GS1 DataBar条形码。

（2）二维条形码是在一维条形码的基础上发展和创新而来的，二维条形码实现了在横向和纵向两个方位同时传达信息的功能，大大增加了信息存储量，如图1-1-2所示。根据二维条形码的编码原理，可将二维条形码分为行排式二维条形码和矩阵式二维条形码。

图1-1-1　一维条形码示意图　　图1-1-2　二维条形码示意图

（3）复合码是由一维条形码和二维条形码叠加在一起构成的一种新型的码制，能够在读取商品的单品识别信息时，获取更多描述商品物流特征的信息。

2. 按照识别目的分类

根据条形码的识别目的不同可以将条形码分为商品条形码和物流条形码。

（1）商品条形码是由EAN和UCC规定，用于在世界范围内唯一标识商品表示代码的条形码，如图1-1-3所示。它以直接向消费者销售的商品为对象，以单个商品为单位使用。

图1-1-3　商品条形码

（2）物流条形码是由 EAN 和 UCC 制定的用于货运单元唯一识别的条形码，是物流过程中的以商品为对象、以包装商品为单位使用的条形码。货运单元是由若干消费单元组成的稳定和标准的产品集合，是收发货、运输、装卸、仓储等物资业务所必需的一种物流包装单元，一般是多个商品的集合，为物流作业管理服务，应用于现代化的物流管理中。

（二）条形码识读设备

条形码识读设备指的是用来读取条形码信息的设备，使用特定的光学装置将条码的条空信息转换成电子信息，再由专用译码器翻译成相应的数据信息。

1. 条形码识读设备分类

从条形码识读设备的扫描方式、操作方式、阅读原理等方面可对其进行不同的分类。

（1）按扫描方式不同分类。条形码识读设备按扫描方式的不同可分为接触式和非接触式两种。接触式识读设备包括光笔与卡槽式条形码扫描器；非接触式识读设备包括耦合装置（Charge Coupled Device，CCD）扫描器和激光扫描器。

（2）按操作方式不同分类。条形码识读设备按操作方式的不同可分为手持式和固定式两种。手持式识读设备应用领域广泛，特别适用于条形码尺寸多样、识读场合复杂等情况，主要包括光笔、激光枪、手持式全面扫描器、手持式 CCD 扫描器等；固定式识读设备位置固定，适用于省力、劳动强度大或无人操作的自动识别场合，主要包括卡槽式扫描器、固定式全向扫描器等。

（3）按阅读原理不同分类。条形码识读设备按阅读原理的不同可分为线性 CCD 扫描器、线性图像式扫描器、激光扫描器和图像式扫描器。线性 CCD 扫描器、线性图像式扫描器、激光扫描器可识别一维条形码和线性堆叠式二维码；图像式扫描器采用面阵 CCD 摄像方式将条形码摄取后进行分析和解码，可识别一维条码性和所有类型的二维条形码。

2. 条形码识读设备在物流中的应用

（1）CCD 扫描器主要由固定光束照明整个条形码，将条形码符号反射到光敏元件阵列上，经光电转换，辨识出条形码符号，主要分为手持式和固定式两种。手持式 CCD 扫描器如图 1-1-4 所示。

（2）激光扫描器是以激光为光源的扫描器，其扫描光照强，可以远距离扫描且扫描精度较高。激光扫描器可以分为手持式扫描器和卧式扫描器。卧式激光扫描器如图 1-1-5 所示。

（3）光笔是出现最早的一种手持接触式条形码识读器，也是最为经济的一种条形码识读器。光笔扫描器的优点是成本低、耗电低、耐用，适用于数据采集，可读取较长的条形码符号；但光笔扫描器也存在一定的劣势，即会对条形码造成一定的损坏。光笔扫描器如图 1-1-6 所示。

图 1-1-4　手持式 CCD 扫描器

图 1-1-5　卧式激光扫描器

图 1-1-6　光笔扫描器

（三）射频识别技术

射频识别技术（Radio Frequency Identification，RFID）是利用射频信号通过空间耦合实现识别目标对象并达到交换信息目的的一种非接触式的自动识别技术。RFID 技术与条形码、磁卡、IC 卡等识别技术相比，具有非接触、识别距离长、可识别移动目标、无须人工干预、精度高、抗干扰能力强、速度快以及适应环境能力强等优点。

1. RFID 基本组成

从 RFID 系统工作原理的角度出发，一般由标签、读写器和天线三部分组成。

（1）标签又称为电子标签或应答器，由耦合元件和芯片组成，芯片中存储有能够识别目标的信息，每个标签具有唯一的电子编码，高容量标签还有用户可录入的存储空间。

（2）读写器又称为阅读器或询问器，是对 RFID 标签进行读取或写入标签信息的设备。读写器主要负责与标签的双向通信，同时接受来自主机系统的控制指令。

（3）天线是一种能够接收并将电磁波转换为电流信号或者将电流信号转换为电磁波并发射出去的装置。在 RIFD 系统中，天线是标签和读写器之间传输数据的接收发射装置。

2. RFID 读写器在物流中的应用

根据 RFID 读写器结构形式的不同，主要可将 RFID 读写器分为固定式读写器和手持式读写器。

固定式读写器一般安装在货物流通较大的地方，如仓库入库口、仓库出库口等。固定式读写器可直接装在墙体内，也可装在门禁中进行电子标签识别。RFID 门禁读写器只需货物经过其通道，即可实现电子标签的自动识别，可有效减少人工标签扫描的工作量，在现代物流中心被广泛使用，如图 1-1-7 所示。

手持式读写器主要有两种形式，一种是带条形码扫描器的 RFID 读写器，这种读写器既可以扫描条形码也可以读取 RFID 标签，是仓库中常用的 RFID 读写器，如图 1-1-8 所示；另一种是安装在 PC 卡上的 RFID 读写器，PC 卡嵌入到笔记本电脑或 PDA 的 PCMCIA 中，此类在仓库中较少应用。

图 1-1-7　RFID 门禁读写器

图 1-1-8　手持式 RFID 读写器

（四）物流智能终端设备

随着科技的不断发展，智能化和无人化也不断渗入各个行业，而这也成为物流行业的发展趋势，物流"黑科技"不断涌现。

1. 自动导引车

自动导引车（Automated Guided Vehicle，AGV）是一种以电池为动力，装有非接触式导向装置的无人驾驶自动运输车。AGV 具有运输效率高、节能、工作可靠、能实现柔性运输、使用灵活等优点。按照导引方式不同可分为固定路径导引车和自由路径导引车；按照用途和结构不同可分为牵引性拖车、托盘运载车、自动三向叉车等，如图 1-1-9 所示。

a)　　　　　　　　　　　　b)

图 1-1-9　自动导引车

a）无轨自动导引车　b）自动三向叉车

2. 智能搬运机器人

智能搬运机器人是一种新型的"货到人"式的搬运机器人，通过智能搬运机器人可实现货架或托盘的自动化搬运，有效提升生产柔性，助力企业实现智能化转变。智能搬运机器人通过配套的调度系统和智能算法实现实时有效地调度，系统根据实际需求下达搬运任务，机器人会自动实现点对点搬运，实现自动进行路径规划及取放货架托盘，从而实现仓库无人化作业。智能搬运机器人如图 1-1-10 所示。

图 1-1-10　智能搬运机器人

3. 自动分拣设备

分拣是根据客户的订单要求或送货计划，尽可能迅速、准确地将商品从其储位中取出，并按照一定的方式进行分类、集中的作业。电商物流中心的分拣作业具有多品种、高频次等特点，而人工分拣作业出错率高且费时费力，因此很快被自动分拣设备所代替。自动分拣设备最初应用于邮政包裹的分拣中，目前广泛应用于流通、商业的物流中心和配送中心，它是完成仓库、配送中心分拣、分货、分放作业的现代化设备，可实现自动化分拣大量商品，适用于多客户、多品种、小体积、小批量的分拣作业，是展开配送业务强有力的技术保障。自动分拣设备如图 1-1-11 所示。

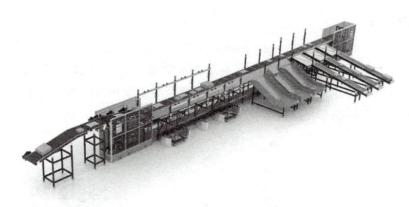

图 1-1-11　自动分拣设备

近年来，智能化、无人化是电商物流的发展趋势。除以上智能设备以外，码垛机器人、无人汽车、无人机配送也不断涌现，物流"黑科技"有效地降低了人工作业强度，提高了作业效率，开启了物流行业的新纪元。

六、储位管理

储位管理是指根据仓库的建筑、设备等条件，将仓库划分为若干储存区域分别保管若干商品，并规划好商品的储存位置。

（一）储位管理的范围

在仓库的储位管理中，根据作业方式的不同可将仓库的储位区域划分为预备储区、保管储区和动管储区。

1．预备储区

预备储区是商品进出仓库时的暂存区，预备进入下一保管区域。预备储区根据功能的不同可分为进货暂存区和出货暂存区，进货暂存区应先行标示分区，商品根据入库单和上架顺序分配到预先规划好的暂存区域；出货暂存区也应先行标示分区，并根据配送需求的不同将商品分配到不同的暂存区。

2．保管储区

保管储区是仓库中重要的储区，商品将在此区域进行长时间储存，因此应为整个仓库的重点管理对象。为保证最大限度地增加储量，合理地利用储存空间，商品应按照一定的储存策略、分配方式进行合理存放。

3．动管储区

动管储区是拣货作业所使用的储区，主要作用是为拣货作业提供场地。此区域的商品周转率很高，储存周期很短，因此称为动管储区。为了有效提高拣货效率并降低拣错率，必须对储位进行严格管理，并对储位进行严格标识，在此基础上应结合智能设备和管理系统进行动态管理。

（二）货位编码

仓库货位是仓库里存放商品的位置，精确的定位商品存放位置有利于仓库的管理和操作的规范。根据仓库的结构功能不同对仓库进行区域划分后，按照存放位置进行区块划分，形成货位，货位的标识具有唯一性，不可随便更改。

1. 货位编码原则

货位编码在货位管理中具有重要作用，合理的货位编码可以快速便捷地查找商品，有效地提高作业效率，减少差错率。货位编码应遵循以下原则：

（1）标志设置要适宜。货位编码的标志设置要因地制宜，采用适当的方式，设置在适当的位置。例如无货架的库位一般设置在地面上，有货架的库位一般设置在货架上。为了便于管理，货位规划可采用绘制图板的形式，实现动态管理和调整。

（2）标志制作要规范。货位编码必须具有统一性，一般采用统一阿拉伯数字作为标志，在此基础上，可增加一定的符号或改变颜色、大小等来实现货位区分。

（3）标号顺序要一致。货位编码的编排应以便于掌握为原则，货位编码必须使用统一形式、统一层次和统一含义编排。统一形式指的是所用的代号和连接符必须一致；统一层次指的是货位中的代号先后顺序必须一致；统一含义指的是每个代号必须具有统一的特定含义。

2. 货位编码方法

货位编码是指按照巷道、位置顺序等信息对货位进行编号，以便于仓库的管理。常见的货位编码方法主要有地址编号法、区段编号法和品类群编号法。

（1）地址编号法利用保管区的参考单位进行编号，如按照建筑物的栋、区段、排、层、列、格等依次顺序编号。这是最为常用的一种货位编码方法。

（2）区段编号法将保管区分为几个区段，然后对每个区段进行编号。这种方法是以区段为单位，每个编码代表的储区较大，然后储区内再进行细化编号。

（3）品类群编号法把相关商品集合后分为几个品类群，然后对每个品类群进行编码。这种方法比较适合产品间差异较大的仓库货位编码。

3. 电商物流中心货位编码

在该系统中，仓库的储存区域按照功能不同主要分为整货存储区和零货拣选区，零货拣选区又分为小件拣选区和大件拣选区。仓库所有货位的基本编码形式统一采用"1位大写英文字母+6位阿拉伯数字"的形式，英文字母为区域代码，6位阿拉伯数字为货位坐标代码。货位编码统一采用自东向西顺序编码形式。

同时，所有的货位与储存单元设备一一对应，储存单元包括托盘和移动货架。储存单元设备编码采用"3位大写英文字母_4位阿拉伯数字"的形式。各个储存区域的功能和储存形式不尽相同，在货位坐标编码含义上要有一定区别。

（1）整货储存区货位编码。整货储存区为窄巷道式高位货架的托盘式货物整托储存区，区域代码统一采用 H。货架统一采用单排 12 列 6 层的高位货架，共 68 排货架，货架分东西两侧排列，如图 1-1-12 所示。货位编码采用"区域代码+排数+列数+层数"的形式，其中排数自东南至东北，顺接西南至西北依次排序，列数自东向西排序，如图 1-1-13 所示。

整货储存区 1 个货位可存储 1 个托盘，即 1 个存储设备对应 1 个货位，也对应 1 个储存单元。因此，货位编码应与储存托盘编码一一对应，从而实现整托储存商品的快读查询。

托盘编码如图 1-1-14 所示。

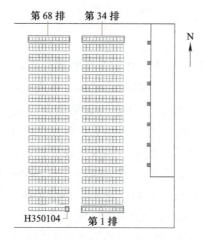

图 1-1-12　整货储存区布局图

图 1-1-13　整货储存区货位编码示意图

图 1-1-14　托盘编码示意图

（2）零货拣选区货位编码。零货拣选区分为小件拣选区和大件拣选区。小件拣选区采用移动货架储存商品，区域代码统一采用 M；大件拣选区采用单层托盘货架储存商品，区域代码采用 D，如图 1-1-15 所示。

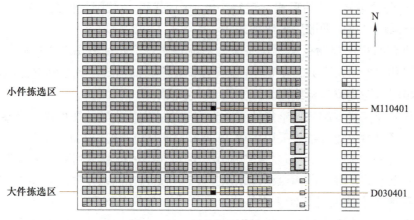

图 1-1-15　零货拣选区布局图

零货拣选区的货位以 1 排 5 列的 5 个货位为 1 组货位，货位编码采用“区域代码 + 组排数 + 组列数 + 组内编码”的形式，其中组排数小件拣选区和大件拣选区分别编码，自东向西依次排列；为保证小件拣选区和大件拣选区的组列数一一对应，因此采用统一编码，自南向北依次排列，其中大件拣选区货位不存在组列数为 1 的货位。组内编码原则如图 1-1-16 所示，大件拣选区货位编码如图 1-1-17 所示，小件拣选区货位编码如图 1-1-18 所示。

5	4	3	2	1

图 1-1-16　组内编码原则

D	03	04	01
大件拣选区代码	排数：3 排	列数：4 列	组内编码：1 号

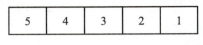

图 1-1-17　大件拣选区货位编码示意图

M	11	04	01
小件拣选区代码	排数：11 排	列数：4 列	组内编码：1 号

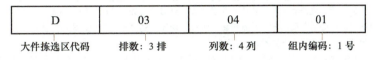

图 1-1-18　小件拣选区货位编码示意图

大件拣选区 1 个货位可储存 1 个托盘，且 1 个货位对应 1 个储存设备，也对应 1 个储存单元；小件拣选区 1 个货位可储存 1 个移动货架，1 个移动货架分为正反两面，共 20 个货格，1 个货格对应 1 个储存单元。移动货架单面示意图如图 1-1-19 所示，货格编码如图 1-1-20 所示。

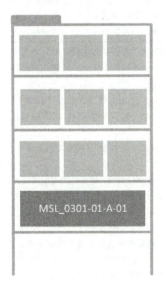

图 1-1-19　移动货架单面示意图

MSL_	0301	-01	-A	-01
移动货架代码	移动货架代码	正面	A 层	1 号货格

图 1-1-20　货格编码示意图

方案设计任务书

方案设计任务书	
子项目名称	电商物流中心调研方案设计与实施
任务描述	借助 IELS 虚拟运营软件，通过对电商物流中心进行调研，达到了解电商物流企业运作基本情况的目的
任务成果	电商物流中心调研设计方案 电商物流中心调研报告 IELS 虚拟仿真软件操作规范正确
模拟训练内容	调研背景：在进行电商物流中心作业方案设计时，首先要清晰了解电商物流中心的基本运作情况，熟悉电商物流中心的布局结构、设备设施、流程、功能、商品储存详情、成本结构、岗位分布等相关信息，并在此基础上完成作业方案设计 调研目的：根据任务日期，进入电商物流中心（IELS 系统），通过观察和查询掌握该配送中心的布局结构、设备设施、流程、功能、商品储存详情、成本结构、岗位分布等相关信息，熟悉电商物流中心各种设施设备的功能和用途 调研方法：观察法和查询法（在 IELS 系统中观察调研） 调研内容： 1. 电商物流中心设施设备规模调研，参考电商物流中心调研模板中所列举的项目进行调研（IELS 系统） 2. 电商物流中心作业岗位及职责调研（IELS 系统） 3. 在管理信息系统中，对电商物流中心【洗涤日化类】商品基础信息进行调研 4. 在管理信息系统中，对电商物流中心【洗涤日化类】商品库存信息进行调研 5. 在管理信息系统中，对电商物流中心【洗涤日化类】商品历史有效订单进行调研 6. 使用 Visio 绘图软件画出电商物流中心的平面布局图 7. 在 ITP 一体化教学管理平台中进行项目成本调研 ☆电商物流中心调研模板可参考附录 C 调研结果：分析调研数据，根据调研结果撰写调研报告，并进行交流讨论
强化训练内容	调研背景：在进行电商物流中心作业方案设计时，首先要清晰了解电商物流中心的基本运作情况，熟悉电商物流中心的布局结构、设备设施、流程、功能、商品储存详情、成本结构、岗位分布等相关信息，并在此基础上完成作业方案设计 调研目的：根据任务日期，进入电商物流中心（IELS 系统），通过观察和查询掌握该配送中心的布局结构、设备设施、流程、功能、商品存储详情、成本结构、岗位分布等相关信息，熟悉电商物流中心各种设施设备的功能和用途 调研方法：观察法和查询法（在 IELS 系统中观察调研） 调研内容： 1. 电商物流中心设施设备规模调研，参考电商物流中心调研模板中所列举的项目进行调研（IELS 系统） 2. 电商物流中心作业岗位及职责调研（IELS 系统） 3. 在管理信息系统中，对电商物流中心【日用百货类】商品基础信息进行调研 4. 在管理信息系统中，对电商物流中心【日用百货类】商品库存信息进行调研 5. 在管理信息系统中，对电商物流中心【日用百货类】商品历史有效订单进行调研 6. 使用 Visio 绘图软件画出电商物流中心的平面布局图 7. 在 ITP 一体化教学管理平台中进行项目成本调研 ☆电商物流中心调研模板可参考附录 D 调研结果：分析调研数据，根据调研结果撰写调研报告，并进行交流讨论
子项目方案设计任务书说明	
针对教学任务书中给出的模拟训练内容和强化训练任务内容，学生首先在课堂中和教师一起学习理论知识，熟悉 IELS 系统的使用方法和流程，并根据教师的课堂演示进行模拟练习，最后结合知识链接中的知识、附录 D 中的电商物流中心调研模板和强化训练内容进行方案设计部分的调研	

任务总结

学生完成电商物流中心调研方案设计任务后,需对方案设计过程中遇到的知识点和运用难点进行总结反思,将其总结成个人报告,最后提交个人总结报告和电商物流中心调研方案。教师对学生提交的个人总结报告和调研方案进行评价总结,并将其作为考核成绩的一部分。

任务二　电商物流中心调研方案实施

技能链接

电商物流中心组织结构和岗位细则

(一) 电商物流中心的组织结构

1. 企业组织结构的含义

企业组织结构是企业组织内各个有机构成要素相互作用的联系方式或形式,以求有效、合理地把组织成员组织起来,为实现共同目标而协同努力。组织结构是企业资源和权力分配的载体,在人的能动行为下,通过信息传递承载着企业的业务流动,推动或阻碍着企业使命的进程。

2. 企业组织结构的类型

企业组织结构的类型主要有U形组织结构、M形组织结构、矩阵制组织结构、多维制和超级事业部制组织结构、H形组织结构和模拟分权制组织结构等。

(1)U形组织结构。U形组织结构是按职能划分部门的纵向一体化的职能结构,特点是企业内部按职能(如生产、销售、开发等)划分成若干部门,各部门独立性很小,均由企业高层领导直接进行管理,即企业实行集中控制和统一指挥。U形结构保持了直线制的集中统一指挥的优点,并吸收了职能制发挥专业管理职能作用的长处,适用于市场稳定、产品品种少、需求价格弹性较大的企业。

(2)M形组织结构。M形组织结构,又称事业部门型组织结构。这种结构的基本特征是战略决策和经营决策分离。根据业务按产品、服务、客户、地区等设立半自主性的经营事业部,公司的战略决策和经营决策由不同的部门和人员负责,使高层领导从繁重的日常经营业务中解脱出来,集中精力致力于企业的长期经营决策,并监督、协调各事业部的活动和评价各部门的绩效。与U形结构相比较,M形结构具有治理方面的优势,且适合现代企业经营发展的要求。

(3)矩阵制组织结构。矩阵制组织结构把按职能划分的部门与按项目划分的小组结合起来组成矩阵,使小组成员接受小组和职能部门的双重领导。其特点表现在,围绕某项专门任务,会成立跨职能部门的专门机构进行运营管理。这种组织结构形式是固定的,人员却是变动的，人员任务完成后就可以离开。与 U 形结构相比较，矩阵制结构机动、灵活，克服了 U 形结构中各部门互相脱节的现象。

（4）多维制组织结构。多维制组织结构，又称立体组织结构，是在矩阵制组织结构的基础上建立起来的，在矩阵制组织结构（即二维平面）基础上构建产品利润中心、地区利润中心和专业成本中心的三维立体结构。若再加时间维可构成四维立体结构。虽然多维制组织结构的细分结构比较复杂，但每个结构层面仍然是二维制结构，而且多维制组织结构未改变矩阵制组织结构的基本特征——多重领导和各部门配合，只是增加了组织系统的多重性。因而，其基础结构形式仍然是矩阵制，或者说它只是矩阵制结构的扩展形式。

（5）H 形组织结构。H 形组织结构是一种多个法人实体集合的"母子"体制，"母子"之间主要靠产权纽带来连接。H 形组织结构较多地出现在由横向合并而形成的企业之中，这种结构使合并后的各子公司保持了较大的独立性。子公司可分布在完全不同的行业，而总公司则通过各种委员会和职能部门来协调和控制子公司的目标和行为。这种结构的公司往往独立性过强，缺乏必要的战略联系和协调，因此，公司整体资源战略运用存在一定难度。

现代电商物流中心一般采用 U 形组织结构，如图 1-1-21 所示。

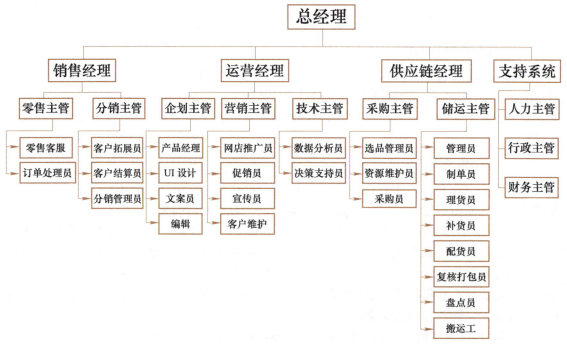

图 1-1-21　现代电商物流中心组织结构图

（二）电商物流中心岗位配置

1. 企业设岗原则

专业技术职务岗位的设置，总的原则和指导思想是"以事为中心，因事设岗，事职相符，由岗择人"。一个单位或部门，如何合理地设置岗位，应遵循以下原则：

（1）实际需要和可能的原则。岗位设置只能根据目前一段时间内的实际工作需要，在现有编制人员和获得的职务数额内进行。所谓实际需要，指的是现阶段明确的任务，是必须实施的、可进行的，不是规划的、将来的任务；所谓可能，即已核定的编制定员和职务数额。

（2）最少岗位数量原则。任何一个机构，其岗位的数量都是有限的，某一机构岗位数量的多少，取决于该机构在整个系统中的地位和作用，取决于该机构任务的多少、复杂程度以及人员的需求和经费状况等。因此，岗位数量只能以一个职务岗位饱满的工作量和履职标准，按最少岗位数额的原则来确定。一个岗位能承担和完成的，不能设两个岗位，以达到以最少的投入获得最高的效率和最大效益。

（3）最低职务岗位原则，也称能级层次原则。不同的工作层次、不同的工作性质、不同任务，职责不一样，难易程度也不一样，对岗位的要求也不一样。一个机构最高职务档次岗位究竟设置到哪一级，应由上述因素决定，按其工作性质、责任大小、难易程度，从低岗设起，避免低岗位能承担的职责和任务，由更高的岗位承担。

（4）协调配合的原则，也称整分合原则。即任何职务岗位都不能孤立地设置，必须从整体出发，考虑上下左右协调配合的关系。每个职务岗位要在整体目标、任务下有明确的分工，并在分工的基础上形成一个协调配合、优化组合的岗位群。因此，在设置岗位并作合理分布时，必须以机构的职能、目标为依据，进行层层分解，直到每一项具体工作都合理确定到每一个岗位。评价职务岗位是否合理设置，要看其目标任务是否明确具体，职责是否符合整体职能的要求，与其他职务岗位是否协调配合等。

（5）人事结合，逐步过渡的原则。以事为中心，并不是完全不考虑人的因素及现状，这就是从现阶段的实际情况出发，在岗位设置和调整中，在坚持聘任制原则的前提下，采取稳妥的过渡办法。如国家指令性分配的大中专毕业生、硕博毕业生的期满考核定职定岗问题；军队转业的专业技术人员的岗位安排；科研体制改革后，部分科研单位处在转换调整之中，其岗位设置也不可避免地要有一定的灵活性，以便适时地进行必要调节。

2．电商物流中心岗位职责

电商物流中心各岗位职责描述见表 1-1-2。

表 1-1-2　岗位职责描述

岗 位 名 称	岗 位 细 则
储运主管	1. 全面掌握物流中心各类商品的库存和销售情况，并能制定入库计划 2. 负责安排监督仓库管理员、制单员等的日常工作 3. 及时与相关人员核对产品的出入库记录，对商品的入库及时验收和登记 4. 保证相关工作有序进行，并定期对相关工作人员进行工作培训和岗位考核 5. 负责仓库的安全管理工作
管理员	1. 做好物流中心各种原始单证的传递、保管、归档工作 2. 及时、准确地维护 WMS、WCS 系统，确保仓库商品的账、系统、物三者一致 3. 做好物流中心商品的收发管理，严格按照流程收发商品，并及时跟踪作业商品的收发 4. 负责所有单据的审核工作，确保入库、出库计划准确有效 5. 负责定期对仓库货物进行盘点，对入库的货物进行详细记载
制单员	1. 熟练掌握 WMS 系统的操作流程 2. 熟练掌握入库、出库、补货等计划的制订原则 3. 制订合理有效的作业计划

（续）

岗位名称	岗位细则
理货员	1. 负责入库商品的整理和码垛工作 2. 核对物资种类、数量、规格、型号等 3. 鉴定货运质量，分析物资的残损原因，并划分运输事故责任
补货员	1. 熟练掌握 WMS 系统的操作流程 2. 根据补货计划流程在补货站台进行正确的补货作业 3. 管理补货区域内的卫生，保证作业区域干净整洁
配货员	1. 熟练掌握 WMS 系统的操作流程 2. 根据订单需求，在拣选站台进行正确的拣选作业 3. 管理拣货区域内的卫生，保证作业区域干净整洁
复核打包员	1. 熟练掌握 WMS 系统的操作流程 2. 准确核对拣选完成的订单，确保订单中商品的拣选无误 3. 对核对无误的订单进行正确的打包，确保包装的完整，减少订单的破损率 4. 管理打包区域内的卫生，保证作业区域干净整洁
盘点员	1. 熟练掌握 WMS 系统的操作流程 2. 准确完成电商物流中心的盘点作业，保证货账相符
搬运工	1. 严格按照公司的规章制度和安全操作规程作业 2. 协助驾驶员、管理员、理货员清点货物数量 3. 根据车辆装载量和车厢尺寸等合理码放装车货物 4. 对装卸、搬运的货物进行包装检查 5. 作业前后及时清扫并检查工作现场，及时将货物归库

方案实施指导书

一、任务选择

双击桌面图标打开用户登录界面，输入账号和密码（默认密码与账号相同），单击【登录】，如图 1-1-22 所示。登录平台后，在【课程内容】中选择【任务二　电商物流中心调研方案实施】，单击【进入任务】，任务角色选择【管理员】，单击【确定】后进入 3D 仿真场景，如图 1-1-23 和图 1-1-24 所示。

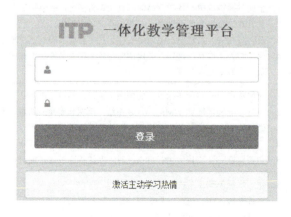

图 1-1-22　登录界面

图 1-1-23　选择任务

图 1-1-24　选择角色

二、软件操作

1. 3D 仿真场景如图 1-1-25 所示，进入 3D 仿真场景，可通过如下按键进行操作（所有按键均需在英文输入法状态下操作才有效）。

★按 <F1> 为第一视角，<F2> 为第三视角，<F3> 为飞行视角。

★按 <W><S><A><D> 键可进行前后左右移动。

★按住鼠标右键进行拖动可以转换方向，第三视角下转动鼠标滚轮可调节视野远近，飞行视角下按 <Q> 可以上升，按 <E> 可以下降。

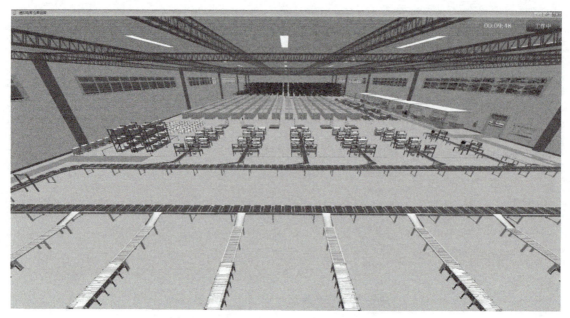

图 1-1-25 3D 仿真场景

2. 操作按键定义见表 1-1-3（所有按键均需在英文输入法状态下操作才有效）。

表 1-1-3 操作按键定义

按 键 名 称	按 键 定 义
W	控制人物、车辆向前快速移动，码盘时调整人物方向
S	控制人物、车辆向后快速移动，码盘时调整人物方向
A	控制人物向左移动，控制车辆向左转弯（车辆转弯需同时按住 <W> 或 <S> 键）
D	控制人物向右移动，控制车辆向右转弯（车辆转弯需同时按住 <W> 或 <S> 键）
X	码盘时改变包装箱方向
C	控制人物蹲下/站立
Ctrl	拿起包装箱、周转箱时需同时按住该键
Alt	操作/离开计算机，操控/放开地牛，码盘，从包装箱、周转箱中取出或放入货物，扫描条形码时需同时按住该键
R	货物在货叉上复位
空格	人物跳跃
↑	控制手动叉车货叉升起
↓	控制手动叉车货叉降落

三、参观调研

1. 设施设备调研。控制人物在虚拟电商物流中心行走参观,对电商物流中心的布局进行调研,记录所看到的每个区域的设备名称,并了解各设备的定义及主要用途。电商物流中心区域布局如图1-2-26所示,电商物流中心设备介绍见表1-1-4。

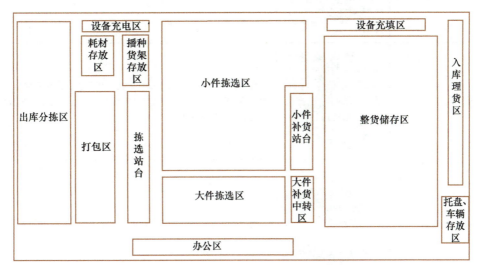

图 1-1-26　电商物流中心区域布局

表 1-1-4　电商物流中心设备介绍

设备名称	设备介绍	主要用途
窄巷道高位货架		窄巷道高位货架主要用于存放托盘式货架,货架共6层,高度约为9m,与自动三向叉车配合使用。由于叉车在巷道内无须转弯,因此可有效提高仓库的空间利用率
移动货架		移动货架主要用于存储小件拣选商品,与智能搬运机器人配合使用可实现"货到人"拣选,有效降低人工作业强度
播种货架		用于拣选完成的小件商品的存放和转交
单层托盘货架		用于大件拣选区托盘货物的存放

（续）

设备名称	设备介绍	主要用途
手动托盘搬运车		手动托盘搬运车主要是对成件托盘货物进行短距离搬运
自动三向叉车		自动三向叉车无须人工操作，由系统调度，用于存储区托盘商品的上架和搬运。自动三向叉车可实现三个相互垂直方向的运动转化，极大地减少巷道宽度
智能搬运机器人		用于拣选区托盘商品和移动货架的搬运

2．工作岗位调研。将光标放到屏幕下方，单击"人物"图标，按照课程指导书内容对工作岗位进行调研，如图 1-1-27 所示。

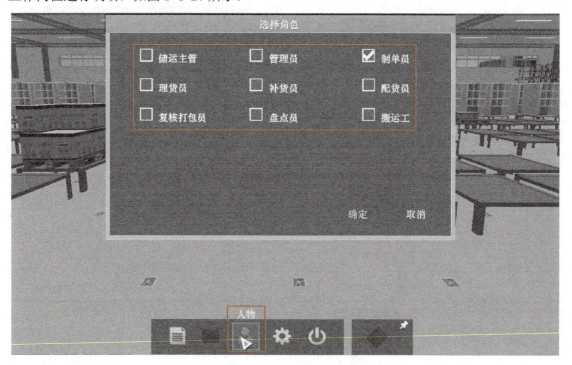

图 1-1-27　工作岗位调研

四、电商物流中心数据调研

1. WMS 管理系统调研。控制人物走进仓储部，走近计算机，光标对准计算机，根据界面提示，按 <Alt> 键操作计算机，如图 1-1-28 所示。进入 WMS 管理系统，双击鼠标左键打开管理信息系统和管理控制系统，如图 1-1-29 至图 1-1-31 所示。

图 1-1-28　按 <Alt> 键操作计算机

图 1-1-29　WMS 管理系统

图 1-1-30　管理信息系统

图 1-1-31　管理控制系统

2. 商品基础信息调研。进入【管理信息系统】，依次单击【仓库信息管理】→【商品信息管理】，单击【导出】按钮，如图 1-1-32 所示。在导出的 Excel 表中根据调研任务要求查找你所需要的数据（可用 Excel 表的筛选功能）。

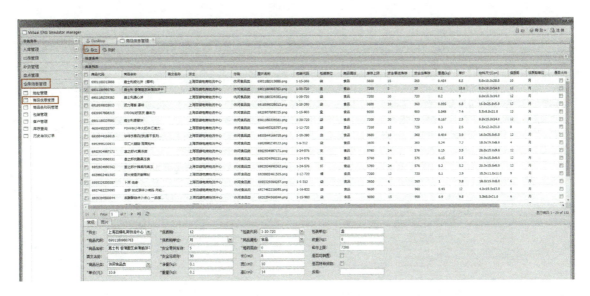

图 1-1-32　商品基础信息

3. 商品库存信息调研。进入【管理信息系统】，依次单击【仓库信息管理】→【库存查询】，单击【导出】按钮，如图 1-1-33 所示。在导出的 Excel 表中根据调研任务要求查找你所需要的数据（可用 Excel 表的筛选功能）。

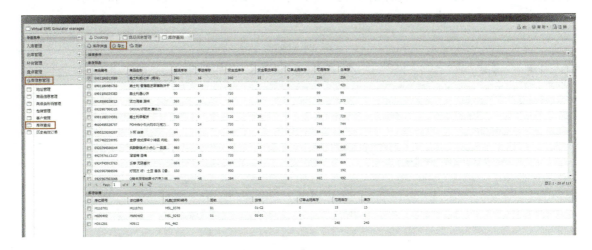

图 1-1-33　商品库存信息

4. 商品历史有效订单信息调研。进入【管理信息系统】，依次单击【仓库信息管理】→【历史有效订单】，单击【导出】按钮，如图 1-1-34 所示。在导出的 Excel 表中根据调研任务要求查找你所需要的数据（可用 Excel 表的筛选功能）。

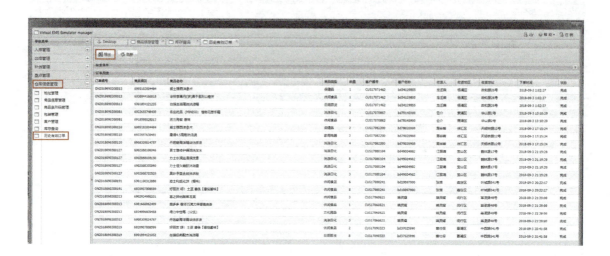

图 1-1-34　商品历史有效订单信息

5. 作业成本结构调研。作业成本结构调研在 ITP 一体化教学管理平台完成，登录账号后，选择本次课程，依次单击【考核评价】→【仿真评分标准】，再单击【项目成本】，选择【虚拟电商仓库运营】即可查看相关作业成本信息，如图 1-1-35 和图 1-1-36 所示。

图 1-1-35　登录 ITP 一体化教学管理平台

图 1-1-36　作业成本结构调研

任务总结

学生完成电商物流中心调研方案实施后，需根据调研方案实施过程中的疑点、难点进行交流总结，并进行个人总结。教师对学生的方案实施结果及提交的个人总结给出评价，并作为学生过程性考核成绩的一部分。

子项目二
电商物流中心入库作业方案设计与实施

 子项目情景

在结束了为期三周的理论知识学习和参观学习后,新员工对电商物流中心的环境和岗位有了初步的认知。电商物流中心的作业环节主要包括入库环节、补货环节、盘点环节、出库环节等,根据新员工培训计划安排,所有新员工将分别被安排到各个作业环节岗位中进行定岗实习。

定岗学习中,首先要到入库作业相关岗位中进行实习。入库作业是指仓储部门按照存货方的要求合理组织人力、物力等资源,按照入库作业程序,认真履行入库作业各环节的职责,及时完成入库任务的工作过程。商品入库作业的整个过程包括商品接运、商品入库验收、办理入库交接手续等一系列业务活动。入库作业直接影响到后续在库作业和物流客户服务,因此必须综合考虑影响入库作业的因素,按照入库作业的基本流程,根据不同的管理策略和商品属性、数量以及现有库存情况,设置商品的采购数量、码盘方式和货位选择,实现商品的高效率入库,从而提高入库作业效率。

入库环节涉及的岗位主要包括入库管理员、制单员、理货员等。入库管理员需要对整个入库作业区进行管理,制单员需要根据商品历史订单数据和库存数据制订合理的入库采购计划,理货员需要对已到货入库商品进行理货保证商品的正常入库。

作为新员工的你,在经过入库理论知识学习和入库岗位学习后,你应如何制订合理有效的入库采购计划?商品达到后,又应如何保证快速有效的商品入库?

 学习目标

【知识目标】
1. 理解电商物流中心库存结构。
2. 掌握基于受订数量的 ABC 分类法的原理和计算方法。
3. 掌握定量订货法和定期订货法的原理、适用条件和计算方法。
4. 掌握并理解商品储存策略。
5. 掌握货物的码垛方式和方法。

【技能目标】
1. 能够依据项目任务书的要求设计完整的货物入库作业方案。
2. 能够依据项目任务书的要求正确进行基于受订数量的 ABC 商品分类。
3. 能够依据项目任务书的要求确定商品的订购方式和订购数量。
4. 能够依据项目任务书的要求合理分配入库月台和储位。
5. 能够依据项目任务书的要求绘制货物组托示意图,完成货物组托上架。

子项目二 电商物流中心入库作业方案设计与实施

【素质目标】
1. 树立严谨认真的工作态度。
2. 培养吃苦耐劳的工作精神。

任务一 电商物流中心入库作业方案设计

知识链接

一、电商物流中心库存结构

1. 可销售库存（Sellable Inventory）

可销售库存即网站前台显示的库存，也是库存的最大组成部分。大部分电子商务企业中，前台网站会与后台（WMS）保持数据同步，并做出判断。当"可销售库存>0"时，这一商品可供购买，前台网站则会显示产品可销售；当"可销售库存<0"时，前台网站则会显示商品缺货。一般所说的缺货并不等于库房中没有库存，而只是没有可销售库存。

2. 订单占用库存（Order Occupied Inventory）

当生成订单时，可销售库存数量减少，订单占用库存数量增多，变化的数量即为订单中的产品数量。在处理订单时，针对的只是已经被订单所占用的库存，与前台的销售无关。订单出库后，系统中扣减的也只是订单所占用库存。

3. 不可销售库存（Unsellable Inventory）

由于包装破损、性能故障、型号标错等原因造成的无法正常销售的产品则被定义为不可销售库存。

4. 锁定库存（Locked Inventory）

电商物流中心为防止竞争对手的恶意采购，或为达到商品分批促销和保留库存的目的，会对某些商品的库存进行锁定。被锁定的库存将不可使用，必须在解除锁定后才能转化为可销售库存进行继续销售。

5. 虚库存（Virtual Inventory）

某些商品在实体仓库中并没有库存，或库存数量不足，但供应商渠道非常畅通，可以在短时间内采购为实际库存；或某些商品销售量很小，但库存管理难度大，当产生订单后才向供应商采购。这部分不在实际的库存中，但可以很快采购到的商品所占用的库存成为虚库存。

二、库存管理方法

库管管理是通过采用科学的管理方法对库存进行管理，以达到有效减少或杜绝不良库存的目的。

（一）库存管理方法分类

1. 定额管理法

定额管理法主要是通过确定库存储备定额来实现对库存进行管理的方法。储备定额是指在一定的生产经营技术条件下合理储存的商品数量、标准或水平。按作用划分，储备定额可分为经常储备定额、保险储备（安全储备、缓冲储备）定额和季节储备定额。经常储备定额是为保证两次进货的间隔期内正常供应需求的储备数量标准；保险储备定额是指应对紧急需求的储备定额；季节储备定额是指由于季节原因所导致的需求储备定额。

2. 分类管理法

分类管理法是按照一定的标准将商品分为不同类别，对不同类别的商品采用不同的管理方法。库存分类管理方法主要分为ABC分类管理法、ABCD分类管理法和关键因素分类法等。

（二）ABC分类管理法

ABC分类管理法是将库存商品按重要程度分为特别重要的库存（A类）、一般重要的库存（B类）和不重要的库存（C类）三个等级，然后针对不同等级分别进行管理和控制。ABC分类管理法是实施库存合理化的基础，在此基础上可以进一步解决各类库存的结构关系、储存点、重点管理和技术措施等的合理化问题。在ABC分类管理的基础上实施重点管理，确定各类商品的合理库存结构，可有效实现零库存管理。

1. ABC分类管理法的分类标准

（1）基于年耗用金额的ABC分类法

传统的ABC分类管理将库存的商品按照年耗用金额进行分类，将年耗用资金高的归为A类，次高的归为B类，低的归为C类，见表1-2-1。

表1-2-1　基于年耗用金额的ABC分类法

商品类别	年耗用资金占比/%	品项数占比/%
A	75%～80%	15%～20%
B	10%～15%	20%～25%
C	5%～10%	60%～65%

（2）基于订购频次的ABC分类法

在某些物流中心中，订购频次高的商品应作为仓库中的重点库存商品进行管理。基于订购频次的ABC分类法也是传统ABC分类法的一种延伸，以商品的订购频次的累计占比和商品总订购频次累计占比作为商品分类的标准，将库存商品分为A、B、C三类。划分标准见表1-2-2。

表1-2-2　基于订购频次的ABC分类法

商品类别	订购频次占比/%	品项数占比/%
A	65%～80%	20%～25%
B	15%～20%	25%～30%
C	5%～15%	50%～55%

（3）基于受订数量的ABC分类法

电商物流中心的商品周转量较大，为保证快速响应客户需求，受订数量多的商品应作为仓库中的重点库存商品进行管理。基于受订数量的 ABC 分类法是传统 ABC 分类法的一种延伸，以商品的订购数量的累计占比和商品总订购数量累计占比作为商品分类的标准，将库存商品分为 A、B、C 三类。划分标准见表 1-2-3。

表 1-2-3　基于受订数量的 ABC 分类法

商品类别	受订数量占比 /%	品项数占比 /%
A	65%～80%	20%～25%
B	15%～20%	25%～30%
C	5%～15%	50%～55%

注：本书中受订数量累积占比 A 类为 70%，B 类为 20%，C 类为 10%；品项累积占比 A 类为 25%，B 类为 30%，C 类为 45%。

2. 基于受订数量的 ABC 分类的步骤

ABC 分类库存控制法最重要的是确定分类指标，基于受订数量的 ABC 分类的步骤具体如下：

第一步，收集数据。对所要分类的货物进行相关数据的收集。

第二步，统计汇总，编制 ABC 分析表。

（1）每一种货物的受订数量按照从大到小的原则进行排序。

（2）计算每一种货物占总货物品项的比率，计算累计比率。

（3）计算每一种货物受订数量占总受订数量的比率，并计算累计比率。

第三步，根据分类原则对数据进行分类，确定相应的库存管理方式。

3. 基于受订数量的 ABC 分类的工具

数据透视表是一种交互式表格，可以动态地改变版面布置，按照不同的方式分析数据及重新计算数据，如求和与计数等。所进行的计算与数据透视表中的排列有关，如果原始数据发生更改，数据透视表也可以更新。例如，可以水平或者垂直显示字段值，然后计算每一行或列的合计；也可以将字段值作为行号或列标，在每个行列交汇处计算出各自的数量，然后计算小计和总计。

在进行基于受订数量的 ABC 分类时，利用 EXCEL 中数据透视表功能能够大幅度提高计算效率和效果。下面以 Microsoft Office Excel 2007 为例，详细介绍一下数据透视表的使用方法。

（1）选择"插入"选项卡中"数据透视表"，如图 1-2-1 所示。

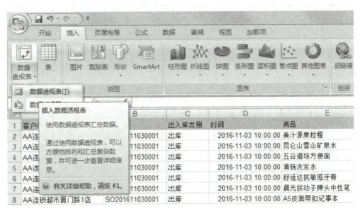

图 1-2-1　插入数据透视表

（2）选择后弹出"创建数据透视表"窗口。

（3）在"表/区域"内将第一个表内需要分析的数据选中，在"选择放置数据透视表的位置"内选中表的位置（新工作表或现有工作表），然后单击"确定"，如图1-2-2所示。

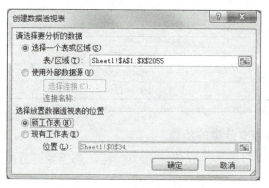

图1-2-2　创建数据透视表

（4）生成一个空白的数据透视表，如图1-2-3所示。

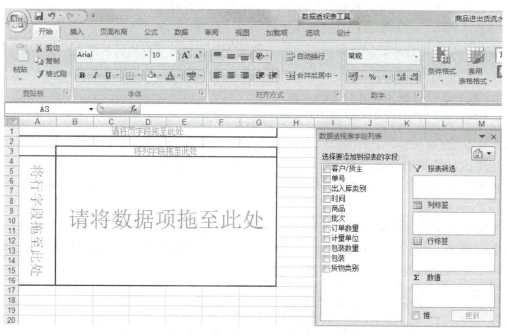

图1-2-3　空白的数据透视表

（5）在右侧"数据透视表字段列表"中，选择要添加到报表的字段，对需要分析的字段在其复选框中打钩，打钩后的数据被全部插入在"轴字段（分类）"中，可根据实际需求拖动至"报表筛选""列标签""行标签"和"数值"类别中。"列标签""行标签"为透视表列和行的选项内容，以此改变需要分析的主要内容，也可以将报表的字段内容直接拖动到表格内，如图1-2-4所示。

（6）"数值"可以选择求和、计数、平均值和最大值等，可以自定义需要分析内容的值，如图1-2-5所示。

图 1-2-4　选择数据透视表的字段

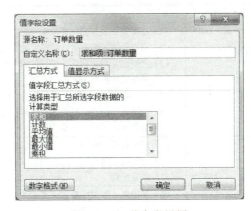

图 1-2-5　值字段设置

（7）在"报表筛选"中的字段（如货物类别）后面的下拉菜单中可以选择任意需要的自定义内容，如图 1-2-6 所示。

图 1-2-6　报表筛选

（8）最后得出需要的效果和表格。

4．基于受订数量的 ABC 分类的库存管理措施

ABC 分类法主要运用数理统计的方法对库存商品进行分类，按照商品的受订数量将商品分为 A、B、C 三类，对受订数量较多的商品加强管理，对受订数量较少的商品实行简单的控制和管理。主要管理措施见表 1-2-4。

表 1-2-4　库存管理措施

商品类别	管理措施
A	（1）尽可能正确地预测需求量 （2）合理增加采购次数，降低采购批量 （3）控制出库量平稳化，降低需求变动，降低库存 （4）降低采购提前期 （5）采用定期订货方法，并对其库存进行定期检查 （6）严格执行盘点，提高库存存储精度 （7）提高商品机动性，易于出入库
B	（1）采用定量订货方式，对于需求波动较大或提前期较长的商品采用定期订货方式 （2）常规定期盘点 （3）中量采购
C	（1）采用复合制或定量订货方式以求节省手续 （2）简化库存管理手段 （3）保证较大安全库存量，以免发生库存短缺 （4）减少盘点次数和管理工作

三、库存控制决策

库存控制决策的目标是在现实的资源（资金、仓库面积、供应者的政策等）约束下满足客户订货需要而又使库存成本达到最低。库存控制是将商品的库存维持在预期库存水平上的一套管理技术，其核心是如何确定这个预期的库存水平以及如何经济而有效地维护这个库存水平。

（一）库存决策关键点

库存管理主要是控制货物的进货批量和进货时间，主要包括以下库存决策关键点：

1. 确定订货点

确定订货点即确定必须补充库存的时间点，即库存数量降至某一数值时，应即时进行采购补充的点或界限。订货点过早将造成库存量增加，造成库存成本和空间占用成本；订货点过晚将造成缺货，影响客户信誉，甚至导致客户流失。

2. 确定订货批量

订货批量指库存量已达到订货点时，确定补充库存的数量。订货批量过多会造成库存成本增加；订货批量过低会造成商品的供应断档，并且会造成订货频次的提高，增加订购成本。

3. 确定库存基准

库存基准是指商品应维持的合理的库存量。库存基准主要包括最低库存量和最高库存量。最低库存量是指商品库存量应维持的最低界限；最高库存量是指为了防止库存过多浪费资金，商品所限定的其可能的最高库存水平。

（二）安全库存

安全库存（Safety Stock，简称 SS）又称为安全存储量、保险库存，是指为了防止不确定性因素（如大量突发性订货、交货期突然提前、临时用量增加、交货误期等特殊原因）而预计的保险储备量。

安全库存的计算，一般需要借助于统计学方面的知识，对顾客需求量的变化和提前期的变化作为一些基本的假设，从而在顾客需求发生变化、提前期发生变化以及两者同时发生变化的情况下，分别求出各自的安全库存量。

在提前期和订货周期确定的前提下，安全库存计算公式如下：

$$SS = z \cdot \delta_d \cdot \sqrt{LT}$$

其中：

SS——安全库存量；

　z——特定服务水平下的标准差数值；

δ_d——日需求量的标准差；

LT——订货提前期。

（注：这里假设上海百蝶电商物流中心的商品日需求量服从正态分布，服务水平按照 ABC 分类结果进行设置。其中，A 类商品的服务水平是 99%，B 类商品的服务水平是 95%，C 类商品的服务水平是 90%。某服务水平下的标准差从附录 C 标准正态分布表中查得。）

（三）订货点技术

1. 定量订货法

定量订货法是指当前库存下降到预定的最低库存量（订货点）时，按规定数量（一般采用经济批量 EOQ 为标准）进行订货补充的库存控制方法。定量订货法需要预先确定一个订货点 Q_k 和订货批量 Q^*，在销售过程中，随时检查库存，当库存降到 Q_k 时，就发出一个订货批量 Q^*，如图 1-2-7 所示。

定量订货法主要控制参数有两个：订货点和订货批量。

（1）订货点的确定

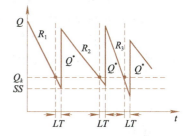

图 1-2-7　定量订货法原理

在定量订货法中，发出订货批量时，商品实际的保有库存量叫作订货点。在订货提前期确定，但需求量具有一定波动的前提下，订货点的计算公式如下：

$$P_q = LT \cdot R + SS$$

其中：

P_q——订货点；

　R——单位时间的平均需求量（本书中平均日需求量均按照 365 天进行计算）。

（2）订货批量的确定

订货批量是指商品的单次订购数量，在定量订货法中每次的订货批量都是相同的，通常将经济批量作为订货批量。经济批量的计算公式如下：

$$Q^* = \sqrt{\frac{2DS}{C_i}}$$

其中：

Q^*——订货批量；

　D——商品的年需求量；

　S——单次订货成本；

C_i——单位商品年保管费。

2. 定期订货法

定期订货法是按照预先确定的订货时间间隔进行订货补充的库存管理方法。定期订货法需要预先设定订货周期和最高安全库存量，并周期性的检查库存，根据最高库存量、实际库存、在途到货量和待出库数量计算出订货批量，如图1-2-8所示。

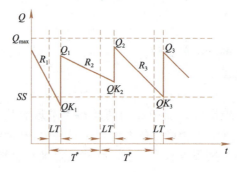

图1-2-8　定期订货法原理

定期订货法主要控制的参数有三个，分别为订货周期、最高库存量和订货批量。

（1）订货周期的确定

在定期订货法中，订货点即为订货周期，且订货周期为定值，通常采用经济期货周期的方法来计算，计算公式如下：

$$T^* = \sqrt{\frac{2S}{C_i D}}$$

其中：

T^*——经济订货周期。

（2）最高库存量的确定

定期订货法的最高库存量需要满足（T^*+LT）期间内的库存需求量，在库存需求不确定的情况下，最高库存量的计算公式如下：

$$Q_{max} = (T^*+LT) \cdot R + SS$$

其中：

Q_{max}——最高库存量。

（3）订货批量的确定

定期订货法的单次订货批量是不固定的，订货批量由当前库存量决定，考虑到库存的在途到货量和待出库数量，订货批量的计算公式如下：

$$Q_i = Q_{max} - QN_i - QK_i + QM_i$$

其中：

Q_i——第i次订货的订货批量；

QN_i——第i次订货点的在途到货量；

QK_i——第i次订货点的实际库存；

QM_i——第i次订货点的待出库数量。

四、商品储存策略

储存策略主要包括商品的储存原则和储位的指派法则，良好的储存策略可以减少出入库移动的距离，缩短作业时间，充分利用储存空间。

（一）常见商品储存原则

1．定位储存

每个货物都被分配好了固定位置，每种货物都要求存储到指定位置，不能随意改动，这是仓库中常见的一种存取策略。该储存原则适用于多品种、小批量货物的储存，其优点是可以按照货物的周转率和出入库频率安排货位，获得较短的搬运时间；缺点是存储空间的平均使用率较低。

2．随机储存

每种货物指派的储存位置都是随机的，也就是说，任何货物都可以存放在任何可利用的位置。其优点是库区空间的使用效率高，缺点是货物的出入库管理、盘库和倒库操作难度高。

3．分类储存

所有货物按照一定特性分类，每一类货物都有固定存放的位置，而同属一类的不同货物又按一定的法则来指派储位。分类储存通常按照商品相关性、流动性、产品尺寸、重量或货物特性来分类。其优点是分类的储存区域可根据货物特性进行设计，有助于货物的储存管理；缺点是储位必须按照各项货物最大在库量设计，因此储位空间的平均使用效率低。

4．分类随机储存

每一类货物有固定储存区域，但在各类的储区内，每个储位的指派是随机的。其优点是节约储位数量，提高储区利用率；缺点是货物出入库管理的难度高。

5．共享储存

若各货物的进出库时间较为固定，不同的货物可共享同一储位。共享储存在管理上虽然复杂，但所需的储存空间及搬运时间更为经济。

（二）储位指派法则

储存原则是储区规划的初步原则，储存原则和储位指派法则必须结合运用才能有效地实现储位高效管理的目的。储位指派法则主要包括以下几点。

1．靠近出口法则

靠近出口法则指将即将入库的货物指派到离出库口最近的空储位上。该储位指派法则一般与随机储存、共享储存原则配合使用。

2．周转率法则

周转率法则指按照货物在仓库的周转率来安排储位。货物按照周转率进行排序，然后将其分为若干段，同时储位也根据周转效率分为若干段，将不同区间段周转率的货物指派到固定周转效率段的储位。该法则一般与定位储存、分类（随机）储存原则配合使用。

3．相关性法则

将相关性高的货物尽量存放在相邻位置，货物的相关性是指被同时订购的频次高低。该法则一般与分类（随机）储存原则配合使用，并且该方法一般适用于货物的拣选作业区。

4．同一性法则

同一性法则是指把同一种货物储存在相同的保管位置。这种方法便于货物的管理和盘点，适用于货物种类较少的仓库使用。

5．互补性法则

将具有互补性的货物放于临近的位置，以便缺货情况下另一种货物能快速替代。

6．先进先出法则

先进先出法则是指先入库保管的货物先出库，这一法则一般适用于产品寿命周期较短的货物。

7．重量特性法则

重量特性法则是指按照货物重量的不同来决定货物储存位置的高低。一般而言，重量较大的货物应存放在地面或货架的下层，重量轻的货物应保管在货架上层的位置。

8．尺寸特性法则

尺寸特性法则要求在仓库布置时考虑货物尺寸和形态，根据货物的储存数量和尺寸合理安排储位，可以有效地减少搬运时间。

五、货物堆码

堆码是指将货物整齐、规则地摆放成货垛的作业，根据货物的包装、性质、形状、重量、特点和数量等因素，结合季节和气候情况，以及仓库储存条件，将货物按一定的规律码成各种形状的货垛。

（一）货物堆码的原则

1．整齐原则

堆码整齐，货物不超过托盘边缘。

2．堆码原则

托盘利用最大化，货位承重不作要求。

3．牢固原则

奇数层和偶数层尽量交叉摆放。

4．方便原则

每层数量尽量相同，便于盘点。

（二）货物堆码方式

利用货物或其包装外形进行堆码，这种堆码方式能够增加货垛高度，提高仓容利用率，能够根据货物的形状和特性的需要和货位的实际情况堆码成各种形式，以利于保护货物的质量。堆码形式主要取决于货物本身的包装、性质、形状、重量、特点和数量等因素。

常见的堆码方式有重叠式堆码、纵横交错式堆码、仰伏相间式堆码、旋转交错式堆码和压缝交错式堆码等。其中，重叠式适用于板形货物和箱型货物，货垛整齐牢固；旋转交错式适用于所有箱装、桶装及裸装货物堆码，起到通风防潮、散湿散热的作用；压缝交错式适用于条形材料的堆码，可以增强货垛的稳定性。

（三）货物堆码示意图绘制方法

1. 计算堆码方式

计算堆码方式包括计算所需托盘总数、整托每托货物数量、散托货物数量以及每层货物摆放方式等。

2. 绘制示意图

用文档工具或专业绘图工具绘制示意图，托盘尺寸和货物尺寸按一定比例（如1:20）绘制，并在图中标识货物对应的尺寸及堆码层数。

3. 进行文字说明

绘制完示意图后，需为示意图配上合适的文字说明，以对示意图进行解释。例如：陈克明高筋精细面条规格440×270×250mm，最高放4层，每层放9箱。现入库36箱，共需一个托盘，放4层，奇数层放9箱，偶数层放9箱，共36箱。

4. 货物组托示意图示例

根据以上绘制方法，绘制出两种典型规格的堆码方式示意图。已知托盘的规格为1 200mm×1 000mm×150mm，货格高度1 500mm，堆放重量不作要求。两种典型的货物规格分别为600×400×500mm、430×320×300mm，对应的货物堆码示意图如图1-2-9和图1-2-10所示。

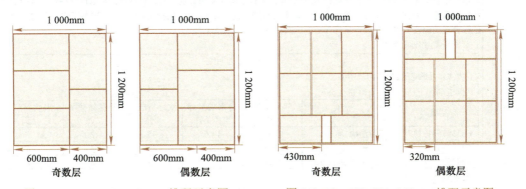

图1-2-9　600×400×500mm堆码示意图　　　图1-2-10　430×320×300mm堆码示意图

方案设计任务书

方案设计任务书	
子项目名称	电商物流中心入库作业方案设计与实施
任务描述	借助IELS虚拟运营软件，通过完成商品的采购计划、入库验收、堆码及上架作业等，达到熟练掌握电商物流中心入库作业流程的目的
任务成果	电商物流中心入库作业设计方案 IELS虚拟运营软件操作规范正确

（续）

	方案设计任务书
模拟训练内容	2018年9月10日，上海百蝶电商物流中心的采购部主管查询历史采购记录，发现【洗涤日化】类别商品在8月10日进行统一采购后再无采购记录。经查询可知，宝洁百货用品有限责任公司负责上海百蝶电商物流中心【洗涤日化】类别商品的供应，采购部主管决定与宝洁百货用品有限责任公司进行接洽，准备进行订货。采购部向仓库管理员发出【洗涤日化】类别商品的订货计划明细，仓储主管安排你对近一周（9月3日～9月9日）的《历史有效订单》报表中【洗涤日化】类别进行ABC分类，确认采购商品的订货方式、订货点，然后最终确定采购商品清单和采购数量。为保证入库作业的高效进行，上海百蝶电商物流中心的仓储部应做好入库准备工作，并对入库商品进行合理的储位安排。那么，入库作业的一系列程序应怎么做呢？ 订货计划明细见下表： **订货计划明细** 货主：上海百蝶电商物流中心 供应商：宝洁百货用品有限责任公司　　收货方式：码盘收货 | 商品编码	商品名称	年需求量/件	日需求量标准差/件	次订货成本/元	年存储费用/元	采购提前期/天
---	---	---	---	---	---	---
6902088108156	力士水润丝滑润发素	11000	8.6	40	2	2
6936000903628	阿道夫（ADOLPH）心悦洗护套盒	3250	15.5	40	2	2
6901404321200	上海药皂	800	1.8	40	2	2	 **任务要求：** 1. 对【洗涤日化】类别商品进行ABC分类，设计商品的库存管理方式及订购方式 2. 计算入库商品的安全库存 3. 根据实际商品库存数量确定商品是否需要订购，若需要订购则确定订购数量 4. 根据入库商品的库存管理方式，安排入库车辆的停靠月台 5. 针对入库商品的数量，进行商品验收，并确定入库货位 6. 根据入库商品的规格，进行货物堆码设计
强化训练内容	2018年9月10日，上海百蝶电商物流中心的采购部主管查询历史采购记录，发现【休闲食品】类别商品在8月10日进行统一采购后再无采购记录。经查询可知，上佳佳食品有限责任公司负责上海百蝶电商物流中心【休闲食品】类别商品的供应，采购部主管决定与上佳佳食品有限责任公司进行接洽，准备进行订货。采购部向仓库管理员发出【休闲食品】类别商品的订货计划明细，仓储主管安排你对近一周（9月3日~9月9日）的《历史有效订单》报表中【休闲食品】类别进行ABC分类，确认采购商品的订货方式、订货点，然后最终确定采购商品清单和采购数量。为保证入库作业的高效进行，上海百蝶电商物流中心的仓储部应做好入库准备工作，并对入库商品进行合理的储位安排。那么，入库作业的一系列程序应怎么做呢？ 订货计划明细见下表： **订货计划明细** 货主：上海百蝶电商物流中心 供应商：上佳佳食品有限责任公司　　收货方式：码盘收货 | 商品编码	商品名称	年需求量/件	日需求量标准差/件	次订货成本/元	年存储费用/元	采购提前期/天
---	---	---	---	---	---	---
6923976113137	溜溜梅 雪梅	15000	14.6	35	2	2
6924743915763	乐事 无限薯片	12000	18	35	2	2
6902934990362	喜之郎什锦果肉果冻	1500	3	35	2	2	 **任务要求：** 1. 对【休闲食品】类别商品进行ABC分类，设计商品的库存管理方式及订购方式 2. 计算入库商品的安全库存 3. 据实际商品库存数量确定商品是否需要订购，若需要订购则确定订购数量 4. 根据入库商品的库存管理方式，安排入库车辆的停靠月台 5. 针对入库商品的数量，进行商品验收，并确定入库货位 6. 根据入库商品的规格，进行货物堆码设计
	子项目方案设计任务书说明
	针对教学任务书中给出的模拟训练数据和强化训练任务数据，学生首先在课堂中和教师一起学习理论知识，熟悉IELS虚拟运营软件的操作方法和流程，然后根据教师的课堂演示进行模拟训练，最后结合知识链接中的相关知识、管理技能、方案设计模板和强化训练任务数据进行方案设计

任务总结

学生在完成电商物流中心入库作业方案设计任务后,根据方案设计过程中的知识要点、应用情境、设计难点进行总结反思,将其梳理成总结报告,反复思考,总结经验教训,并提交入库作业方案设计和总结报告。教师可对学生的入库作业方案设计和总结报告进行评价,并作为课程考核成绩的一部分。

任务二 电商物流中心入库作业方案实施

技能链接

一、电商物流中心采购认知

采购作业是保证企业经营活动正常开展的前提,电商物流中心完整的采购作业流程主要由以下步骤组成:采购计划、选择供应商、签订订购合同、电子订货、验收入库、支付和采购绩效评估,如图 1-2-11 所示。

(一)采购的分类

按采购形式分类,采购可分为直接采购、委托采购和调拨采购;按照采购时间分类,采购可分为长期固定性采购、非固定性采购、计划性采购、紧急采购和预购等;按采购价格的决定方式分类,采购可分为招标采购、询价现购、比价采购、议价采购、定价采购和公开市场采购等。常见的采购类型见表 1-2-5。

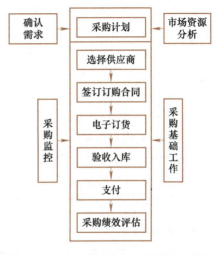

图 1-2-11 电商物流中心采购作业流程

表 1-2-5 采购类型

分类标准	类型	内容
按采购形式分类	直接采购	直接向供应商从事采购的行为
	委托采购	通过中间商实施采购的行为
	调拨采购	将过剩商品互相调拨使用的行为
按采购时间分类	长期固定性采购	采购行为长期进行且具有固定性的采购
	非固定性采购	采购行为非固定性,需要时进行采购
	计划性采购	根据物料计划或采购计划进行的采购行为
	紧急采购	商品急用时毫无计划的紧急采购行为
	预购	先将商品买进,之后付款的采购行为
按采购价格的决定方式分类	招标采购	将商品采购的所有条件详细列出,并发布采购通告,投标供应商依照通告条件在规定时间内缴纳定金并参加投标,开标后根据竞价完成采购
	询价现购	通过选取信用可靠的供应商,说明采购条件并进行询价,对比后完成采购的行为
	比价采购	通过对比多家供应商提供的价格而完成采购的行为
	议价采购	与供应商商榷价格后定价采购的行为
	定价采购	当出现采购数量较大,无法通过单家供应商完成采购的情况时,可通过定价后多家供应商进行统一采购的行为
	公开市场采购	通过公开交易或拍卖场随时机动式的采购

（二）采购的方式

采购方式是指各类主体在采购中运用的方法和形式。电商物流中心的采购方式是指电商企业在采购中运用的策略和具体方法，主要包括集中采购、分散采购、联合采购和电子化采购等。

1．集中采购

集中采购是指在专门机构的统一领导下，将各级各部门列入集中采购范围的采购项目交由专业采购机构进行统一采购的方式。

（1）集中采购的优点：

1）控制采购成本。通过集中采购进行统一进货管理，可提高批次的进货数量；之后进行统一调配，不仅可以获取采购的规模效益，降低采购成本，还能够更加准确地把握市场趋势以便储备物资以回避风险。

2）降低运输成本。批量运输相比分散多批次运输，可节省运输费用。

3）规避采购管理中的重复劳动。

4）建立稳定可靠的供应网络。通过集中大批量的采购来获取供应商的高度重视，建立稳定的合作关系，也容易得到供应商在技术开发、货款结算和售后服务方面的支持。

5）提高产品的标准化水平。通过集中采购可最大限度地保证产品的标准化。

（2）集中采购的缺点：

1）集中采购不够灵活、快速和简便。

2）集中采购的量大、手续多、过程长，容易增加库存成本，降低资金流动性。

3）容易造成保管损失的增加，对保管水平的要求增高。

4）由于集中采购的时间较长，在急需物资的情况下，需求会出现短缺，使采购与需求脱节。

2．分散采购

分散采购是指由各预算单位自行开展采购活动的一种采购组织实施形式。对于分散采购，采购人可以自行采购，也可委托集中采购机构或者经过资格认定的机构进行采购。

（1）分散采购的优点：

1）能适应不同地区市场环境变化，采购具有一定弹性。

2）对市场反应敏捷，采购及时，购销迅速。

3）采购权和销售权统一，便于管理。

（2）分散采购的缺点：

1）部门各自为政，容易出现交叉采购，造成采购过剩，增加采购成本。

2）采购权下放，采购控制难度较大。

3）计划不连贯，难以实施统一促销，利益受控难度大。

4）由于采购数量有限，难以获得优惠的采购价格。

3．联合采购

联合采购是指对同一产品或服务有需求的多个买方在相互合作的条件下合并各自需求，以一个购买方的形式向供应商统一订货，用以扩大采购批量，达到降低采购价格或者降低采购成本的目的。

（1）联合采购的优点：
1）统筹供需，建立产销秩序。
2）多家企业联合采购，将小订单集中为大订单，容易获取采购规模优势，降低采购成本。
3）联合采购的合作对象是商品生产企业，可以有效减少采购的中间环节，降低流通成本并保障产品质量。
（2）联合采购的缺点：
1）采购作业手续复杂。
2）采购时机与条件未必能配合个别需求。
3）易造成联合垄断。

4．电子化采购

电子化采购是指电子商务技术展开的企业之间的采购行为。电子化采购是一种不见面的网上交易，它不仅能完成采购行为，并且利用信息和网络技术对采购全程的各个环节进行管理，有效地整合了企业的资源，帮助供需双方降低了成本，提高了企业的核心竞争力。

（1）电子化采购的优点：
1）提高采购效率，缩短采购周期。
2）节约大量采购成本。
3）优化采购流程。
4）减少过量的安全库存。
5）实现信息共享。
（2）电子化采购的缺点：
1）属于无实物采购，产品质量无法保证。
2）相关法律法规有待完善。

二、商品入库验收的要求和方法

商品进入仓库储存必须经过检查验收，只有验收后的商品方可入库保管。商品入库验收是仓库把好"三关"（入库、保管、出库）的第一关。抓好商品入库质量关，可以防止劣质商品流入流通领域也为商品在仓库中的保管提供第一手资料。

（一）商品验收的基本要求

（1）及时。到库商品必须在规定的期限内完成验收入库工作。虽到库但未能及时验收的商品不能入账，也不能算为入库商品。只有及时验收才能尽快达到商品的高速流转。同时，商品的托收承付和索赔都有一定的期限，如果验收时发现商品不合格，要及时提出退货、换货或赔偿等要求，若超出期限，供应商或责任方不再承担责任。

（2）准确。验收应以商品入库凭证为依据，认真查验入库商品的实际数量和质量状况，并通过书面材料准确地反映出来。

（3）严格。仓库各方都要严肃认真地对待商品验收工作。验收工作的好坏直接关系到企业的利益，也关系到以后各项仓储业务的顺利开展。因此，验收工作应有明确的验收要求和方法，并由专人严格按照验收入库的业务流程程序操作。

（4）经济。商品在验收的过程中，需要验收人员和装卸搬运人员的密切合作，合理地组织调配人员和设备，可以节约作业成本。此外，验收工作应尽可能保护商品的原包装，减少或避免破坏性实验，以提高作业的经济性。

（二）检验商品的方法

检验商品是入库前至关重要的环节，主要包括数量检验、质量检验和包装检验等方面的内容，只有符合检验标准的商品才可以入库存储。

（1）数量检验是保证商品数量准确不可缺少的措施，要求商品入库时依次进行。按照商品性质和包装的不同，数量检验分为计件法、检斤法和检尺求积法等。

（2）质量检验包括外观检验、尺寸检验、机械物理性能检验和化学成分检验等。仓库一般只做外观检验和尺寸精度检验，其他检验需专业职能机构取样检验，仓库可根据需求进行相关质量检验。

（3）包装检验主要是对商品包装是否破损、是否受潮、是否符合包装要求等进行检验，从而保证商品的安全储存和运输。

三、采购入库作业流程

采购入库作业环节是电商物流中心正常运作的先决保障。电商物流中心的商品周转速度较高，为保证快速有效地响应订单，物流中心应保证充足的货源，但为提高仓库的周转率以降低商品的储存成本，商品的库存也不宜过多。因此，制订合理有效的入库采购计划尤为重要。其次，所有的商品入库后均存放于储存区，储存区是拣选区作业的货源保障，因此入库商品存放的准确合理与否也对整个仓库的运行效率起着至关重要的作用。

采购入库作业流程主要包括制订采购计划、商品验收、制订入库计划和商品入库，如图 1-2-12 所示。

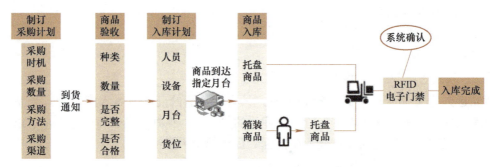

图 1-2-12 采购入库作业流程示意图

（一）制订采购计划

在电商物流中心中，为避免缺货，仓库管理工作人员应对所有的库存商品进行定期盘点，当存在库存水平较低的情况，及时下发采购计划，尽快补充库存。采购计划的主要内容包括确定采购时机、确定采购数量、确定采购方法、确定采购渠道等。

（二）商品验收

采购结束后，在规定期限内供应商将会把指定数量的商品送往电商物流中心，验收员需要根据验收标准进行商品验收，验收内容包括种类、数量、质量、包装等是否准确、完整、合格等。

（三）制订入库计划

验收合格的产品需尽快安排入库，仓库接到"到货通知"后，说明商品已验收完成并且可以入库。入库计划的主要内容包括入库货位计划、入库月台计划、入库码盘人员计划、入库搬运设备计划等。其中，入库货位计划和入库月台计划需要在管理信息系统中完成。

（四）商品入库

按照入库计划的内容，运载商品的货车将停靠在指定月台。商品收货方式有两种，一种是码盘收货，需装卸人员进行码盘后放置于指定区域；另一种为物联网收货，则只需装卸人员直接卸货于指定区域即可。托盘商品放置于指定区域后，系统将自动指派空闲自动三向叉车将其搬运并存放于指定货位，当自动三向叉车搬运商品经过RFID门禁后，系统自动分配计划货位并完成入库录入；自动三向叉车完成任务后反馈系统，系统确认该入库任务完成。

方案实施指导书

一、任务选择

在【课程内容】中选择【项目一 电商物流中心单项作业方案设计与实施】→【子项目二 电商物流中心入库作业方案设计与实施】→【任务二 电商物流中心入库作业方案实施】，在界面右侧单击选择【电商物流中心入库作业方案实施（教师演示）】，单击【进入任务】，任务角色选择【制单员】，单击【确定】后进入3D仿真场景，如图1-2-13所示。

图1-2-13 选择任务

二、WMS管理系统操作

1. 控制人物走近计算机，鼠标指针移到椅子上，根据界面提示，按<Alt>键操作计算机，双击进入管理信息系统，如图1-2-14所示。

2. 选择【入库管理】→【采购申请】，单击【新增】，填写【6918598028013 波力海苔 原味】货物明细信息，最后单击【保存】，如图1-2-15所示。

图 1-2-14 操作计算机

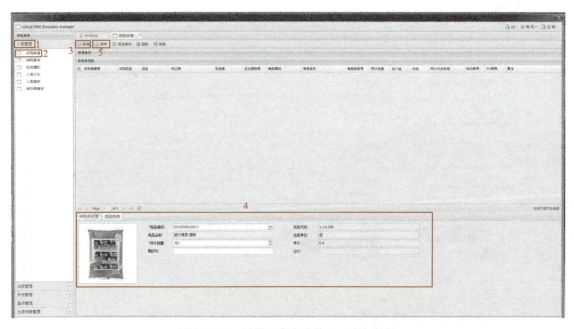

图 1-2-15 新增入库申购单——波力海苔

3. 以此类推,新增【6920907808315 ORION/ 好丽友 蘑古力】入库申购单信息,如图 1-2-16 所示。

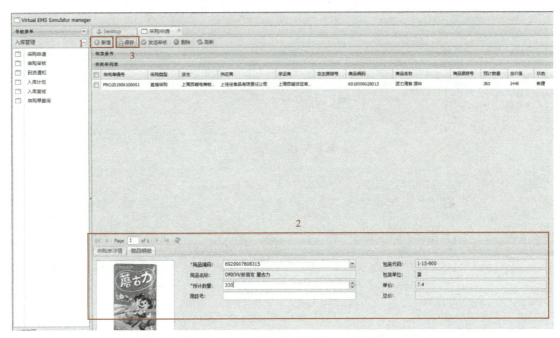

图 1-2-16　新增入库申购单——蘑古力

4．勾选申购单，单击【发送审核】，如图 1-2-17 所示。

图 1-2-17　采购申请

5．选择【申购审核】，勾选未审核的订单，单击【审核】，如图 1-2-18 所示。

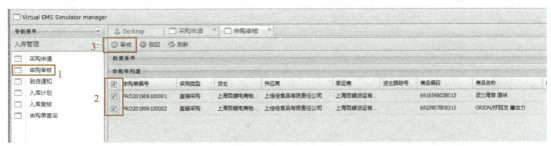

图 1-2-18　申购审核

6．选择【到货通知】，勾选审核完成的订单，单击【同意收货】，如图 1-2-19 所示。

7．选择【入库计划】，系统设置了两种入库计划方式：自动计划（见图 1-2-20）和手动计划。这里我们详细介绍一下手动计划的操作过程：

（1）在入库单的【站台计划】栏下单击【未计划】，如图 1-2-21 所示，出现站台计划列表，选择计划的站台后单击【保存】，如图 1-2-22 所示。

图 1-2-19 同意收货

图 1-2-20 自动计划

图 1-2-21 手动计划站台

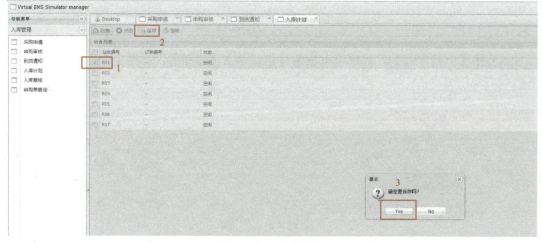

图 1-2-22 选择站台

（2）返回主界面，单击第一个申购单，在【库位计划】栏下单击【未计划】，出现库位计划列表，单击【整货存储区】计划存储的几排几列空白区域，右侧【库位详情】下选择具体库位，单击【保存】，如图 1-2-23 和图 1-2-24 所示。

（3）以此类推，完成另一个入库申购单的入库计划，如图 1-2-25 和图 1-2-26 所示。

子项目二 电商物流中心入库作业方案设计与实施

图 1-2-23 手动计划库位

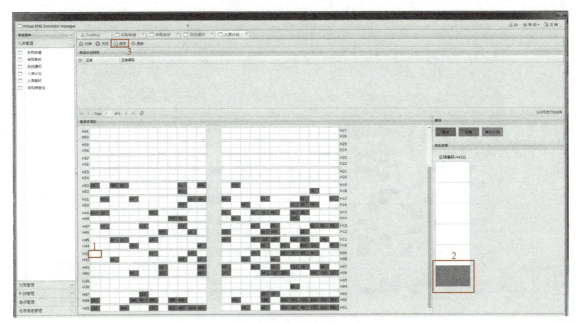

图 1-2-24 选择库位

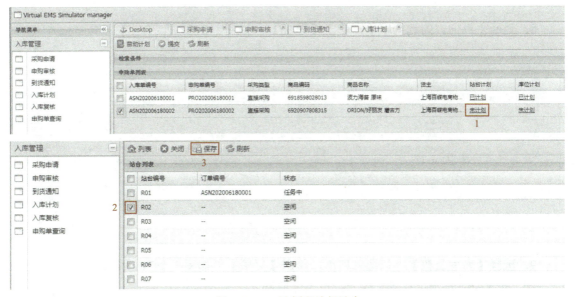

图 1-2-25 计划和选择站台

53

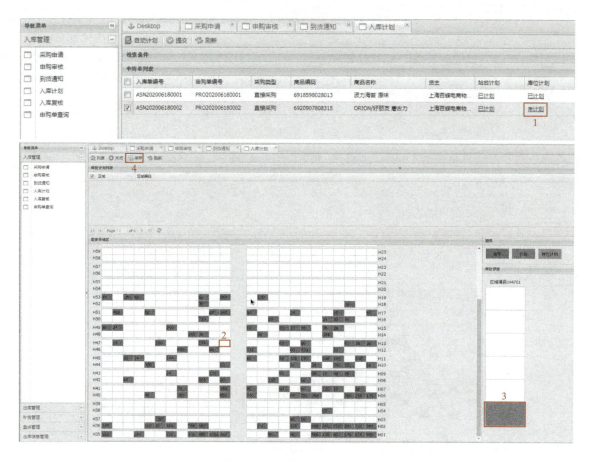

图 1-2-26　计划和选择库位

8．返回主界面，勾选入库单，单击【提交】，如图 1-2-27 所示。

图 1-2-27　提交入库计划

9．选择【入库复核】，勾选入库单，单击【复核】，如图 1-2-28 所示。
10．按 <Alt> 键退出计算机操作，走出仓储部。

图 1-2-28　入库复核

三、卸货作业

1. 切换角色为"理货员",如图 1-2-29 所示,走向入库月台。

图 1-2-29　切换角色为"理货员"

2. 走近 RFID 门禁电子显示屏,按 <Alt> 键操作 RFID 屏幕,如图 1-2-30 和图 1-2-31 所示。

图 1-2-30　RFID 门禁

图 1-2-31　操作 RFID 屏幕

3. 单击【登录】，选择【入库检验系统】，出现智能入库检验系统界面，如图 1-2-32 至图 1-2-34 所示。

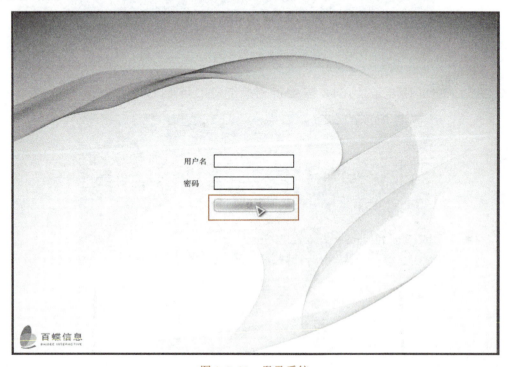

图 1-2-32　登录系统

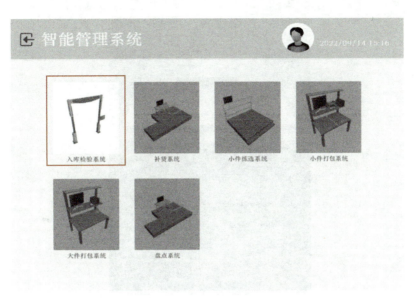

图 1-2-33　选择入库检验系统

图 1-2-34　智能入库检验系统界面

4．按 <Alt> 键退出 RFID 屏幕，转身走近送货司机，根据界面提示，双击鼠标左键签收送货单，此时车门会自动打开；然后走近手动叉车，根据界面提示，按 <Alt> 键操控手动叉车，推入车内叉取货物，按 <↑> 升起货叉，将货物拉到蓝色托盘旁边，按 <↓> 落下货叉，按 <Alt> 键放下手动叉车，如图 1-2-35 至图 1-2-37 所示。

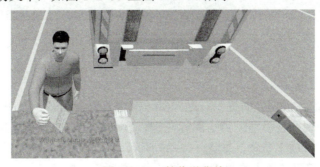

图 1-2-35　签收送货单

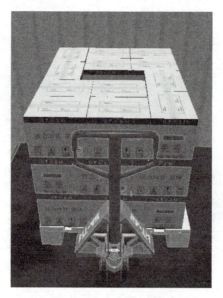

图 1-2-36 叉取货物

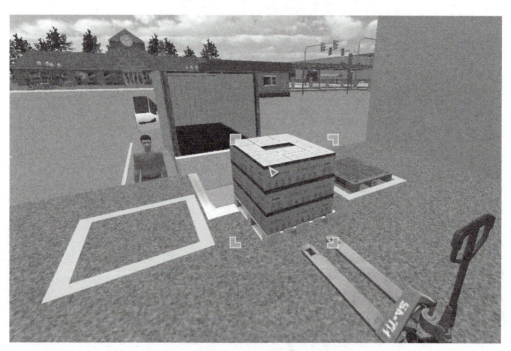

图 1-2-37 放置货物

四、码盘作业

1. 走近蓝色托盘，根据界面提示，按 <Alt> 键进入码盘状态，如图 1-2-38 所示。移动鼠标，对准货物，出现绿色手型时点击鼠标左键，拿起货物，移动鼠标到蓝色托盘上，出现绿色框时点击鼠标左键放下货物，如图 1-2-39 所示。码盘期间，按 <X> 键可改变包装箱方向，按 <W> 或 <S> 键可调整人物位置，如图 1-2-40 所示。

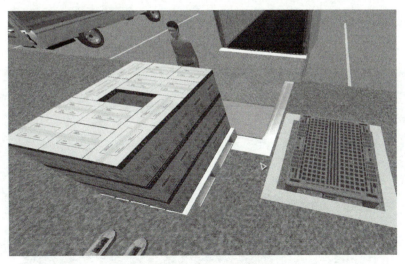

图 1-2-38　进入码盘状态

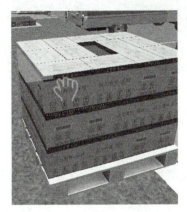

图 1-2-39　码盘作业

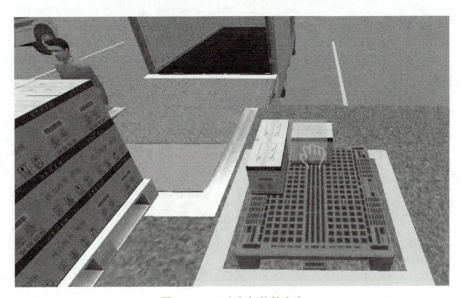

图 1-2-40　改变包装箱方向

2. 按照此方法，完成此托盘的码盘作业，然后按 <Alt> 键退出码盘状态，如图1-2-41所示。

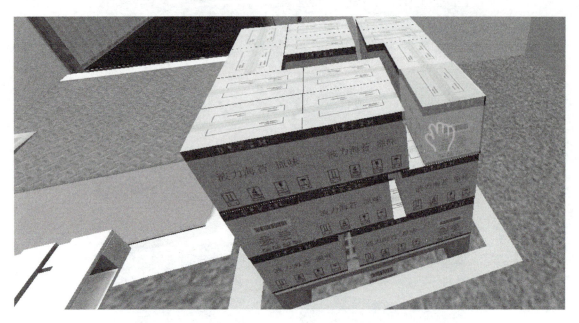

图1-2-41　码盘完成

五、入库作业

1. 按 <Alt> 键操控手动叉车，将码好的托盘推至入库理货区1号黄框内，托盘自动调整至待入库状态，如图1-2-42至图1-2-44所示。

图1-2-42　推托盘至1号黄框内

子项目二　电商物流中心入库作业方案设计与实施

图 1-2-43　放好托盘　　　　　　　图 1-2-44　托盘自动调整

2. 自动三向叉车自动叉取托盘完成上架入库作业，如图 1-2-45 所示。

图 1-2-45　托盘上架入库

3. 当托盘通过 RFID 门禁时，智能入库检验系统自动识别入库商品信息并显示在 RFID 屏幕上。按 <Alt> 键操作屏幕，查看商品信息，单击【查看 ASN】，查看入库详情。当"货物状态"变成"已入库"时，单击【入库完成】，如图 1-2-46 和图 1-2-47 所示。

61

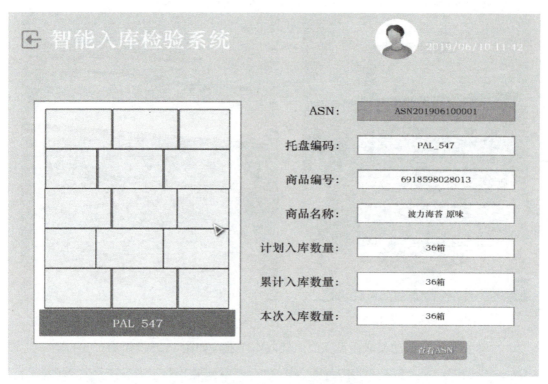

图 1-2-46　入库商品信息

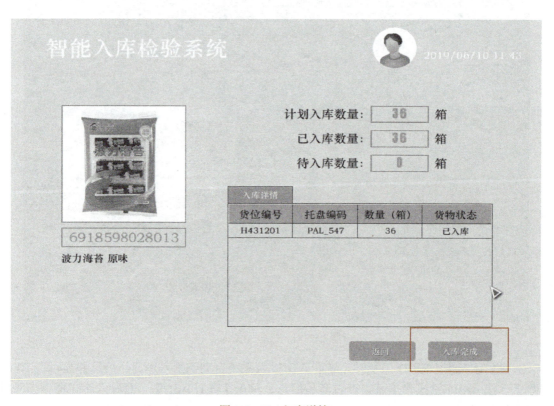

图 1-2-47　入库详情

4. 第一个入库作业操作完成后退出智能入库检验系统并返回登录界面，如图 1-2-48 至图 1-2-50 所示。

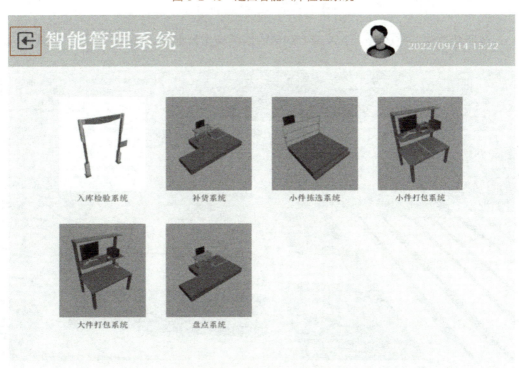

图 1-2-48　返回智能入库检验系统

图 1-2-49　退出智能入库检验系统

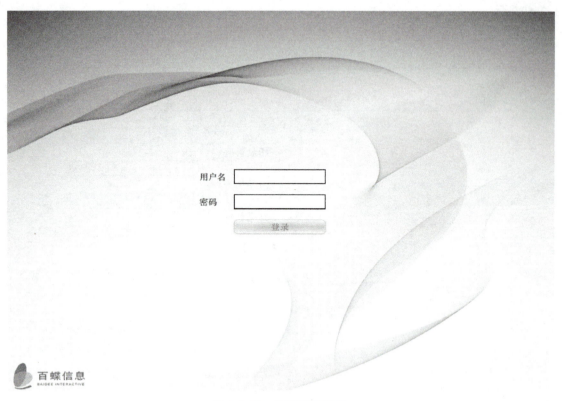

图 1-2-50　返回登录界面

5. 依照此方法，完成另一个入库申购单的相关操作，如图 1-2-51 至图 1-2-54 所示。

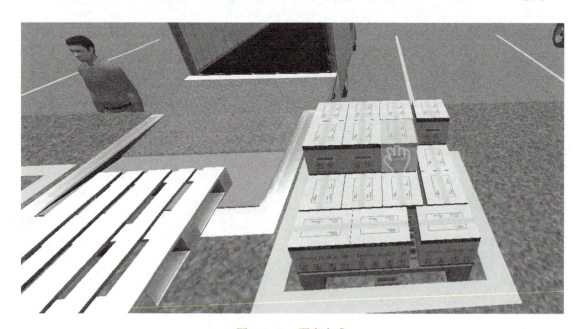

图 1-2-51　码盘完成

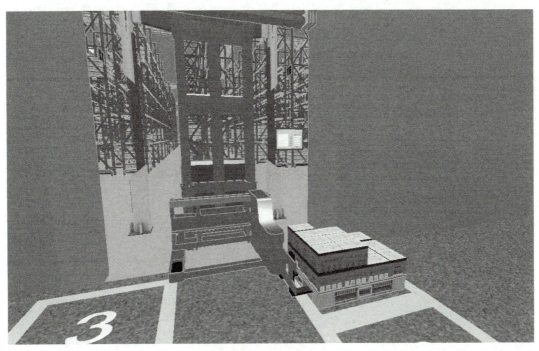

图 1-2-52　托盘上架入库

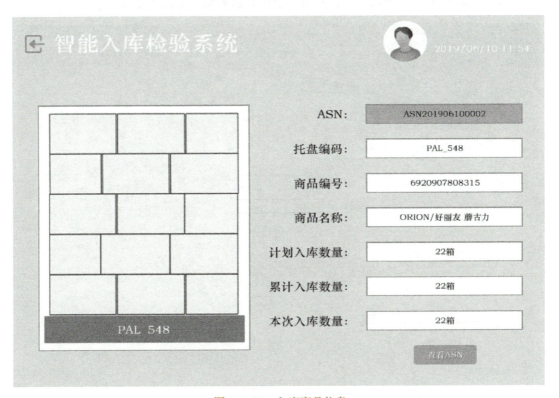

图 1-2-53　入库商品信息

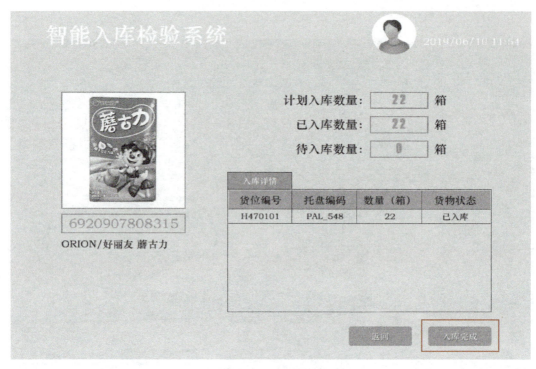

图 1-2-54　入库详情

6. 操作完成后退出智能入库检验系统，返回登录界面，如图 1-2-55 所示。

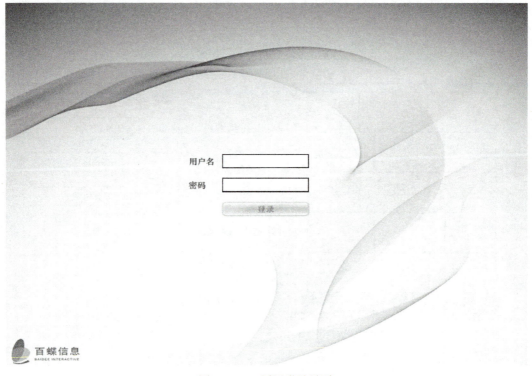

图 1-2-55　返回登录界面

7. 操控手动叉车将木托盘放入送货车内,如图1-2-56所示。然后拉出并放下手动叉车,走近送货司机,鼠标放在屏幕下方,单击【单据】图标,双击单据界面,打开单据。根据界面提示,双击鼠标左键,将已签收的送货单递交给送货司机,如图1-2-57至图1-2-59所示。最后将手动叉车归位,入库作业完成,如图1-2-60所示。

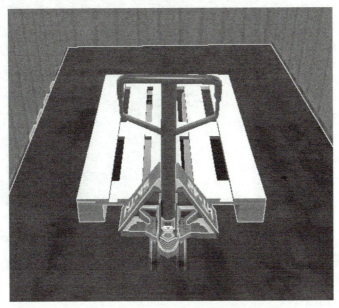

图1-2-56　木托盘放入送货车内

图1-2-57　打开送货单

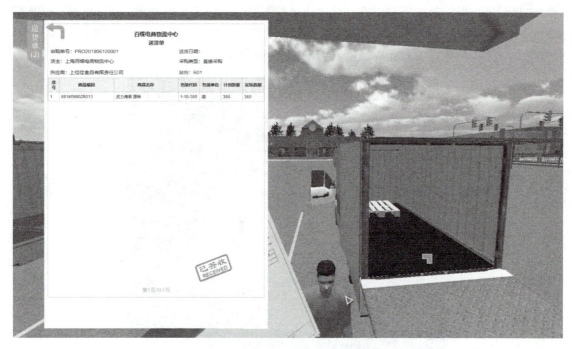

图 1-2-58　递交送货单——波力海苔

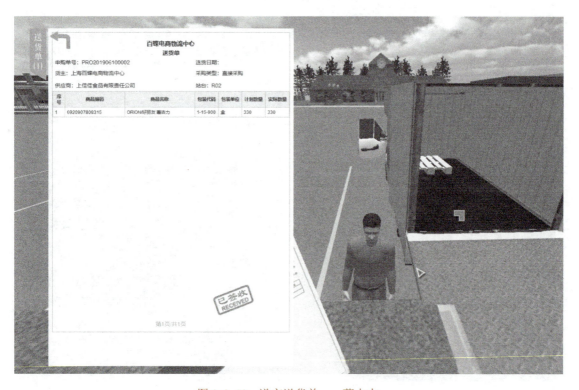

图 1-2-59　递交送货单——蘑古力

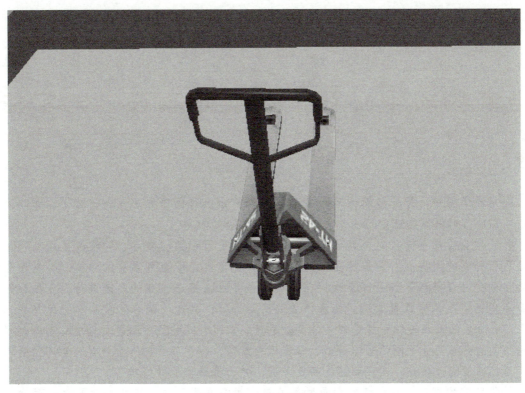

图 1-2-60　手动叉车归位

任务总结

学生在完成电商物流中心入库作业方案实施任务后，根据方案实施过程中对电商物流中心入库环节的作业流程、实施中的难点要点及困惑进行总结反思，将其梳理成总结报告，反复思考，总结经验教训。教师可对学生的方案实施结果和总结报告进行评价，并作为课程考核成绩的一部分。

子项目三
电商物流中心补货作业方案设计与实施

子项目情景

在定岗学习中,你已经熟悉了入库环节的相关知识和操作方法,仓储部将你调配到补货作业岗位,对电商物流中心的作业流程进行进一步的学习。

补货作业是指仓储部对电商物流中心零货库存进行定期核查后,对拣选区库存不足的商品进行补充的过程。补货作业是电商物流中心日常作业中至关重要的环节,补货作业的主要目的是保证拣选区商品库存维持在合理水平并保证拣选作业的高效进行。首先,补货作业要保证商品库存数量能满足拣选作业的正常进行;其次,能合理控制零货库存成本,并且使补货后的商品能保证拣选作业的高效进行。按照电商物流中心补货作业的基本流程,根据不同的商品设计不同的管理策略、零货库存策略,确定商品的补货数量、源库位的选择以及目标库位的选择等,实现商品的高效补货,并为拣选作业做好准备。

补货环节的岗位主要包括制单员和补货员。根据职责不同,制单员需要对电商物流中心的零货库存进行严格把控,在出现零货库存不足的情况下,及时制订合理的补货计划;补货员则需要根据制单员制订的补货计划快速补货,保证商品零货库存充足。

作为新员工的你,在经过补货作业理论知识学习和岗位学习后,你应如何制订合理有效的补货作业计划?又应如何保证快速高效的补货?

学习目标

【知识目标】
1. 理解补货作业产生的原因,掌握补货时机及选择补货方式的原则。
2. 理解相关性分析原理,掌握商品相关性的计算方法。
3. 理解和掌握补货点、补货数量的确定方法。
4. 掌握补货货位的确定方法。

【技能目标】
1. 能够依据项目任务书的要求设计完整的货物补货作业方案。
2. 能够依据项目任务书的要求正确计算商品的零货安全库存量和补货点,并确定补货商品品项。
3. 能够依据项目任务书的要求确定商品的补货区域,并确定补货作业的取货货位和补货站台。
4. 能够依据项目任务书的要求确定补货货位。
5. 能够依据补货作业方案在 IELS 系统中完成商品的补货作业。

子项目三　电商物流中心补货作业方案设计与实施

> 【素质目标】
> 1. 树立严谨认真的工作态度。
> 2. 培养吃苦耐劳的工作精神。

任务一　电商物流中心补货作业方案设计

知识链接

一、补货作业

根据《物流中心作业通用规范》（GB/T 22126—2008）定义，补货作业是指从保管区将货物移到拣选区域，并作相应信息处理的活动。具体指配送中心拣货区的商品存量低于设定标准的情况下，将商品从保管区搬至拣选区的作业活动。补货作业是为了在正确的时间将正确的商品从保管区运送到指定的拣货区，以及时满足客户订单需求，提高拣货效率。

（一）补货时机

补货作业的发生与否应视拣货区的货物存量是否能够满足需求量而定，因而需按时检查拣货区存量，以避免拣货中途出现拣货区货量不足的情况，而影响整个拣货作业。补货时机主要有批次补货、定时补货和随机补货三种，配送中心应视具体情况选择适宜的补货方式。

1. 批次补货

每天或每一批次拣货前，经由计算机计算所需货物总拣货量和拣货区的库存量，计算出差额并在拣货作业开始前补足货物。这种补货原则是"一次补足"，较适合一日内作业量变化不大，紧急插单不多，或是每批次拣货量可以事先掌握的情况。

2. 定时补货

将每天划分为若干时段，补货人员在时段内检查拣货区货架上货物存量，若发现不足马上予以补足。定时补货较适合分批拣货时间固定、处理紧急订货时间也固定的情况。

3. 随机补货

随机补货是指定专人从事补货作业，补货人员随时巡视拣货区的货物存量，若有不足随时补货。随机补货较适合每批次拣货量不大，紧急插单多，以至于一天内作业量不易事前掌握的情况。

在电商物流中心中，订单的波动性较大，为保证订单的快速响应，补货作业采用定时补货和随机补货共用的补货作业方式。通常情况下，仓库管理员定期对仓库中的商品库存进行查询，发现不足进行补货；在发生突发性的库存不足情况下，采用随机补货方式进行补货。

（上海百蝶电商物流中心的商品补货数量采用经济订货批量确定，这里假设上海百蝶电商物流中心的商品日需求量服从正态分布，为保证所有商品的快速响应，所有商品的零货库存的服务水平均为99%。某服务水平下的标准差从附录C标准正态分布表中查得。）

（二）补货方式

补货方式主要包括托盘补货、整箱补货和货架上下层补货三种。

1．托盘补货

托盘补货是以托盘为单位进行补货，使用堆垛机将托盘由存储区运到拣货区，适合体积大或出库量较多的货物。

2．整箱补货

整箱补货是由货物储存区补货到拣货区，这种补货方式由补货员到货物存储区取货箱，用手推车装载至拣货区，适合体积小且少量多样出库的货物。

3．货架上下层补货

此种补货方式适合存储区与拣货区属于同一货架的货物，利用堆垛机将上层存储区的货物搬至下层拣货区，适合体积不大、存货量不大且多为中少量出库的货物。

二、相关性分析

电商物流中心的小件拣选区以移动货架作为存储单元，单个移动货架可储存多种商品。为有效提高效率并减少移动货架搬运次数，一般将同时被订购频次较高的商品存放于同一货架。同时被订购频次高的商品则被称为具有相关性，相关性分析则指对两个或多个具备相关性的变量元素进行分析，从而衡量两个或多个变量因素间的相关密切程度。

（一）"尿布与啤酒"的故事

在一家超市里，有一个有趣的现象：尿布和啤酒赫然摆在一起出售。但是这个奇怪的举措却使尿布和啤酒的销量双双增加了。这不是一个笑话，而是发生在美国沃尔玛连锁超市的真实案例，并一直为商家津津乐道。沃尔玛拥有世界上最大的数据仓库系统，为了能够准确了解顾客在其门店的购买习惯，沃尔玛对其顾客的购物行为进行购物篮分析，想知道顾客经常一起购买的商品有哪些。沃尔玛数据仓库里集中了其各门店的详细原始交易数据。在这些原始交易数据的基础上，沃尔玛利用数据挖掘方法对这些数据进行分析和挖掘。一个意外的发现是：跟尿布一起购买最多的商品竟是啤酒！经过大量实际调查和分析，揭示了一个隐藏在"尿布与啤酒"背后的美国人的一种行为模式：在美国，一些年轻的父亲下班后经常要到超市去买婴儿尿布，而他们中有30%～40%的人同时也为自己买一些啤酒。产生这一现象的原因是：美国的太太们常叮嘱她们的丈夫下班后为小孩买尿布，而丈夫们在买尿布后又随手带回了他们自己喜欢的啤酒。

（二）关联规则

关联规则就是有关联的规则，是数据挖掘的一种常用方法。其定义为：两个不相交的非空集合X、Y，如果有 X → Y，就说 X → Y 是一条关联规则。X 和 Y 分别称为关联规则的先导（antecedent 或 left-hand side，LHS）和后继（consequent 或 right-hand side，RHS）。

1．基本概念

（1）项集（T）：一个或多个项目的集合。

（2）置信度（Confidence）：Confidence（X → Y）=|X ∩ Y|/|X|={ 集合 X 与集合 Y 中的项在一条记录中同时出现的次数 / 集合 X 出现的个数 }。

(3) 支持度（Support）：Support（X → Y）=|X ∩ Y|/|N|={ 集合 X 与集合 Y 中的项在一条记录中同时出现的次数 / 数据记录的个数 }。

(4) 频繁项集：置信度和支持度不小于给定最小置信度和最小支持度阈值（minsup）的项集。频繁项集也就是关联度高的元素，置信度和支持度越高，相关性越高。

2. 关联规则挖掘过程

(1) 生成频繁项集。在这一阶段，需要找出所有满足最小支持度和最小置信度的项集，这些集合被称为频繁项集。

(2) 生成规则。在这一阶段，在上一步产生的频繁项集的基础上生成满足最小置信度的规则，产生的规则成为强规则。（注：百蝶电商物流中心规定具有关联性的商品之间的最小置信度为 0.4，最小支持度为 0.03。）

3. 举例说明

为更好的理解关联规则的概念原理和计算方法，在这里列举一个小案例进行说明。给定最小支持度 $\alpha=0.5$，最小置信度 $\beta=0.6$，表 1-3-1 为历史订单数据，请找出与面包具有关联规则的品项。

表 1-3-1 历史订单数据

订单编号	订单详情
T1	{牛奶，面包}
T2	{牛奶，尿布，啤酒，鸡蛋}
T3	{牛奶，尿布，啤酒，可乐}
T4	{面包，牛奶，尿布，啤酒}
T5	{面包，牛奶，尿布，可乐}

由上表可知，项集 T=5，除面包以外共有 5 个品项，分别为牛奶、啤酒、尿布、鸡蛋和可乐。应分别对这五种品项与面包的置信度和支持度进行计算。以面包和牛奶的置信度和支持度计算为例，其中，数据记录共有 5 条，面包共出现过 3 次，面包和牛奶同时出现共 3 次，因此：

Confidence（面包→牛奶）=3/3=1

Support（面包→牛奶）=3/5=0.6

同理，可计算出其他品项与面包的置信度和支持度，具体如表 1-3-2 所示。

表 1-3-2 面包关联规则列表

	面包→牛奶	面包→啤酒	面包→尿布	面包→鸡蛋	面包→可乐
置信度	1	0.33	0.67	0	0.33
支持度	0.6	0.2	0.4	0	0.2

满足最小支持度 $\alpha=0.5$，最小置信度 $\beta=0.6$ 的只有品项牛奶，因此只有牛奶与面包具有强关联关系，为相关性商品。

（三）关联规则的工具

在进行商品关联规则分析时，利用 EXCEL 中的高级筛选功能和数据透视表功能能够大幅提高计算效率和结果。下面以 Microsoft Office Excel 2007 为例，详细介绍通过高级筛选功能和数据透视表功能完成关联规则分析的使用方法。

（1）为便于后期数据处理使用，在该 EXCEL 表中建立 2 张附表"订单编号筛选表"和"订单筛选表"，如图 1-3-1 所示。

（2）返回"订单信息汇总表"，选择【数据】选项卡中的【筛选】，如图 1-3-2 所示。

图 1-3-1　新建相关表格　　　　　　　　图 1-3-2　选择数据筛选功能

（3）通过"商品名称"筛选本次所要分析的相关性商品名称，筛选出具有相关性商品的所有订单编号，将筛选后的表格中的"订单编号"栏全选并复制粘贴至附表"订单编号筛选表"中，如图 1-3-3 和图 1-3-4 所示。

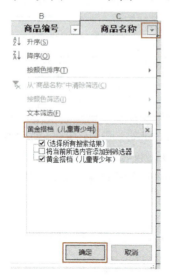 

图 1-3-3　筛选订单　　　　　　　　图 1-3-4　复制粘贴订单编号

（4）返回"订单信息汇总表"，清除筛选条件，如图 1-3-5 所示。

（5）在【数据】选项卡中的【筛选】功能中选择【高级】，在"列表区域"中选择"订单信息汇总表"中全部内容，在"条件区域"中选择"订单编号筛选表"中的全部内容，单击【确定】，筛选出具有相关性商品的完整订单信息，如图 1-3-6 和图 1-3-7 所示。

（6）将筛选出来的相关商品的完整订单信息全选并复制粘贴至"订单筛选表"。

（7）在"订单筛选表"中对数据进行数据透视分析。选择【插入】选项卡中的【数据透视表】功能，如图 1-3-8 所示。

（8）选择后弹出"创建数据透视表"窗口。

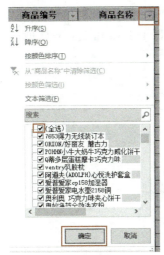

图 1-3-5　清除筛选条件

图 1-3-6　选择高级筛选功能

图 1-3-7　选择筛选区域

图 1-3-8　选择数据透视表功能

（9）在"表/区域"内将第一个表内需要分析的数据选中，在"选择放置数据透视表的位置"内选中表的位置（新工作表或现有工作表），然后单击确定，如图 1-3-9 所示。

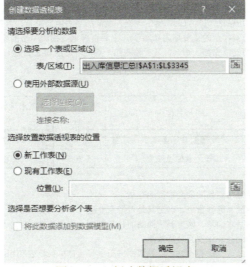

图 1-3-9　创建数据透视表

75

（10）产生一个空白的数据透视表，在右侧"数据透视表字段"中，拖动字段"商品名称"至区域间"行"和"值"中，并将"值"中的字段设置为"计数"，如图1-3-10和图1-3-11所示。

图 1-3-10　数据透视表字段设置

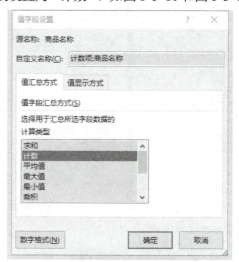

图 1-3-11　值字段设置

（11）最后得出需要的效果和表。

方案设计任务书

方案设计任务书	
子项目名称	电商物流中心补货作业方案设计与实施
任务描述	借助IELS虚拟运营软件，通过分别完成商品的补货区确定、补货计划、补货上架等，达到熟悉电商物流中心补货作业流程的目的
任务成果	电商物流中心补货作业设计方案 IELS虚拟运营软件操作规范正确
模拟训练内容	2018年9月17日下午15:00，上海百蝶电商物流中心已经完成当天的所有出库任务，仓库管理员对拣选区商品的存货数量进行查询，发现部分商品由于订购数量过多导致拣选区库存不足，为保证未来一天的出库任务正常进行，现对拣选区进行定时补货作业。仓储管理员向你发出补货计划明细，安排你对9月3日~9月9日的《历史有效订单》报表中相应商品进行查阅，确定计划补货商品是否需要补货，若需要补货确定补货区域和补货数量。假设仓库中所有商品补货作业的提前期为0.25天，上海百蝶电商物流中心的仓储部应做好补货作业准备工作，并对补货商品进行合理的储位安排。那么，补货作业的一系列程序应该怎么做？ 补货计划明细见下表： **补货计划明细** | 商品编码	商品名称	年需求量/件	日需求量标准差/件	次补货成本/元	年存储费用/元
---	---	---	---	---	---
6901486344173	罗莱家纺纯棉被套床单床上四件套	10 500	22.67	1	4
6902265120506	海天金标生抽	5 800	15.01	0.25	5	 任务要求： 1．计算补货计划明细中商品的安全零货库存量 2．计算补货明细中商品的补货点，确定其是否需要补货 3．查询补货商品的基本信息，确定补货商品的补货区域（大件拣选区或小件拣选区） 4．针对需要补货的商品，计算其补货数量 5．针对小件补货商品，安排补货站台，并根据《历史有效订单》报表和相关性原则进行商品的补货货位安排 6．针对大件补货商品，根据大件拣选区的实际库存信息，确定商品的补货位置

子项目三　电商物流中心补货作业方案设计与实施

（续）

	方案设计任务书
强化训练内容	2018年9月17日下午15:00，上海百蝶电商物流中心已经完成当天的所有出库任务，仓库管理员对拣选区商品的存货数量进行查询，发现部分商品由于订购数量过多导致拣选区库存不足，为保证未来一天的出库任务正常进行，现对拣选区进行定时补货作业。仓储管理员向你发出补货计划明细，安排你对9月3日～9月9日的《历史有效订单》报表中相应商品进行查阅，确定计划补货商品是否需要补货，若需要补货确定补货区域和补货数量。假设仓库中所有商品补货作业的提前期为0.25天，上海百蝶电商物流中心的仓储部应做好补货作业准备工作，并对补货商品进行合理的储位安排。那么，补货作业的一系列程序应该怎么做？ 补货计划明细见下表： **补货计划明细** | 商品编码	商品名称	年需求量/件	日需求量标准差/件	次补货成本/元	年存储费用/元
---	---	---	---	---	---
6902088106046	夏士莲修护焗油洗发水	5 800	5.48	0.25	5
6937671790340	格力新一代节能煲GD-305A	4 680	11.25	1	4	 任务要求： 1. 计算补货计划明细中商品的安全零货库存量 2. 计算补货明细中商品的补货点，确定其是否需要补货 3. 查询补货商品的基本信息，确定补货商品的补货区域（大件拣选区或小件拣选区） 4. 针对需要补货的商品，计算其补货数量 5. 针对小件补货商品，安排补货站台，并根据《历史有效订单》报表和相关性原则进行商品的补货货位安排 6. 针对大件补货商品，根据大件拣选区的实际库存信息，确定商品的补货位置
	子项目方案设计任务书说明
	针对教学任务书中给出的模拟训练数据和强化训练任务数据，学生首先在课堂中和教师一起学习理论知识，熟悉IELS虚拟运营软件的操作方法和流程，然后根据教师的课堂演示进行模拟训练，最后结合知识链接中的相关知识、管理技能、方案设计模板和强化训练任务数据进行方案设计

任务总结

学生在完成电商物流中心补货作业方案设计任务后，根据方案设计过程中的知识要点、应用情境、设计难点进行总结反思，将其梳理成总结报告，反复思考，总结经验教训，并提交补货作业方案设计和总结报告。教师可对学生的补货作业方案设计和总结报告进行评价，并作为课程考核成绩的一部分。

任务二　电商物流中心补货作业方案实施

技能链接

补货作业流程

补货作业是拣货作业的前提和保障。补货作业主要流程包括确定现有库存水平和补货方式、确定补货点、制订补货计划和补货作业，如图1-3-12所示。

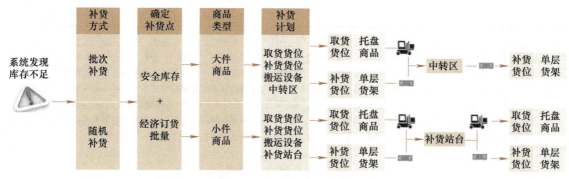

图 1-3-12　补货作业流程

（一）确定现有库存水平和补货方式

拣选区所有商品的补货作业采用定时补货和随机补货共用的补货作业方法。定时补货是指在一般情况下，仓库管理员定时对仓库中的商品库存进行查询，发现不足进行补货的作业方式；随机补货是当在作业过程中出现突发的库存量过低而触发的即时补货作业。随机补货具有一定的偶发性，补货作业以定时补货作业为主。

电商物流中心拣选区根据商品规格分为大件拣选区和小件拣选区，大件拣选区以托盘为单位存放商品，小件拣选区以单箱为单位存放商品。根据存放单位不同，大件拣选区采用整托补货的方式补货，小件拣选区采用整箱补货的方式补货。

（二）确定补货点

拣选区会定期进行统一补货，在拣选过程中突发拣选区库存不足的情况时，则采用随机补货方式。为保证拣选区库存的稳定性，所有商品拣选区库存的服务水平均要求为99%。大件商品补货以托盘为单位，小件商品补货以箱为单位。批次补货和随机补货均采用定量订货法计算方式来确定订货点和补货数量。（注：由于商品在储存区的库存不一定全为满盘状态，因此大件补货不一定以整托数量为补货单位；小件商品为整箱补货，因此补货数量应根据整箱数量进行取整。）

（三）制订补货计划

补货计划的内容主要包括取货货位、补货站台、搬运设备、补货货位等的确定。其中，所有的计划内容均可采用手动计划和自动计划两种方式完成，"自动计划"系统会随机分配所有的计划内容，"手动计划"则需手动选择计划内容。

在采用手动计划中，大件商品的补货货位尽量靠近拣选站台，小件商品的补货货位根据关联规则确定（根据电商物流中心的商品种类繁多、订单量大等特点，确定最小支持度为0.03，最小置信度为0.4）。在补货作业过程中，商品存放尽量满足有多种具有关联规则高的商品且没有存储该商品的带有空货位的货架，且同一商品应尽量分散放至不同移动货架以提高拣选灵活性。搬运设备由系统自动指定，一般为空闲且距离最近的搬运设备。

（四）补货

在系统中完成补货计划的制订和审核后，仓库中将进行补货作业。由于大件商品和小件商品的储存形式有所不同，因此补货方式也有所不同。

大件商品的补货过程由自动三向叉车和智能搬运机器人独立完成，无须人工介入。系统自动分配的自动三向叉车和智能搬运机器人开始作业：智能搬运机器人前往补货货位取单层托盘货架并送往系统指定中转区货位自动三向叉车从取货货位将托盘商品取出，待单层托盘货架放置于中转区货位后，自动三向叉车将托盘商品放置于中转区的单层托盘货架上，智能搬运机器人叉车将载有托盘商品的单层托盘货架放回原货位，至此补货任务即可完成。

小件商品的补货需要在补货站台依靠人工辅助完成。系统自动分配的自动三向叉车和智能搬运机器人开始作业：智能搬运机器人前往补货货位取移动货架并将其送往指定补货站台，自动三向叉车前往取货货位取托盘商品并将其送往指定补货站台，然后由人工完成补货。之后智能搬运机器人将移动货架送回原货位，自动三向叉车将托盘商品送回原货位，补货任务完成。

方案实施指导书

一、任务选择

在【课程内容】中选择【项目一　电商物流中心单项作业方案设计与实施】→【子项目三　电商物流中心补货作业方案设计与实施】→【任务二　电商物流中心补货作业方案实施】，在界面右侧单击选择【电商物流中心补货作业方案实施（教师演示）】，单击【进入任务】，任务角色选择【制单员】，单击【确定】后进入3D仿真场景，如图1-3-13所示。

图1-3-13　选择任务

二、WMS 管理系统操作

1. 控制人物走近计算机，打开管理信息系统，依次选择【补货管理】→【补货预报】，单击【新增】，在【补货单详情】栏选择【商品类型】和【补货类型】，在【商品明细】栏选择【商品编码】。以此方法增其他补货单据，然后单击【保存】→【发送审核】，如图 1-3-14 至图 1-3-17 所示。

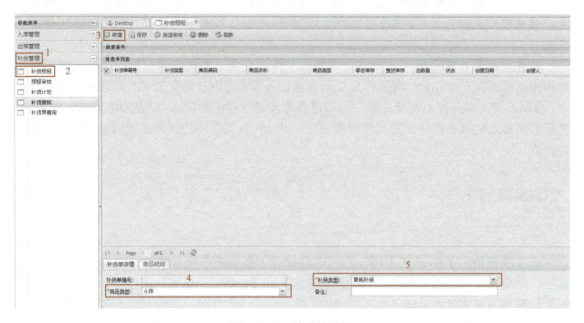

图 1-3-14　补货单详情

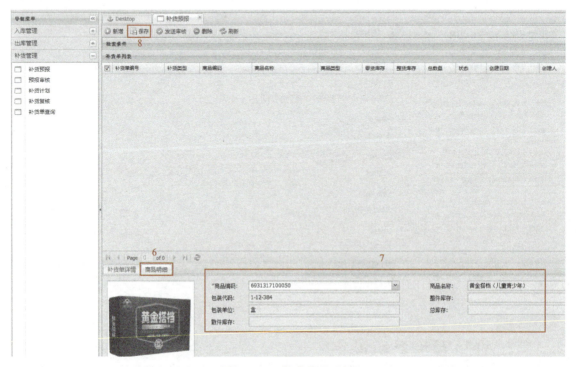

图 1-3-15　补货商品明细

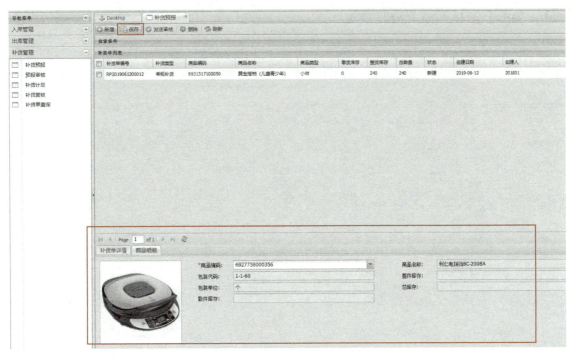

图 1-3-16　保存补货单

图 1-3-17　补货单发送审核

2．选择【预报审核】，勾选补货单，单击【审核】，如图 1-3-18 所示。

3．选择【补货计划】，选择"手动计划"方式进行库位安排。

（1）单击【未计划】（源库位），修改【箱数】为计划箱数（2 箱），单击【保存】→【关闭】，如图 1-3-19 和图 1-3-20 所示。

（2）单击【未计划】（目标库位），勾选相应库位计划，在【商品检索库存】的【商品编码】中检索本次补货商品的相关商品库存信息，在【库区信息】【图例】【库位详情】中选择计划目标库位，单击【保存】→【关闭】。按此顺序完成第二箱商品的库位安排。如图 1-3-21 至图 1-3-23 所示。

（3）单击【未计划】（补货站台），勾选计划的补货站台，单击【保存】→【关闭】，完成小件商品的库位安排，如图 1-3-24 和图 1-3-25 所示。

（4）单击【未计划】（源库位），修改【箱数】为计划箱数（60 箱），单击【保存】→【关闭】，如图 1-3-26 和图 1-3-27 所示。

图 1-3-18 预报审核

图 1-3-19 设置源库位计划（小件）

图 1-3-20 设置补货箱数（小件）

图 1-3-21　设置目标库位计划（小件）

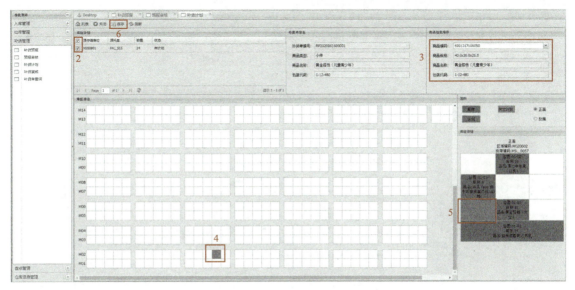

图 1-3-22　选择库位（小件）

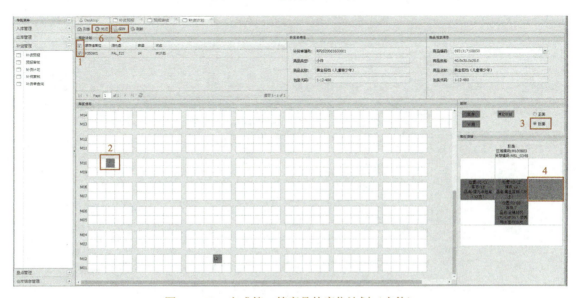

图 1-3-23　完成第二箱商品的库位计划（小件）

83

图 1-3-24 设置补货站台计划（小件）

图 1-3-25 选择补货站台（小件）

图 1-3-26 设置源库位计划（大件）

图 1-3-27 设置补货数量（大件）

（5）单击【未计划】（目标库位），勾选相应库位计划，在【商品检索库存】的【商品编码】中检索本次补货商品的相关商品库存信息，在【库区信息】【图例】【库位详情】中选择计划目标库位，单击【保存】→【关闭】，如图 1-3-28 和图 1-3-29 所示。

（6）单击【未计划】（补货站台），勾选计划的补货站台，单击【保存】→【关闭】，如图 1-3-30 和图 1-3-31 所示。

（7）勾选计划完成的补货单，单击【提交】并确认，如图 1-3-32 所示。

图 1-3-28　设置目标库位计划（大件）

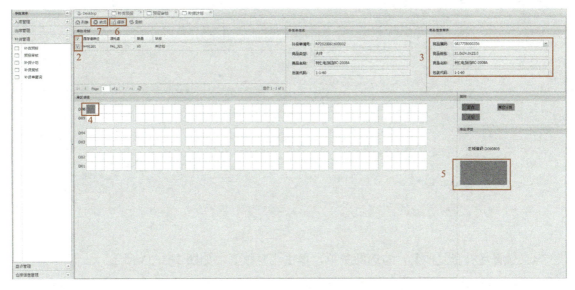

图 1-3-29　选择库位（大件）

图 1-3-30　设置补货站台计划（大件）

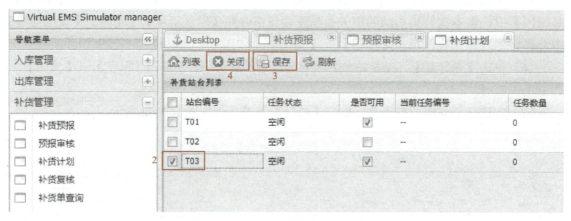

图 1-3-31　选择补货站台(大件)

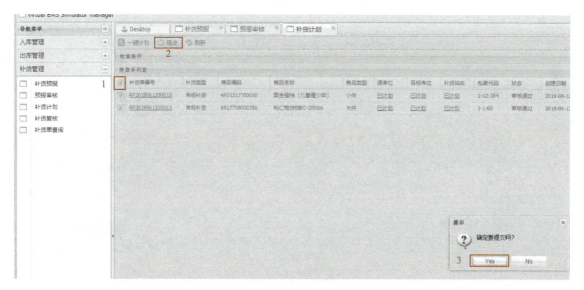

图 1-3-32　提交计划

4．选择【补货复核】，勾选补货单，单击【复核】，如图 1-3-33 所示。

图 1-3-33　补货复核

5．复核完成后可单击【补货单查询】，查询补货详细信息及补货站台，如图 1-3-34 所示。

子项目三　电商物流中心补货作业方案设计与实施

图 1-3-34　补货单查询

三、补货作业

1. 退出计算机操作，人物走出仓储部。光标放在屏幕下方，单击人物图标，切换角色为"补货员"，如图 1-3-35 所示。

图 1-3-35　切换角色为"补货员"

2. 大件商品的补货作业系统会自动完成，如图 1-3-36 所示。

图 1-3-36　大件商品补货作业

3. 小件商品的补货作业需要人工完成,首先控制人物来到补货站台,如图 1-3-37 所示。

图 1-3-37　补货站台

4. 按 <Alt> 键操作计算机,选择【补货系统】,如图 1-3-38 所示。

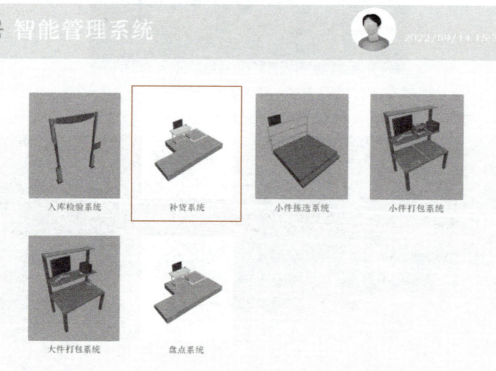

图 1-3-38　选择补货系统

5．托盘和货架到位后，智能补货系统的【开始补货】按钮亮起，单击【开始补货】，出现补货界面，如图 1-3-39 和图 1-3-40 所示。

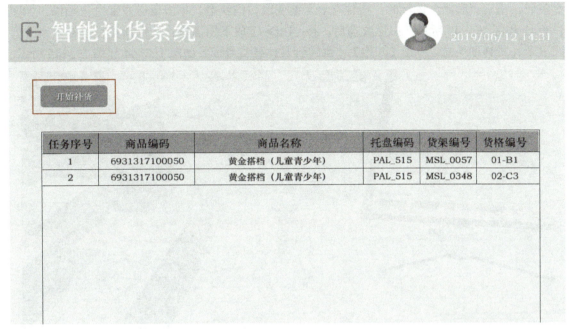

图 1-3-39　开始补货

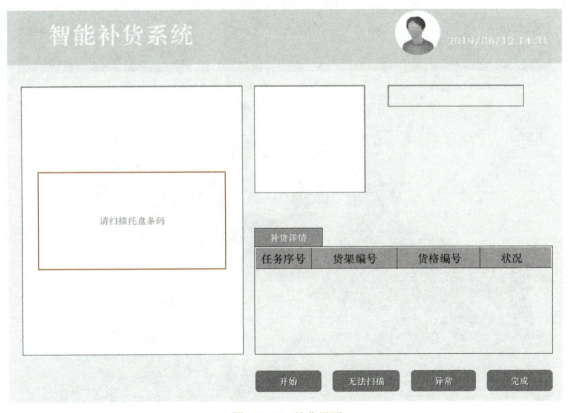

图 1-3-40　补货界面

6. 界面显示"请扫描托盘条码",将光标对准旁边的扫描枪,根据界面提示,按住<Ctrl>键的同时单击鼠标左键拿起扫描枪,如图 1-3-41 所示;按 <C> 键蹲下,光标对准托盘条码,出现"眼睛"图标时,按住 <Alt> 键变成扫描状态,单击鼠标左键进行扫描,如图 1-3-42 和图 1-3-43 所示;扫描成功后,按 <Esc> 键放下扫描枪。操作计算机,补货系统界面显示补货详细信息,单击【开始】,跳转到具体位置界面,如图 1-3-44 和图 1-3-45 所示。

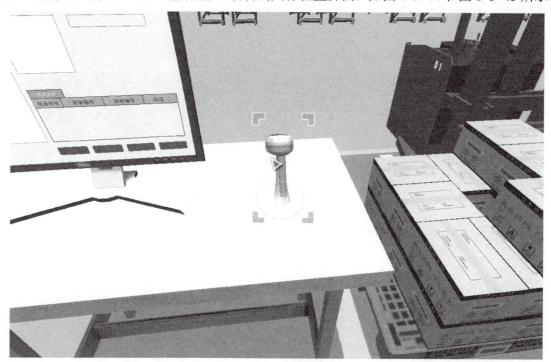

图 1-3-41　拿起扫描枪

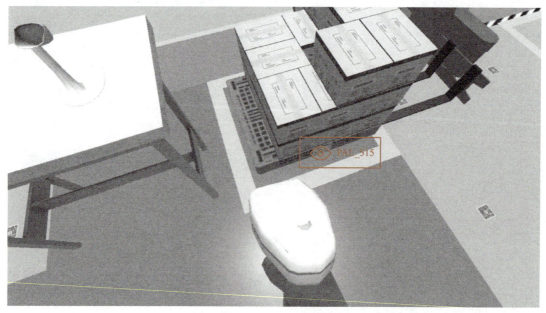

图 1-3-42　出现"眼睛"图标

子项目三　电商物流中心补货作业方案设计与实施

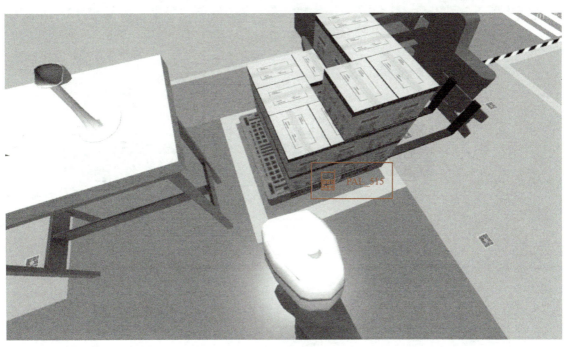

图 1-3-43　变为扫描状态

图 1-3-44　补货详细信息

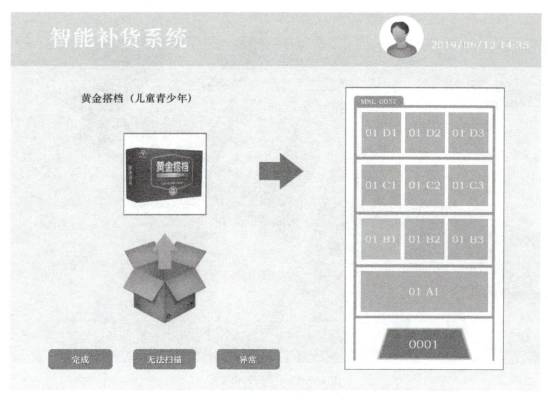

图 1-3-45 具体位置界面

7. 退出计算机操作，拿起扫描枪，光标对准商品包装箱条码进行扫描，如图 1-3-46 所示；扫描完成后放下扫描枪，将光标对准商品，从托盘上取下一箱商品；按住鼠标右键转动方向，按住 <Ctrl> 键同时移动鼠标，单击鼠标左键将一箱商品放入高亮提示的货格内，如图 1-3-47 至图 1-3-49 所示。

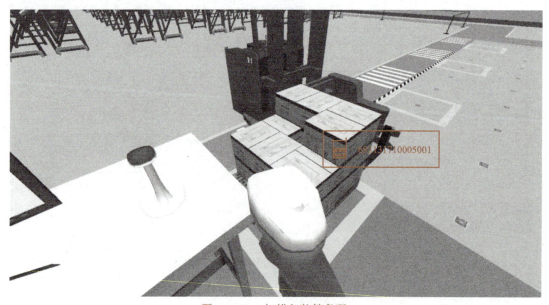

图 1-3-46 扫描包装箱条码

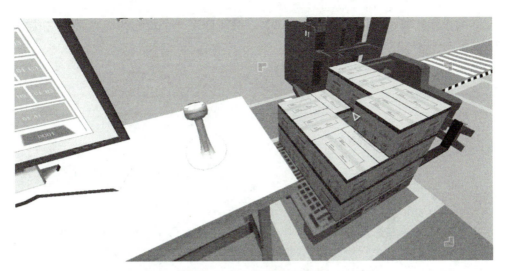

图 1-3-47　光标对准商品

图 1-3-48　取下一箱商品

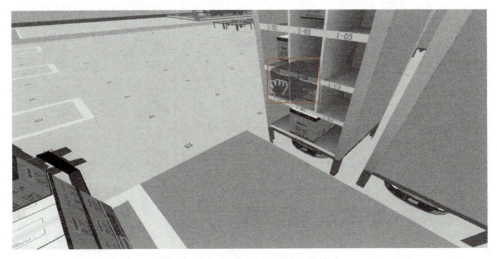

图 1-3-49　放入高亮提示的货格内

8. 继续操作计算机，依次单击【完成】，跳转到下一个货物补货界面并完成补货，如图 1-3-50 至图 1-3-52 所示。

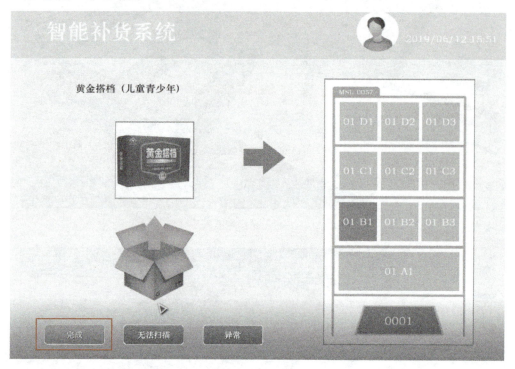

图 1-3-50　单击【完成】

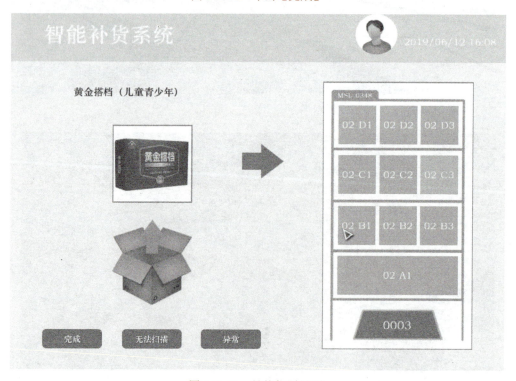

图 1-3-51　具体位置界面

图 1-3-52　放入高亮提示的货格内

9．继续操作计算机，依次单击【完成】，跳转至补货初始界面，单击返回登录界面，如图 1-3-53 至图 1-3-56 所示。

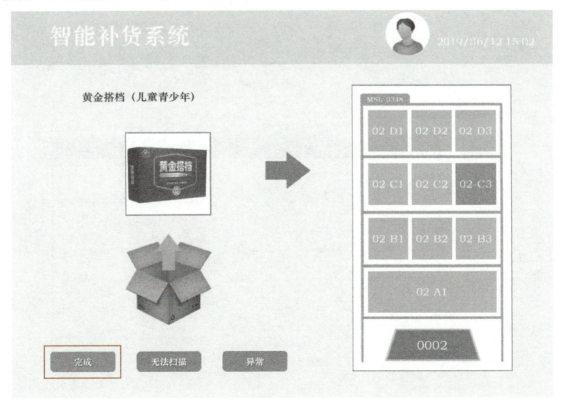

图 1-3-53　单击【完成】

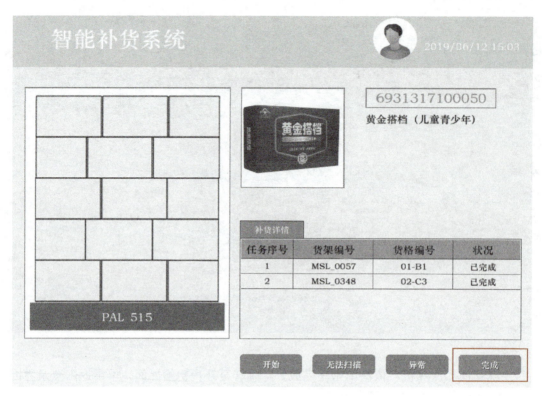

图 1-3-54 补货完成

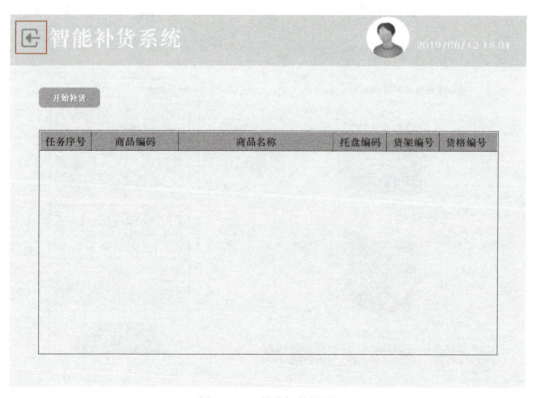

图 1-3-55 补货初始界面

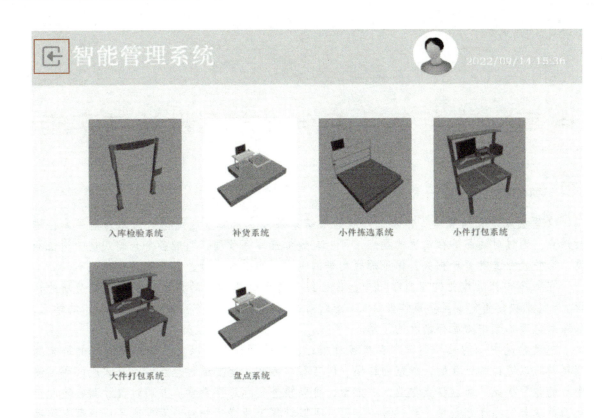

图 1-3-56 返回登录界面

10. 退出补货操作，托盘和货架自动由三向叉车和智能搬运机器人运走，补货作业完成。

任务总结

学生在完成电商物流中心补货作业方案实施任务后，根据方案实施过程中对电商物流中心补货环节的作业流程、实施中的难点要点及困惑进行总结反思，将其梳理成总结报告，反复思考，总结经验教训。教师可对学生的方案实施结果和总结报告进行评价，并作为课程考核成绩的一部分。

子项目四
电商物流中心盘点作业方案设计与实施

 子项目情景

　　仓库盘点是仓储管理工作顺利开展的最基本条件。仓库盘点是指对仓库的商品库存进行清点。通过对商品库存情况的盘点,可以有效加强库存管理,明确各个仓储人员的岗位职责,避免企业遭受资产损失,保证库存物资的真实、有效和准确,并与账目相符。

　　在入库和补货作业的定岗学习中,你已经对整个仓库的布局和库存情况有了清晰的认识。仓储部决定将你调至盘点作业部门,继续对电商物流中心的作业流程进行进一步的学习,加深对电商物流中心库存情况的了解。

　　电商物流中心的长期运营中存在各种损耗,有的损耗是可以看见和控制的,但是有的损耗是难以统计和计算的,如账面错误、偷盗等。因此,需要通过盘点作业来掌握电商物流中心的盈亏状况。通过盘点作业,一方面,可以核查实际库存数量,并通过盈亏调整使库存账面数量与实际库存数量一致;另一方面,可以计算企业资产损益,库存商品总净额直接反映企业流动资产的实际情况,库存过高会影响资金的正常流转,可以通过盘点准确了解和计算企业的实际损益。同时,通过盘点作业可以发现商品管理中存在的问题,并通过解决问题来改善作业流程,提高企业的管理水平。

　　盘点作业的岗位主要包括制单员和盘点员。制单员需要对电商物流中心商品周转情况进行严格把控并制订合理的盘点计划;盘点员则需要根据制单员制订的盘点计划快速盘点,若在盘点中发现问题要及时反馈给仓库主管,并分析原因,积极解决。

　　作为新员工的你,在经过盘点理论知识学习和盘点作业岗位学习后,你应如何制订合理有效的盘点作业计划?又应如何保证快速高效的商品补货?

 学习目标

【知识目标】
1. 了解盘点作业的目的和盘点作业的内容。
2. 了解盘点作业的方式,掌握不同盘点方式的适用情况。

【技能目标】
1. 能够依据项目任务书的要求设计完整的货物盘点作业方案。
2. 能够依据项目任务书的要求确定盘点任务的商品品项、盘点货位和盘点站台。
3. 能够依据盘点作业方案在IELS系统中完成商品的盘点作业。

【素质目标】
1. 树立严谨认真的工作态度。
2. 培养吃苦耐劳的工作精神。

任务一　电商物流中心盘点作业方案设计

> **知识链接**

盘点就是定期或不定期地对库内的货物进行全部或部分的清点，以确实掌握该期间内的经营业绩并加以改善，可以准确地掌握货物的"进销存"情况，避免货物囤积太多或缺货，对于计算成本及损失是不可或缺的数据。在电商物流中心中，商品的周转速度快，及时有效地对商品的库存进行盘点尤为重要。

一、盘点作业的目的

（一）确定库存量并保证账实相符

盘点可以查清实际库存数量，并通过盈亏调整使库存账面数量与实际库存数量一致。账面库存数量与实际库存数量不符的主要原因通常是收发作业中产生的误差，如记录库存数量时多记、误记、漏记，作业中导致的损失、遗失，验收与出货时清点有误，盘点时误盘、重盘、漏盘等。

（二）帮助企业计算资产损益

对企业来讲，库存商品总金额直接反映企业流动资产的使用情况。若库存量过高，那么流动资金的正常运转将受到威胁。而库存金额又与库存量及其单价呈正比，因此为了能准确地计算出企业的实际损益，必须进行盘点。

（三）发现仓库管理中存在的问题

通过盘点可以查明盈亏的原因，发现作业与管理中存在的问题，并通过解决问题来改善作业流程和作业方式，提高人员素质和企业的管理水平。

二、盘点的内容

（一）查清数量

查清货物在库的实际数量，以此数量为基准与库存账面数量进行核对，得出差异；根据差异进行二次复核甚至三次复核，直至确认盘点数量即为真实数量。以此数据为基准，进行账面的盈亏调整。

（二）查明质量

检查在库物资有无质量变化、有无过期或超过有效期标准产品、有无长期积压、有无残品与良品混放、有无未发现的残品等现象，对于性状等不能明确判断的货物还需进行必要的技术检验。

（三）检查保管条件

检查保管条件是否与货物的保管要求相符合，比如通风条件是否良好，是否需要增加通风设备；货物的堆码是否合理，是否便于发货；堆形是否稳固，是否利于通风等。

（四）检查仓库安全

检查仓库环境是否安全，如消防设备和器材是否符合安全要求，建筑物和作业设备是否处于安全状态，库内电路是否有安全隐患等。仓库的安全工作是每天每时每刻都必须关注的重点，需按照仓库的安全管理制度执行到位，杜绝仅依靠盘点期间进行安全检查的做法。

三、盘点作业的方法

（一）按盘点货物的全面性划分

1. 全面盘点

全面盘点是对仓库中的所有货物都进行盘点，包括已经付款但仍在途的货物，以及已发至生产现场待用的货物。由于全面盘点内容庞杂，范围广泛，工作量十分巨大，参与的人员也很多，所以一般只在年终、工厂生产停工、设备检修期间进行。如果仓库货物的种类较少时也可以在其他期末时间进行。

2. 局部盘点

局部盘点只对仓库中的部分货物进行盘点。一般是根据实际情况在年内对使用比较频繁的材料、产成品等进行轮流盘点或重点盘点。

局部盘点是比较常用的盘点方式，运用不同的局部盘点方法即可实现不同目的的盘点。常见的局部盘点方式有动碰盘点、异常盘点、随机盘点、差异盘点等，见表 1-4-1。

表 1-4-1 常见局部盘点方式

盘点方式	盘点内容
动碰盘点	对每天动过、碰过、发出过的货物在发货后随即查核。其特点是花费时间少、发现差错快，能及时解决问题、挽回损失
异常盘点	对每天作业过程中发生异常的货位或商品进行随即查实。及时、迅速地对异常库存信息进行查实并更正是后续进出库作业的有力保障
随机盘点	对仓库中的货位或商品进行不定时的随机抽查盘点
差异盘点	对盘点过程中出现差异的货位或商品进行重新盘点

（二）按盘点时间的固定性划分

1. 定期盘点

定期盘点是指对各项货物在固定的时间内进行盘点，一般是在每季度、每半年或年终财务结算前进行。由于定期盘点是将所有货物一次盘清，因此工作量较大，要求严格。定期盘点通常采用分区、分组的方式进行，其目的是为了明确责任，防止重复盘点和漏盘。

2. 临时盘点

临时盘点是当仓库发生货物损失事故、保管员更换或仓库与货主认为有必要盘点对账时组织的局部或全面的盘点。

（三）按盘点对象划分

1. 账面盘点

账面盘点又称永续盘点，是根据期初货物实际库存资料和本期货物入库、出库、损溢的记录，推算出期末货物的库存量。

2. 现货盘点

现货盘点又叫实地盘点（实盘），是到实地对库存现货进行盘点。如果要得到最正确的库存情况并确保盘点无误，最直接的方法就是确定账面盘点和现货盘点的结果是否一致，如有账实不符的现象，应该分析查找错误原因，划清责任归属。

（四）按盘点计划安排划分

1. 月末盘点

月末盘点是在月末对全部库存货物进行逐品、逐垛、逐架的清点，并与账面数量进行核对。

2. 循环盘点

循环盘点是对货物进行逐区逐类连续盘点，或在某类货物达到最低存量时进行盘点。这种方法通常用于价值较高或较重要的货物的盘点，周而复始，分批循环进行。ABC 循环盘点是最为常见的循环盘点方法，根据商品的 ABC 分类结果划分层次进行盘点，其中 A 类商品盘点频率最高，C 类商品盘点频率最低，企业也可根据自身特点安排循环盘点的频率。

3. 月末账盘、季末实盘

在每季前两个月的月末对库存货物进行账面盘点并推算月末库存，到季末再进行实地盘点。

四、盘点差异处理

盘点结果与账面库存结果之间的差异主要有三种：数量差异、存放位置差异和存货质量差异。

（一）盘盈的处理办法

盘盈是指实际库存比账面库存数量多。出现盘盈的情况有很多，其处理办法也不尽相同。

1. 出库时少发货物造成的盘盈

这时要及时追查上一次盘点与本次盘点之间该货物的出库记录，和收货人及时联系，找到是哪一笔出库单少发了货物，并商量解决办法。大多数情况下，收货人收到的货物如有缺失，一般都会及时联系仓库或者货主单位。如果收货方要求补发，则在账面外（WMS 之外）做补发货处理，无须做账务登记；如果收货方不要求补发，则可以找到原出库单，修改出库单内容（减少出库数量）。

实际情况是，对于已经完成出库的出库单，很多 WMS 是不支持修改的，这种情况可以做一个退货入库操作。不管是修改出库数量还是做退货入库，都需要通知货主单位，以确保仓库库存和货主单位库存保持一致。

2. 入库时多收货物造成的盘盈

多收了货物而没有记录入账，导致实物库存比账面库存数量多，多出的部分一般称为账外库存。账外库存有可能是货主单位有记录，而仓库未记录，也有可能是货主单位自身未记录。如果货主单位知道多发的情况，库方可以修改当时的入库单，增加入库数量；如果时间较长，当时入库的一部分货物已经出库或被移动等，无法修改入库单时，库方可以补充入库单，并在入库单的备注里详细描述补充入库的原因；如果货主单位也没有记录，这时候就是真正的盘盈了。真正盘盈的内容，要做盘盈入库，并且通报货主单位。

3. 客户退货记录未填造成的盘盈

客户退货正常的流程应该是客户先通知货主单位退货，货主单位再通知仓库负责接收。但实际操作中往往是仓库先收到货物，而货主单位并不知情，这时候就要及时和货主单位沟通，做好退货登记。如果是退货记录未登记，则及时补登退货记录，并向货主单位通报并核对退货信息；如果发现有瑕疵品（退货原因大多是因为出现瑕疵品），则要及时做好次品标识或者冻结。

（二）盘亏的处理办法

盘亏即通过盘点实际库存与账面库存，发现实际库存比账面库存少。产生盘亏的原因是多方面的，主要包括出库未记账、破损处理未记账、散装货计数误差（小数点误差）、出库拿错货等。盘亏情况如果不及时处理，很容易影响正常出库作业。货主单位可能按照账面库存最大数来发布出库指令，但这时候实际库存不足，会影响发货效率，甚至产生业务纠纷。

1. 出库未记账造成的盘亏

出库未记账的情况主要包括正常出库未记账以及退回给供应商未记账。仓库业务比较繁忙时，由于一些特殊的原因，仓库实际已发货，但未在账上体现。造成的结果就是仓库实物库存减少了，但账面库存因为没有记账而未减少，由此造成盘亏。

出库未记账的处理办法有以下几种：①如果是正常出库超发了，则要找到原始出库单，修改出库单的出库数量（增加账面上的出库数量）；②如果是忘记做出库登记，则要及时补填出库单据；③如果是退货出库（返还给货主单位）没有做登记，则要及时找到退货依据，及时补登退货出库记录，同时要求货主单位做好退货接收的补登手续，以保证双方账目上的一致。

2. 破损处理未记账造成的盘亏

破损处理未记账主要是指日常管理中，货物由于质量问题进行了实物处理，但未及时进行账务处理，而导致实际数与账面数不符。由于变质、损毁等原因造成货物的直接废弃，但没有进行损毁品的出库账务处理的，需要在 WMS 上及时进行"减库"操作。一是可以作退货出库处理，将废弃货物出货给货主单位（丢弃也算作出库给货主单位）；二是如果损毁责任由库方承担，则出库货物的收货单位是库方（相当于是库方按照约定的价格买下了损毁的货物）。由于淋湿、破损等原因导致货物被下架隔离的，要及时在 WMS 上进行隔离标记。可以将破损货物在原货位上冻结，也可以将破损货物移动到次品区，同时在 WMS 上进行次品移动记录。

3．散装货计数误差（小数点误差）造成的盘亏

由于小数点误差造成的数量差异，可以通过在合同上约定允许的误差范围来解决，也可以通过增加虚拟入库的方式来平衡误差。

4．出库拿错货造成的盘亏

由于拣货人员操作失误（拣货指令不清晰、货位设置不清晰、货物外包装容易混淆等），错把一种货物当成另一种货物进行了出库，从而造成一种货物盘亏而另一种货物盘盈的情况。由于发错货造成的换货处理，要及时找到出库记录，找出错误订单，然后做换货处理。换货操作是在账外进行处理的，换货操作产生的费用也应该在账外进行处理。

5．无法追溯原因的盘亏

无法追溯原因的盘亏的处理办法有以下几种：

①由库方赔偿，在市场上购买对应货物来补齐实物库存。这种情况属于维持账上库存数不变而增加实物库存的做法；②由库方赔偿，货主单位允许进行一次虚拟出库，收货人是库方。这种情况属于维持实物库存不变而减少账上库存的做法；③获得货主单位的谅解，从货主单位的生产线上获得货物来补齐盘亏的实物数量。实际上，在流通环节中出现货物亏损是大概率事件，如果不是特大规模的数量损失，大多能获得货主单位的谅解。

（三）存放位置差异的处理

存放位置差异一般是因为没按照拣货规则进行操作而造成的。在正规的 WMS 中，系统都会按照拣货规则（一般是先进先出规则）来指定每个商品的拣货位置。但在实际情况中，搬运工为了方便省事，更愿意优先搬运离门口较近的货物，或者当待拣货物被压在托盘底部时，直接搬运最外层货物。

如果是偶然的搬错，短期内发现的话，可以修改搬运指令，把原来指定的货位调整为实际发生的货位；如果搬错情况已经过较长时间，原来指定货位的内容也发生了变动，这时候已经无法直接进行恢复了。这时需要按照实际的生产日期和批次号等内容，调整现有货物的存放位置。

（四）存货质量差异的处理

存货质量差异一般是指账面库存完好，而实际库存有破损或者过期货物的现象。存货质量差异一般与日常管理失控相关，如未定期巡检仓库而导致未及时发现破损货物，或者虽然发现了破损货物但未及时进行账务处理，未按照先进先出原则进行出库拣货而导致早期货物长期积压最终超过保质期等。

如果出现破损差异，需及时汇报破损内容，并做好账务处理（次品处理或冻结），同时加强仓库巡检；如果出现超过保质期的货物，则要加强先进先出拣货原则的监督落实，制订保质期预警方案。

方案设计任务书

方案设计任务书	
子项目名称	电商物流中心盘点作业方案设计与实施
任务描述	借助 IELS 虚拟运营软件,通过分别完成商品的盘点品项确定、盘点明细确定、盘点站台确定等,达到熟练电商物流中心盘点作业流程的目的
任务成果	电商物流中心盘点作业设计方案 IELS 虚拟运营软件操作规范正确
模拟训练内容	2018 年 9 月 25 日下午 17:30,上海百蝶电商物流中心已经完成当天的所有任务,为确保第二天的工作正常进行,现对电商物流中心的商品进行盘点,盘点方式采用 ABC 盘点法。其中 A 类商品每天盘点一次,B 类商品每周盘点一次,C 类商品每月盘点一次。仓库管理员查询历史盘点数据得知,盘点明细中的【洗涤日化】类商品在 9 月 17 日进行了统一盘点,仓库管理员将盘点计划明细中商品的盘点任务派发给你,请你对以下商品的库存信息和历史订单数据进行查询分析,确定盘点库位,下发盘点任务,并组织和实施这些商品的盘点作业 盘点计划明细见下表: **盘点计划明细** | 编 号	商品编码	商品名称
---	---	---
1	6902088108156	力士水润丝滑润发素
2	6936000903628	阿道夫(ADOLPH)心悦洗护套盒
3	6901404321200	上海药皂	 任务要求: 1. 根据《历史有效订单》报表对【洗涤日化】类别商品进行 ABC 分类,确定盘点计划明细商品的盘点周期 2. 根据盘点计划明细商品的盘点周期判断是否需要盘点 3. 对所需盘点商品的库存信息进行统计,确定盘点库位 4. 确定盘点站台分配 5. 盘点任务结束后,对盘点数据进行分析
强化训练内容	2018 年 9 月 25 日下午 17:30,上海百蝶电商物流中心已经完成当天的所有任务,为确保第二天的工作正常进行,现对电商物流中心的商品进行盘点,盘点方式采用 ABC 盘点法。其中 A 类商品每天盘点一次,B 类商品每周盘点一次,C 类商品每月盘点一次。仓库管理员查询历史盘点数据得知,盘点明细中的【休闲食品】类商品在 9 月 18 日进行了统一盘点,仓库管理员将盘点计划明细中商品的盘点任务派发给你,请你对以下商品的库存信息和历史订单数据进行查询分析,确定盘点库位,下发盘点任务,并组织和实施这些商品的盘点作业 盘点计划明细见下表: **盘点计划明细** | 编 号	商品编码	商品名称
---	---	---
1	6923976113137	溜溜梅 雪梅
2	6924743915763	乐事 无限薯片
3	6902934990362	喜之郎什锦果肉果冻	

子项目四　电商物流中心盘点作业方案设计与实施

（续）

方案设计任务书	
强化训练 内容	任务要求： 1. 根据《历史有效订单》报表对【休闲食品】类别商品进行 ABC 分类，确定盘点计划明细商品的盘点周期 2. 根据盘点计划明细商品的盘点周期判断是否需要盘点 3. 对所需盘点商品的库存信息进行统计，确定盘点库位 4. 确定盘点站台分配 5. 盘点任务结束后，对盘点数据进行分析
子项目方案设计任务书说明	
针对教学任务书中给出的模拟训练数据和强化训练任务数据，学生首先在课堂中和教师一起学习理论知识，熟悉 IELS 虚拟运营软件的操作方法和流程，然后根据教师的课堂演示进行模拟训练，最后结合知识链接中的相关知识、管理技能、方案设计模板和强化训练任务数据进行方案设计	

任务总结

学生在完成电商物流中心盘点作业方案设计任务后，根据方案设计过程中的知识要点、应用情境、设计难点进行总结反思，将其梳理成总结报告，反复思考，总结经验教训，并提交盘点作业方案设计和总结报告。教师可对学生的盘点作业方案设计和总结报告进行评价，并作为课程考核成绩的一部分。

任务二　电商物流中心盘点作业方案实施

技能链接

盘点作业流程

盘点作业是指定期或临时对库存货物实际数量进行清查、清点的作业，一方面是保证仓库中商品的实际数量和保管账上记录的数量相符，另一方面是检查确保商品的质量。盘点作业是保证储存商品达到账、物、系统相符的重要措施之一。盘点作业的作业流程主要包括盘点前准备工作、盘点实施工作和盘点后处理工作。

（一）盘点前准备工作

盘点作业前的准备工作关系到盘点作业进行的是否顺利。盘点前的准备工作主要包括确定盘点时间、盘点方式确定、盘点人员组织等环节。

1. 确定盘点时间

为保证仓库的货账相符，盘点的频率越高越好，但是盘点作业需要耗费人力、财力和物力，从而增加仓库的运作成本，因此盘点的频率应控制在合理范围以内。

为保证仓库有效地进行盘点工作，通常需要根据仓库内商品性质差异指定不同的盘点时间。在实行 ABC 分类管理的仓库中，通常按照 ABC 的分类结果对货物实施盘点，见表 1-4-2。

表 1-4-2 基于 ABC 分类的盘点时间

商品类别	盘 点 时 间
A 类	每天盘点一次
B 类	每周盘点一次
C 类	每月盘点一次

2. 盘点方式确定

不同的仓库根据不同的需求，应确定不同的盘点方式。由于电商物流中心的商品种类繁多，若对所有的商品和所有的货位进行盘点，会造成时间和精力的浪费，大大增加仓库的运营成本。

电商物流中心商品种类繁多，并且商品货位较为分散，为有效地进行盘点作业，日常盘点工作采用 ABC 分类的循环盘点。根据商品的 ABC 分类结果和盘点历史记录确定商品的盘点时间，到达相应时间则对该商品进行盘点即可。

3. 盘点人员组织

盘点作业过程中，盘点人员不能自行盘点。由于电商物流中心的商品种类繁多，差异性较大，为有效减少盘点过程中的差错，在初盘过程中，应尽量选择专业的仓库管理人员来进行盘点，并且应尽量选择管理该区域或该类商品的人员来完成盘点作业。

为保证盘点作业的顺利进行，应对参与盘点的人员进行专业培训。盘点人员的培训主要包括以下两点：一是盘点方法的培训，该培训主要是对盘点人员的训练，主要包括盘点流程、盘点方式等的学习；二是复盘方式的培训，该培训主要是对复盘和监盘人员的训练，主要包括复盘流程、商品认识等方面的学习，以便盘点作业的顺利进行。

（二）盘点实施工作

盘点实施工作主要包括任务发放、初盘和复盘三个步骤。

1. 任务发放

在盘点准备工作完成后，仓库管理人员通过 WMS 下发任务，并告知对应的初盘人员准备进入盘点工作。

2. 初盘

初盘过程中，盘点人员根据系统任务提示对需要盘点的商品进行数量核对，做到见物盘物。对于盘点所得数量与库存账面数量相符的进行盘点确认，对于数量不符的商品记录实际盘点数量，便于复盘时再次核对。

3. 复盘

在初盘结束后，WMS 将接收到所有的盘点数据，并对数量具有差异的商品进行记录。仓库管理员将针对这些商品下发复盘任务，对差异数据进行复核和异常处理，之后进行修改。

（三）盘点后处理工作

盘点结束后，应对盘点作业中发现的作业失误和账物不符等问题进行处理。对于账物不符的情况进行分析，找到产生的原因，并对差异原因进行分析。导致盘点差异的原因主要有以下几点：①盘点工作人员工作失误导致错盘、漏盘和重盘，使得记录出错，盘点记录不实；②商品进出库的其他环节记账错误，收发物资数量出错或数据记录出错造成账物不符；③自然损耗或变质损坏等原因造成物资数量的差异；④贪污、盗窃、丢失等原因造成物资数量差异。查找到盘点差异的原因后，应针对主要原因进行适当的调整和处理，防止以后再次发生。同时，具有数量差异的商品若超出允许损耗范围，应写明损耗原因并上报，由上级主管部门决定处理方式。

方案实施指导书

一、任务选择

在【课程内容】中选择【项目一　电商物流中心单项作业方案设计与实施】→【子项目四　电商物流中心盘点作业方案设计与实施】→【任务二　电商物流中心盘点作业方案实施（教师演示）】，在界面右侧单击选择【电商物流中心盘点作业方案实施（教师演示）】，单击【进入任务】，任务角色选择【制单员】，单击【确定】后进入 3D 仿真场景，如图 1-4-1 所示。

图 1-4-1　选择任务

二、WMS 管理系统操作

1. 控制人物走近计算机，打开管理信息系统，依次选择【盘点管理】→【盘点计划】，单击【新增】并填写盘点货物波力海苔的小件区信息，填写完成后单击【保存】，如图 1-4-2 和图 1-4-3 所示。

图 1-4-2　新增单据

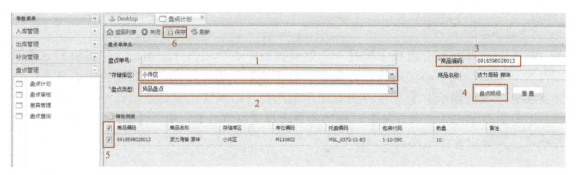

图 1-4-3　填写盘点信息

2. 以此方法添加波力海苔整件区和好丽友蘑古力整件区的盘点信息，如图 1-4-4 所示。

图 1-4-4　盘点信息添加完成

3. 勾选盘点单，在"盘点站台"下拉菜单中选择盘点站台，单击【计划】→【提交】，如图 1-4-5 所示。

图 1-4-5　盘点计划

4．选择【盘点审核】，勾选盘点单，单击【审核】，如图 1-4-6 所示。

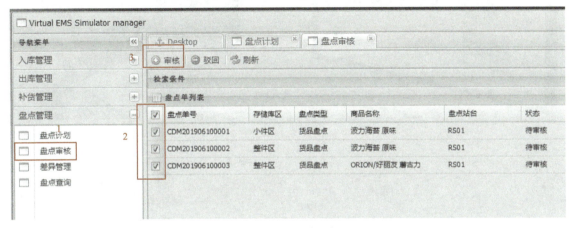

图 1-4-6　盘点审核

三、盘点作业

1．退出计算机操作，走出仓储部，切换角色为"盘点员"，如图 1-4-7 所示。

图 1-4-7　切换角色为"盘点员"

2．来到盘点站台，等待盘点的开始，如图 1-4-8 所示。

109

3. 走上盘点站台，操作计算机，登录并进入盘点系统，如图1-4-9所示。

图1-4-8　等待盘点开始

入库检验系统　　补货系统　　小件拣选系统　　小件打包系统

大件打包系统　　盘点系统

图1-4-9　进入盘点系统

4. 界面跳转至等待扫描状态，如图 1-4-10 所示。

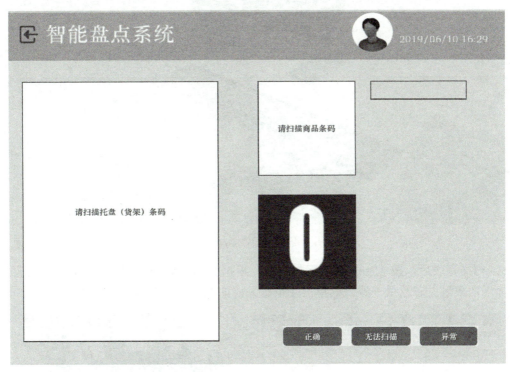

图 1-4-10　等待扫描界面

5. 拿起扫描枪，依次扫描托盘和商品条码，如图 1-4-11 和图 1-4-12 所示。

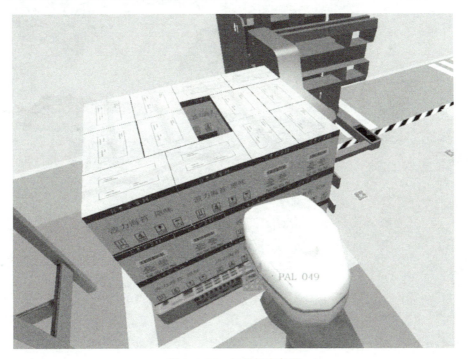

图 1-4-11　扫描托盘条码

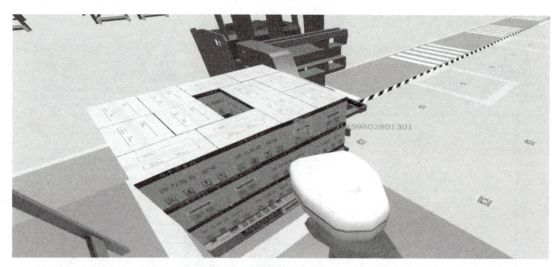

图 1-4-12 扫描商品条码

6. 扫描完成后,按 <Esc> 键放下扫描枪,根据界面提示查看商品数量,然后对照计算机上显示的数量。若数量一致,则单击【正确】,如图 1-4-13 和图 1-4-14 所示。

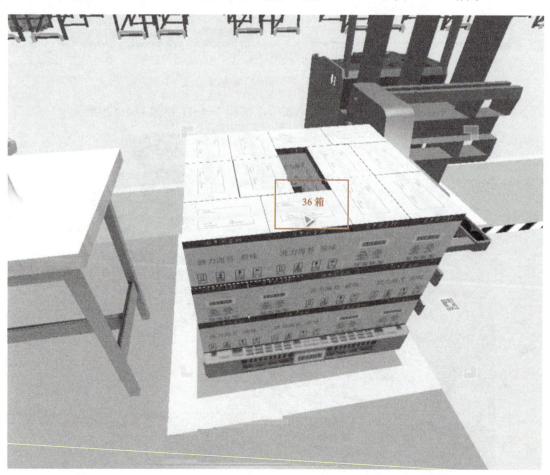

图 1-4-13 查看托盘上商品的数量

图 1-4-14 对照商品数量

7. 完成剩余的整件托盘盘点作业，如图 1-4-15 所示。

图 1-4-15 盘点核对数量信息

8. 之后进行小件移动货架盘点作业。进入智能盘点系统，界面显示盘点商品所在货架的具体位置及扫描提示，如图 1-4-16 所示。

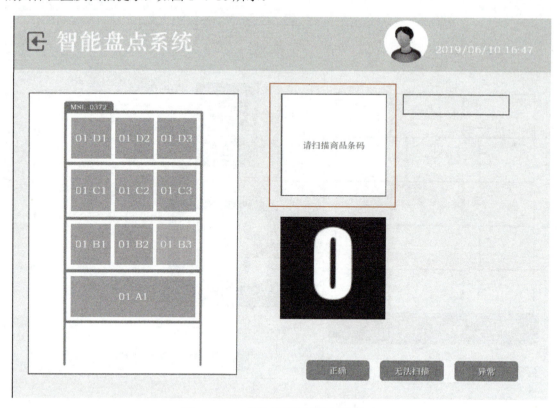

图 1-4-16　商品具体位置及扫描提示

9. 退出计算机操作，光标对准扫描枪，根据界面提示拿起扫描枪，转身对准商品条码，按 <Alt> 键同时单击鼠标左键进行扫描，如图 1-4-17 和图 1-4-18 所示。

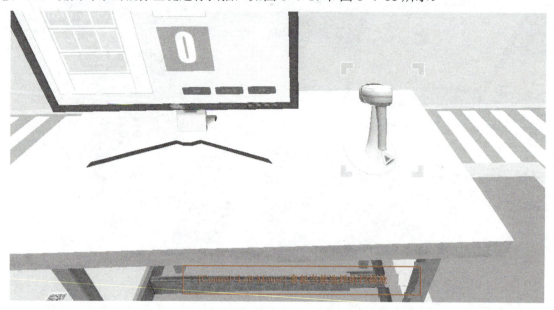

图 1-4-17　拿起扫描枪

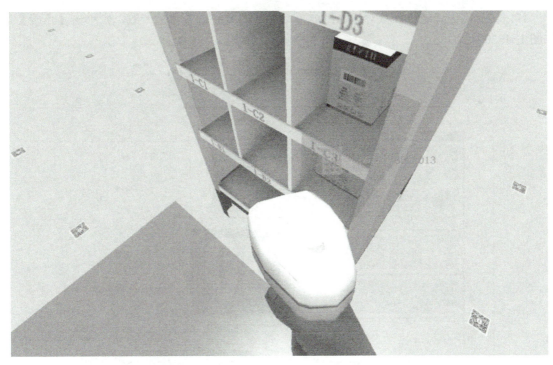

图 1-4-18　扫描商品条码

10. 扫描完成后，按 <Esc> 键放下扫描枪。光标对准商品包装箱，按住 <Shift> 键查看包装箱中商品的数量，如图 1-4-19 所示。

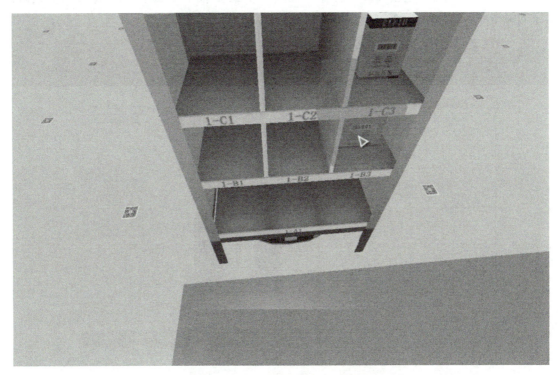

图 1-4-19　查看包装箱中商品的数量

11．转身操作计算机，核对计算机屏幕上显示的数字，若数量一致，则单击【正确】，如图 1-4-20 所示。

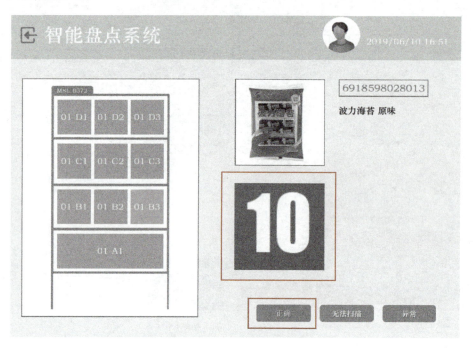

图 1-4-20　对照商品数量

12．操作完成后，退出计算机操作，如图 1-4-21 和图 1-4-22 所示。托盘和货架由自动三向叉车和智能搬运机器人运走，盘点作业完成。

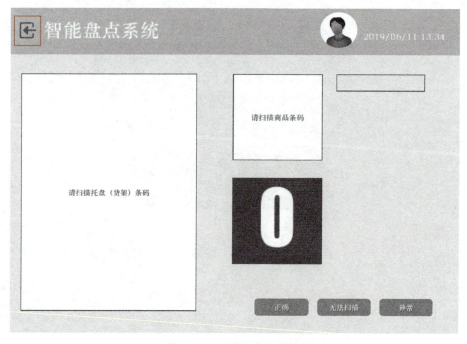

图 1-4-21　退出盘点系统

子项目四 电商物流中心盘点作业方案设计与实施

图 1-4-22 退出并返回主界面

任务总结

学生在完成电商物流中心盘点作业方案实施任务后，根据方案实施过程中对电商物流中心盘点环节的作业流程、实施中的难点要点及困惑进行总结反思，将其梳理或总结报告，反复思考，总结经验教训。教师可对学生的方案实施结果和总结报告进行评价，并作为课程考核成绩的一部分。

子项目五

电商物流中心出库作业方案设计与实施

 子项目情景

出库作业是仓储作业中的最终环节，也是最为重要的作业环节。商品出库是商品离开仓库时所进行的验证、配货、点交、复核、登账等工作的总称。上海百蝶电商物流中心采用无纸化作业，所有的信息处理均在 WMS 中完成。按照上海百蝶电商物流中心出库作业的基本流程，订单到达仓库后需要进行订单信息处理、拣货、打包复核、分拣、装车等作业，而商品的属性和策略不同，出库作业流程也会有所差异。

出库作业环节涉及的岗位主要包括制单员、配货员、打包员和搬运工。制单员需要对上海百蝶电商物流中心接收到的客户订单进行分析，制订合理的出库策略，并将其录入管理信息系统；配货员根据制单员录入的订单出库信息完成拣货；打包员则要核对配货员拣选完成的商品，确定商品品项、数量和质量等无误后进行打包装箱，并贴上相应的运单后放置于分拣线；自动分拣线将其分拣至对应的出库口后，由搬运工将其装车。至此出库作业完成。

在对电商物流中心有了充分的了解后，仓储部将你调配至出库作业环节，出库作业环节的定岗学习是你此次定岗学习的最后一站，也是最为重要的一站。作为新员工的你，应如何制订合理有效的出库作业计划？又会如何高效地完成订单的出库任务？

 学习目标

【知识目标】

1. 理解"货到人"拣选的概念、分类和优势。
2. 掌握不同拣选方式的思想和适用情况。
3. 掌握拣选策略的要素以及适用情况。

【技能目标】

1. 能够依据项目任务书的要求设计完整的电商物流中心出库作业方案。
2. 能够依据出库作业方案中的相关拣选策略完成订单的信息处理。
3. 能够依据出库作业方案完成拣选货位、拣选站台、打包站台的分配。
4. 能够依据出库作业方案在 IELS 系统中完成订单的出库作业。

【素质目标】

1. 树立严谨认真的工作态度。
2. 培养吃苦耐劳的工作精神。

任务一　电商物流中心出库作业方案设计

知识链接

一、"货到人"拣选

"货到人"(Goods to person or Goods to man, G2P or G2M)拣选是指在物流拣选过程中,系统通过自动搬运设备或自动输送设备将货物输送到分拣人员面前,再通过人工完成拣选作业的拣选方式。"货到人"拣选是物流配送中心一种重要的拣选方式,采用这种方式,分拣人员不用行走,拣选效率高,工作面积紧凑,补货简单,也可减少拣错率,降低人工作业强度。"货到人"拣选方式的主要目的是追求效率,降低成本,形成专业性强的物流配送中心,也是现代电商物流仓储的重点技术和发展方向。

(一)"货到人"拣选系统分类

根据储存和搬运设备形态的不同,"货到人"拣选系统主要分为自动化立体仓库(AS/RS)、箱式自动化立体仓库(Miniload)、多层穿梭车系统(Multi-Shuttle)、密集储存系统、智能搬运机器人系统等,见表 1-5-1。

表 1-5-1　"货到人"拣选系统的分类

"货到人"拣选系统	特　点
自动化立体仓库(AS/RS)	自动化立体仓库是最传统的"货到人"拣选方式,主要以托盘储存为主,搬运设备主要以堆垛机为主。由于堆垛机的存取能力有限,该种拣选方式主要针对整件拣选,很少用于拆零拣选
箱式自动化立体仓库(Miniload)	箱式自动化立体仓库是在 AS/RS 的基础上发展而来的以料箱为储存单元的自动化立体仓库,是"货到人"拆零拣选的重要存取形式,主要以货叉和载货台车的形式出现
多层穿梭车系统(Multi-shuttle)	多层穿梭车系统是在 Miniload 的基础上发展而来的,将搬运设备从堆垛机转变为穿梭车,由于穿梭车具有体积小、速度快、精度高等优势,极大地提升了系统的空间利用率和运行效率
密集储存系统	密集储存系统是集 Miniload、穿梭车、提升机等多种系统于一体的新型储存系统,可分为托盘和料箱拣选
智能搬运机器人系统	智能搬运机器人系统是由亚马逊提出的一种新型"货到人"拣选方式,打破原有的货架固定位置模式,提出采用智能搬运机器人配合可搬运移动货架实现"货到人"拣选的动态拣选方式。该方式下货物不受料箱尺寸限制,由于移动货架和智能搬运机器人具有通用性,拣选作业更为灵活可靠,是"货到人"拣选历史的一大革新

(二)"货到人"拣选技术优势

"货到人"拣选具有十分明显的优势,随着人工成本的不断攀升,实现"货到人"不仅可以有效节约人工成本,也可有效降低作业难度,提高作业效率。"货到人"拣选技术主要有以下优势:

1. 拣选高效

"货到人"拣选技术具有高效的优势。首先,"货到人"拣选作业的效率一般是人工拣选的 8～15 倍;其次,"货到人"拣选具有极高的准确性,系统通过配合电子标签、RFID、拣选站台、称重系统等辅助拣选系统,有效降低拣选的出错率,"货到人"拣选的准确率一般在 99.5%～99.9%;最后,通过拣选站台系统、称重系统等辅助复核,可以降低人工复核的劳动强度。

2. 存储高效

"货到人"拣选系统通过密集存储或移动货架进行存储,其储存密度大大提高。密集存储货架去掉了多余的巷道空间,提高了货架的密度;移动货架根据不同货物的包装规格设计了多种规格的货格,通过不同规格货格的组合,有效提高了货架空间的使用率。

3. 降低劳动强度

"货到人"拣选通过智能搬运设备或自动输送设备搬运货物,大幅降低了作业人员的劳动强度。在多层穿梭车系统中,一个巷道对应一个拣选站台,一次拣选分配一个工作人员,一整个仓库仅需少量工作人员即可实现全部的拣选作业;在智能搬运机器人系统中,一个巨大的仓库也仅需少量的工作站台即可完成全部商品的拣选,主要的搬运工作均由智能机器人来完成。

二、拣选方式

拣选方式有摘果法、播种法和复合拣选。面对不同的仓库、不同的订单类型,选择合适的拣选方式可有效地提高拣选效率。

1. 摘果法

摘果法是针对单个订单,分拣人员按照订单所列商品及数量,将商品从储存区或分拣区拣取出来,然后集中在一起的拣货方式。摘果法拣选作业方法简单,接到订单可立即拣货,作业前置时间短,作业人员责任明确;但当商品品项较多时,拣货行走路径加长,拣取效率降低。摘果法拣选方式适合订单大小差异较大、订单数量变化频繁、商品差异较大的情况,如化妆品、电器、家具等。摘果法拣选作业流程如图 1-5-1 所示。

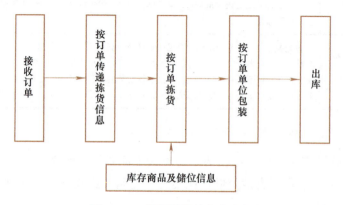

图 1-5-1 摘果法拣选作业流程

2. 播种法

播种法是将多张订单集合成一批，按照商品品种类别加总后再进行拣货，然后依据不同的客户或不同订单分类集中的拣货方式，也成为批量拣取。播种法可以有效缩短拣选商品的行走时间，但是需要订单累积到一定数量才可以一次性处理，存在停滞时间。播种法适合订单变化量小、订单数量庞大、商品外形规则且固定的情况。播种法拣选作业流程如图1-5-2所示。

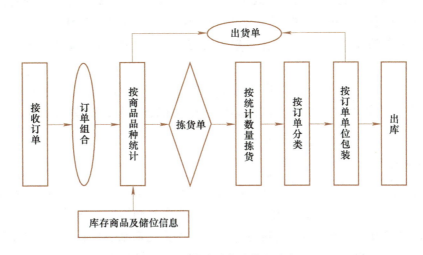

图1-5-2　播种法拣选作业流程

3. 复合拣选

复合拣选是将订单摘果拣选和播种拣选综合起来运用的复合拣选方式。复合拣选根据订单的品种、数量和出库频次等确定哪些订单适用于摘果拣选，哪些适用于播种拣选，进行分别处理。

电商物流中心每天的客户订单数量较大，商品规格较为固定，商品种类虽然繁多但也较为固定，更适用于播种法。

三、拣选策略

拣选策略是影响拣选作业效率的重要因素，对不同的订单需求应采用不同的拣选策略。拣选策略主要包括四个要素：分区、订单分割、订单分批和分类。根据这四个要素的交互作用，可产生不同的拣选策略。

（一）拣选策略的要素

1. 分区

分区是指将拣选作业场地区域划分，按分区原则的不同有以下分区方式：

（1）货物特性分区。货物特性分区就是根据货物的原有特性将需要特别存储搬运或分离储存的货物进行分区存放。

（2）拣选单位分区。将拣选作业区按照拣选单位进行区域划分，如箱拣选、单品拣选、特殊商品拣选等。其目的是将储存单元和拣选单元分类统一，便于分拣和搬运，使拣选作业简单化。

（3）拣选方式分区。根据不同的拣选方式，将拣选作业区进行分区。通常以商品销售的 ABC 分类为原则，按照 ABC 分类结果确定拣选方式后确定拣选分区。其目的是使拣选作业单纯一致，减少不必要的重复行走时间。

（4）工作分区。在相同的拣选方式下，将拣选作业场地再做划分，有固定的组员负责分拣固定区域的商品。工作分区有利于组员对储位的记忆并减少运动距离，减少拣选时间，但是需要投入大量的人力，并且当一张订单需要在多区拣选时，还需要二次合并，手续较为烦琐。

在电商物流中心中，拣选区根据拣选单位的不同可分为大件拣选区和小件拣选区。大件拣选区商品单箱单件，以箱为拣选单位；小件拣选区的商品单箱多件，以件为拣选单位。

2．订单分割

订单分割是指当订单上订购商品较多或拣选系统要求及时快速处理时，为使其能在短时间内完成拣选处理，可将订单分成若干个子订单交由不同拣选区域同时进行拣选作业的订单分拣过程。订单分割一般与拣选分区相对应，订单到达物流中心后，首先要根据商品的储存区域进行订单的分割，各个拣选区域再根据分割后的子订单进行进一步处理或直接拣选，在拣选后进行汇总或直接分批出库。

3．订单分批

订单分批是为了提高拣选作业效率而把多张订单集合为一批进行批次处理的过程，通过订单分配可缩短分拣平均行走搬运的距离和时间。在批次处理的过程中，可将批次订单中的同一商品进行统计并统一拣选，然后再通过分播将该商品分给各个订单，这样可减少分拣作业的平均搬运距离，减少重复寻找货位的时间，提高拣选效率。订单分批的方式如下：

（1）总合计量分批。总合计量分批是指合计拣选作业前累计的所有订单中每一种商品的总量，再根据这一总量进行分拣以减少拣选路径的分批方式。该方法需要强大的分类系统支持，适合固定点之间的周期性配送，可在固定时间段来完成订单收集、订单分批、订单分拣和分类。

（2）时窗分批。时窗分批是指订单按照一段时间并且固定的到达时窗进行分批，如 5 分钟、10 分钟等，将此时窗内所到达的所有订单合为一个批次，进行批量分拣。该方法适用于订单比较紧急或时效性较高的商品，一般与分区、订单分割联合运用，尤其适用于到达时间短且平均，订购量和商品种类数较低的订单形态。

（3）固定订单量分批。订单分批按先到先处理的基本原则处理，当累计订单量达到设定的数量时，再进行拣选作业。该种方式适用于到达时间平均且订购数量和商品种类较少的订单，其订单处理速度较时窗分批要慢，但其作业效率稳定性较高。

（4）智能分批。智能分批是将订单汇总后经过复杂的计算，将分拣路径相近的订单分为一批同时处理，可大大减少拣选搬运的行走距离。该方式一般适用于订单不紧急，可累计汇总后再进行处理的订单，对于紧急插单的情况处理起来较为困难。

4．分类

采用播种拣选作业方式时，拣选后的商品需要按照订单进行分类。分类方式按照分类时间大致可分为两种：

（1）拣选时分类。在拣选的同时将商品按照订单分类，这种方式通常与固定订单量分批和智能分批联合使用，一般需要拣选台车或播种货架作为拣选设备，并通过计算机系统辅助完成快速拣选，适用于量少且品项数多的订单。

（2）拣选后集中分类。按照合计数量拣选后再集中进行分类，该方式可采用人工分类，也可使用分类输送机系统进行集中分类，一般采用后一种形式。当订单商品种类较多时，一般采用分类输送机系统进行分类，可减少分类出错率。

（二）拣选策略的应用

拣选系统中，拣选策略尤为重要。拣选策略的各要素之间相互关联、相互影响。图1-5-3为拣选策略组合图，通过不同要素间的相互配合可以形成不同的策略。

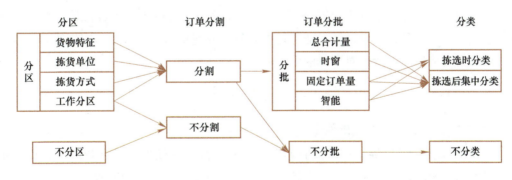

图1-5-3　拣选策略组合图

四、商品分类打包原则

为了保证订单在运输和配送后安全到达客户手中，避免商品在运输和配送中破损或污染，在电商物流中心的打包作业中要求指定某两种商品属性的商品不可混装，具体要求如下：

（1）化学用剂类（洗发水、香皂、肥皂、洗衣粉、各类清洁剂、杀虫剂）不可与食品类混装。

（2）电子产品类（包括剃须刀、电动牙刷等电子类产品）独立打包出库，不可与其他商品混装。

（3）液体类商品不可与其他商品混装。

（4）纺织品（床单、枕头、棉被、衣物等）一般不与食品类商品混装，避免污染。

（5）单箱限装15件，包裹重量不超过8kg。

五、货物复核作业

（一）复核作业的方式

出库货物在出库过程中应反复核对，以保证数量准确、质量完好，从而避免出库产生差错。复核作业的方式主要有以下几种：

（1）个人复核。个人复核即由同一拣货员完成拣货、复核工作，并对所拣货物的数量、质量负全部责任。

（2）相互复核。相互复核又称交叉复核，即两名拣货员对对方所拣货物进行照单复核，复核后应在对方出库单上签名，与对方共同承担责任。

（3）专职复核。专职复核是指由仓库设置的专职复核员进行复核。

（4）环环复核。环环复核是指在发货过程的各环节，如查账、交货、检斤、开出门证、出库验放、销账等，对所拣货物进行的反复核对。

（二）复核作业的内容

进行复核作业时需按出库凭证上的内容逐项核对，主要包括品种数量是否准确、货物质量是否完好、配套是否齐全、技术证件是否齐备、外观质量和包装是否完好等。经复核不符合要求的货物应停止发货，对不符的情况应及时查明原因。

（三）复核过程中出现的问题及应对措施

1. 出库凭证（提货单）上的问题

若发现出库凭证超过提货期限或有假冒、复制、涂改等情况以及客户因各种原因将出库凭证遗失等情况时，应及时与仓库主管部门联系，妥善处理，缓期发货。

2. 提货数与实存数不符

若出现提货数量与货物实存数不符的情况时，无论是何种原因造成的，都需要和仓库主管部门取得联系，核对后再作处理。

3. 串发货和错发货

若出现串发货和错发货的情况，应该立即组织人力，重新发货。

4. 包装破漏

在发货过程中，遇到货物外包装破损或渗漏等问题时，应该整理或更换包装，之后方可出库，否则造成的损失应由仓储部门承担。

子项目五　电商物流中心出库作业方案设计与实施

方案设计任务书

<table>
<tr><td colspan="2" align="center">方案设计任务书</td></tr>
<tr><td>子项目名称</td><td>电商物流中心出库作业方案设计与实施</td></tr>
<tr><td>任务描述</td><td>借助 IELS 虚拟运营软件，通过分别完成订单分割、订单分批、取货货位确定、拣货站台确定、打包站台确认等，达到熟练电商物流中心出库作业流程的目的</td></tr>
<tr><td>任务成果</td><td>电商物流中心出库作业设计方案
IELS 虚拟运营软件操作规范正确</td></tr>
<tr><td>模拟训练内容</td><td>

2018年10月8日上午8:00，上海百蝶电商物流中心接到一批客户的订单，仓库管理员将这批订单交由你处理，希望你能快速有效地处理这批订单。请你对这批订单进行审核，确定商品是否库存充足，判断其是否可以正常拣货出库。针对库存充足且能正常拣货出库的订单，请你负责组织和完成此批货物的出库作业

订单明细见下表：

订单 1

客户编码：CUS17081217　　　　　　　客户昵称：bd182111334
收货人：王媛　　　　　　　　　　　　收货地址：金山区新建大道12号

编号	商品编码	商品名称	数量/件
1	4893055310134	益而高套装订书机	2
2	6901894121205	白猫去油高效洗洁精	2
3	6925560900444	雅洁皂盒	3
4	6903148049129	飘柔长发垂顺护发素	1

备注：

订单 2

客户编码：CUS17021005　　　　　　　客户昵称：银子
收货人：陈银　　　　　　　　　　　　收货地址：杨浦区黄兴路2号

编号	商品编码	商品名称	数量/件
1	4893055310134	益而高套装订书机	1
2	6903148049129	飘柔长发垂顺护发素	1
3	6935456000752	爱普爱家cp158加湿器	1

备注：

订单 3

客户编码：CUS17121628　　　　　　　客户昵称：兵兵
收货人：赵杨兵　　　　　　　　　　　收货地址：杨浦区国定东路1号

编号	商品编码	商品名称	数量/件
1	6901894121205	白猫去油高效洗洁精	2
2	6935456000752	爱普爱家cp158加湿器	1

备注：

</td></tr>
</table>

(续)

<table>
<tr><td rowspan="40">模拟训练内容</td><td colspan="4" align="center">方案设计任务书</td></tr>
<tr><td colspan="4" align="center">订单 4</td></tr>
<tr><td colspan="2">客户编码：CUS17053102</td><td colspan="2">客户昵称：bd456461323</td></tr>
<tr><td colspan="2">收货人：李辉</td><td colspan="2">收货地址：奉贤区梁典北路 12 号</td></tr>
<tr><td>编号</td><td>商品编码</td><td>商品名称</td><td>数量 / 件</td></tr>
<tr><td>1</td><td>4893055310134</td><td>益而高套装订书机</td><td>2</td></tr>
<tr><td>2</td><td>6925560900444</td><td>雅洁皂盒</td><td>2</td></tr>
<tr><td colspan="4">备注：</td></tr>
<tr><td colspan="4" align="center">订单 5</td></tr>
<tr><td colspan="2">客户编码：CUS17102133</td><td colspan="2">客户昵称：谭龚浩</td></tr>
<tr><td colspan="2">收货人：谭龚浩</td><td colspan="2">收货地址：虹口区淞沪路 15 号</td></tr>
<tr><td>编号</td><td>商品编码</td><td>商品名称</td><td>数量 / 件</td></tr>
<tr><td>1</td><td>6902265280507</td><td>海天老抽豉油</td><td>1</td></tr>
<tr><td>2</td><td>6920104420044</td><td>厨师乐味精</td><td>2</td></tr>
<tr><td>3</td><td>6922507800614</td><td>陈克明高筋精细面条</td><td>4</td></tr>
<tr><td>4</td><td>6935456000752</td><td>爱普爱家 cp158 加湿器</td><td>1</td></tr>
<tr><td colspan="4">备注：</td></tr>
<tr><td colspan="4" align="center">订单 6</td></tr>
<tr><td colspan="2">客户编码：CUS17100235</td><td colspan="2">客户昵称：灰灰</td></tr>
<tr><td colspan="2">收货人：魏光辉</td><td colspan="2">收货地址：奉贤区大叶公路望园路 32 号</td></tr>
<tr><td>编号</td><td>商品编码</td><td>商品名称</td><td>数量 / 件</td></tr>
<tr><td>1</td><td>6922507800614</td><td>陈克明高筋精细面条</td><td>3</td></tr>
<tr><td>2</td><td>4893055310134</td><td>益而高套装订书机</td><td>1</td></tr>
<tr><td colspan="4">备注：</td></tr>
<tr><td colspan="4" align="center">订单 7</td></tr>
<tr><td colspan="2">客户编码：CUS17060807</td><td colspan="2">客户昵称：bd61100700</td></tr>
<tr><td colspan="2">收货人：周丹淦</td><td colspan="2">收货地址：奉贤区光善路 24 号</td></tr>
<tr><td>编号</td><td>商品编码</td><td>商品名称</td><td>数量 / 件</td></tr>
<tr><td>1</td><td>6922507800614</td><td>陈克明高筋精细面条</td><td>1</td></tr>
<tr><td>2</td><td>6920104420044</td><td>厨师乐味精</td><td>1</td></tr>
<tr><td>3</td><td>6903148049129</td><td>飘柔长发垂顺护发素</td><td>1</td></tr>
<tr><td colspan="4">备注：</td></tr>
<tr><td colspan="4">任务要求：
1. 查询订单商品的库存信息，确定订单是否库存充足，若充足可进行配货，若不足则驳回订单
2. 根据订单中商品的属性（大件商品或小件商品）对订单分割处理，将订单合理的分为不同的出库单
3. 分析出库单的属性，并结合上海百蝶电商物流中心的作业特点设计合理的订单批次策略，并说明理由
4. 对小件波次商品的零货库存进行分析，确定商品的出库货位
5. 结合小件波次商品的出库货位信息，确定小件波次商品的拣选站台和打包站台
6. 确定大件波次商品的出库货位和拣选站台</td></tr>
</table>

（续）

方案设计任务书
2018年10月8日上午8:00，上海百蝶电商物流中心接到一批客户的订单，仓库管理员将这批订单交由你处理，希望你能快速有效地处理这批订单。请你对这批订单进行审核，确定商品是否库存充足，判断其是否可以正常拣货出库。针对库存充足且能正常拣货出库的订单，请你负责组织和完成此批货物的出库作业 订单明细见下表：

强化训练内容

订单1

客户编码：CUS17051544　　　　客户昵称：焕
收货人：于焕　　　　　　　　　收货地址：嘉定区福海路1号

编号	商品编码	商品名称	数量/件
1	4600495528797	POHHN 小牛大奶牛巧克力威化饼干	3
2	6923976113137	溜溜梅 雪梅	1

备注：

订单2

客户编码：CUS17040207　　　　客户昵称：聂辉
收货人：聂辉　　　　　　　　　收货地址：嘉定区墅沟路9号

编号	商品编码	商品名称	数量/件
1	6920907803068	Q蒂多层蛋糕摩卡巧克力味	4
2	6917878047898	雀巢咖啡 即溶速溶咖啡奶香30条	2
3	6902934990362	喜之郎什锦果肉果冻	2
4	6908512208645	可口可乐	1

备注：

订单3

客户编码：CUS17012377　　　　客户昵称：磊哥
收货人：马长磊　　　　　　　　收货地址：宝山区盛桥塔源路204号

编号	商品编码	商品名称	数量/件
1	4600495528797	POHHN 小牛大奶牛巧克力威化饼干	2
2	6923976113137	溜溜梅 雪梅	3

备注：

订单4

客户编码：CUS17060766　　　　客户昵称：云云的春天
收货人：昌盛　　　　　　　　　收货地址：普陀区大渡河路12号

编号	商品编码	商品名称	数量/件
1	6902934990362	喜之郎什锦果肉果冻	2
2	6908512208645	可口可乐	1

备注：

订单5

客户编码：CUS17080688　　　　客户昵称：立江
收货人：车丽霞　　　　　　　　收货地址：杨浦区国定东路45号

编号	商品编码	商品名称	数量/件
1	6920907808599	好丽友呀！土豆 薯条【番茄酱味】	3

备注：

(续)

方案设计任务书				
强化训练内容	订单6 客户编码：CUS17090599　　客户昵称：丽仙 收货人：陈丽仙　　收货地址：闵行区雅致路48号			
	编号	商品编码	商品名称	数量/件
	1	4600495528797	POHHN小牛大奶牛巧克力威化饼干	1
	2	6920907803068	Q蒂多层蛋糕摩卡巧克力味	2
	3	6908512208645	可口可乐	1
	备注：			
	订单7 客户编码：CUS17020322　　客户昵称：摇曳荒城 收货人：陈娅　　收货地址：嘉定区墅沟路1号			
	编号	商品编码	商品名称	数量/件
	1	6908512208645	可口可乐	1
	备注：			
	订单8 客户编码：CUS17040144　　客户昵称：本人 收货人：段云涛　　收货地址：松江区文翔路36号			
	编号	商品编码	商品名称	数量/件
	1	4600495528797	POHHN小牛大奶牛巧克力威化饼干	2
	2	6923976113137	溜溜梅 雪梅	1
	备注：			
	订单9 客户编码：CUS17010900　　客户昵称：bd44411400 收货人：任巧　　收货地址：宝山区月川路06号			
	编号	商品编码	商品名称	数量/件
	1	6901180980783	嘉士利 香薄趣芝麻薄脆饼干	2
	2	6949896600083	真彩米奇印章水彩笔（36色）	1
	备注：			

任务要求：
1. 查询订单商品的库存信息，确定订单是否库存充足，若充足可进行配货，若不足则驳回订单
2. 根据订单中商品的属性（大件商品或小件商品）对订单分割处理，将订单合理的分为不同的出库单
3. 分析出库单的属性，并结合上海百蝶电商物流中心的作业特点设计合理的订单批次策略，并说明理由
4. 对小件波次商品的零货库存进行分析，确定商品的出库货位
5. 结合小件波次商品的出库货位信息，确定小件波次商品的拣选站台和打包站台
6. 确定大件波次商品的出库货位和拣选站台

子项目方案设计任务书说明

针对教学任务书中给出的模拟训练数据和强化训练任务数据，学生首先在课堂中和教师一起学习理论知识，熟悉IELS虚拟运营软件的操作方法和流程，然后根据教师的课堂演示进行模拟训练，最后结合知识链接中的相关知识、管理技能、方案设计模板和强化训练任务数据进行方案设计

子项目五　电商物流中心出库作业方案设计与实施

任务总结

学生在完成电商物流中心出库作业方案设计任务后，根据方案设计过程中的知识要点、应用情境、设计难点进行总结反思，将其梳理成总结报告，反复思考，总结经验教训，并提交出库作业方案设计和总结报告。教师可对学生的出库作业方案设计和总结报告进行评价，并作为课程考核成绩的一部分。

任务二　电商物流中心出库作业方案实施

技能链接

出库作业流程

出库作业是根据客户的订单要求迅速准确地将商品从其储位取出并分类集中的作业过程，是电商物流中心的中心作业环节，其他所有的作业环节均是为出库作业所服务的。电商物流中心的出库作业环节主要包括订单信息处理、拣货、打包复核、分类装车等。

（一）订单信息处理

出库作业中的订单信息处理主要是指订单到达物流中心后，调度员需要结合专业知识对订单进行审核、分区、分割、分批、货位安排、设备调度、分类等操作，并在系统中录入。订单信息处理是出库作业的核心工作，是快速响应客户订单的前提保障。订单信息处理的流程如图1-5-4所示。

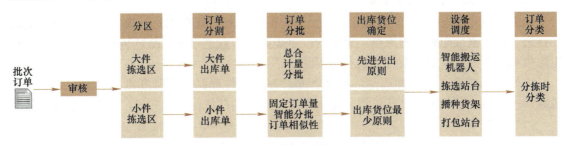

图1-5-4　订单信息处理流程

订单到达后，需要根据库存情况对订单进行审核，库存充足的订单可完成订单的配货，审核通过；库存不足的订单无法完成订单的配货，驳回订单，并通过客服协调推后发货或取消订单。

订单审核通过后，将进一步对订单进行处理。电商物流中心的商品根据规格不同分为大件商品和小件商品，与此同时，拣选区也分为大件拣选区和小件拣选区。由于商品储存区域不同，因此采用分区拣选，订单根据大件和小件进行订单分割。其中，大件商品具有箱装独立包装，单件独立打包出库，因此将订单中的大件商品分割为1品项1个出库单；小件商品需要二次包装，可组合打包出库，因此将订单中的所有小件商品分割为1个出库单。

订单分割完成的出库单按照大件出库单和小件出库单分别进行分批处理。其中，大件子订单采用总合计量分批策略,对累计的所有大件子订单进行统计,统一安排出库货位,在拣选站台进行分类处理;小件子订单采用固定订单量分批和智能分批综合策略,由于单个播种货架具有 4 个货位,单次可拣选 2 个播种货架,因此一个批次可拣选 8 个小件出库单,因此将小件子订单分批为每 8 个出库单为一批。与此同时,订单分批时可采用一定策略对订单进行智能合并,以减少批次品项总数达到有效减少货架的搬运次数的目的。订单分割分批策略如图 1-5-5 所示。

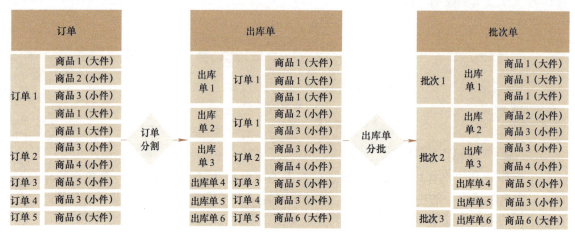

图 1-5-5 订单分割分批策略

分批结束后根据批次单对出库货位进行安排。其中,大件商品的出库货位以先进先出原则为准,优先出库入库早的商品;小件商品的出库货位以最少搬运货架原则为准,尽量选择存有批次单中多种商品的货位(货架),以此减少调度货架和车辆的数量,减少搬运路径和搬运成本。

(二)拣货、打包、复核

电商物流中心的拣货作业采用"货到人"拣选模式,订单信息处理完成后,配货员将在拣选站台根据分配好的出库单和出库货位完成拣选作业。根据商品包装类型的不同,大件出库单和小件出库单的作业方式也有所不同。

大件出库单为一单一种商品,独立出库,并且单件商品具有独立纸箱包装,无须二次包装即可出库,因此无须复核过程,拣货和打包过程均在统一站台完成,如图 1-5-6 所示。

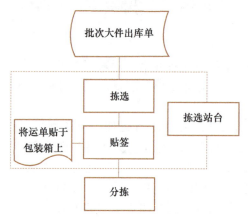

图 1-5-6 大件出库单拣选流程图

小件出库单为单件或多件商品，需要进行二次包装后才可进行出库，因此需要复核过程。小件出库单的拣货作业和打包作业分离，复核过程在打包环节完成。拣货作业在拣货站台完成，拣货员根据小件出库单和系统提示将商品拣选至提前分配好的播种货架周转箱中，一个周转箱对应一个小件出库单，完成拣选后的播种货架由智能搬运机器人搬运至打包站台由打包员完成订单复核和打包，如图1-5-7所示。

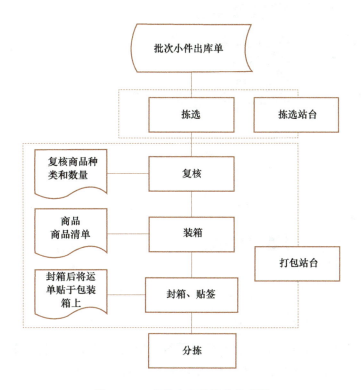

图1-5-7　小件出库单拣选流程图

（三）分类装车

在复核打包完成后，打包员将包裹放至自动分拣线上，自动分拣线根据包裹的配送地区进行自动分拣。自动分拣线在分拣前端装有扫码称重装置，通过称重再次对包裹进行重量复核，自动分拣线的输出端装有可移动式伸缩滚筒线，可移动式伸缩滚筒线可直接连接到配送车辆，装车人员直接装车即可。

方案实施指导书

一、任务选择

在【课程内容】中选择【项目一　电商物流中心单项作业方案设计与实施】→【子项目五　电商物流中心出库作业方案设计与实施】→【任务二　电商物流中心出库作业方案实施】，在界面右侧单击选择【电商物流中心出库作业方案实施（教师演示）】，单击【进入任务】，任务角色选择【制单员】，单击【确定】后进入3D仿真场景，如图1-5-8所示。

图1-5-8　选择任务

二、WMS 管理系统操作

1. 控制人物走近计算机，打开管理信息系统，依次选择【出库管理】→【订单审核】，勾选订单，单击【审核】→【提交】，如图1-5-9所示。

图1-5-9　订单审核

2. 选择【订单分配】，勾选订单，单击【分配】，如图1-5-10所示。分配完成后，勾选出库单，单击【提交】，如图1-5-11所示。

子项目五　电商物流中心出库作业方案设计与实施

图 1-5-10　订单分配

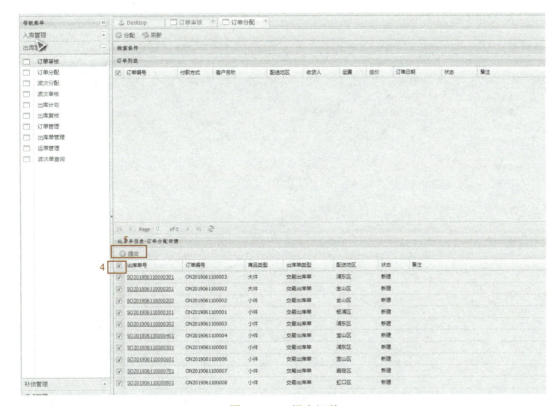

图 1-5-11　提交订单

3. 选择【波次分配】，勾选出库单，单击【自动分配波次】，如图 1-5-12 所示。分

133

配完成后，勾选波次单，单击【提交】，如图 1-5-13 所示。

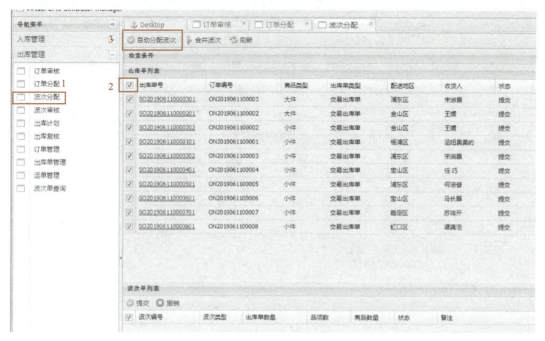

图 1-5-12　波次分配

图 1-5-13　提交波次单

子项目五　电商物流中心出库作业方案设计与实施

4．选择【波次审核】，勾选波次单，单击【审核】，如图 1-5-14 所示。

图 1-5-14　波次审核

5．选择【出库计划】，出库计划可分为一键计划和手动计划，根据课程方案设计需对出库单进行手动计划。

（1）对小件波次单进行出库计划。单击【未计划】（拣选货位），勾选商品，选择货位，单击【保存】，如图 1-5-15 和图 1-5-16 所示（本次任务以单种商品货位选择为例说明，其他商品拣选货位选择参照其自行完成），完成所有的拣选库位选择后关闭；单击【未计划】（拣选站台），勾选计划站台，单击【保存】后关闭，如图 1-5-17 和图 1-5-18 所示；单击【未计划】（打包站台），勾选计划站台，单击【保存】后关闭，如图 1-5-19 和图 1-5-20 所示，完成小件波次单的出库计划。

（2）对大件波次单进行出库计划。单击【未计划】（拣选货位），勾选商品，选择拣选货位，单击【保存】后关闭，如图 1-5-21 和图 1-5-22 所示；单击【未计划】（拣选站台），勾选计划站台，单击【保存】后关闭，如图 1-5-23 和图 1-5-24 所示，完成大件波次单的出库计划。

图 1-5-15　设置拣选货位计划（小件）

135

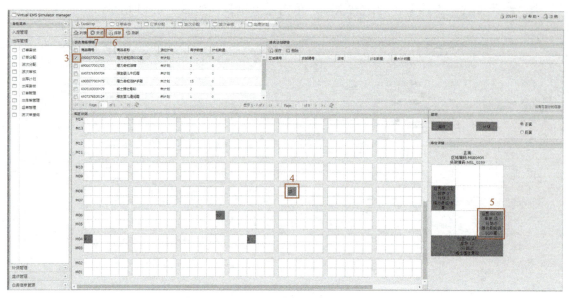

图 1-5-16 选择货位（小件）

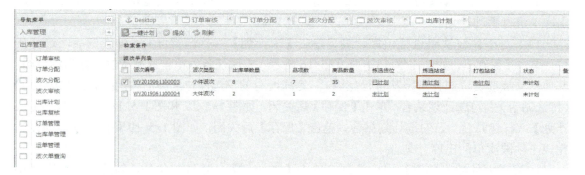

图 1-5-17 设置拣选站台计划（小件）

图 1-5-18 选择站台（小件）

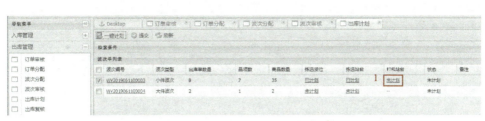

图 1-5-19　设置打包站台计划（小件）

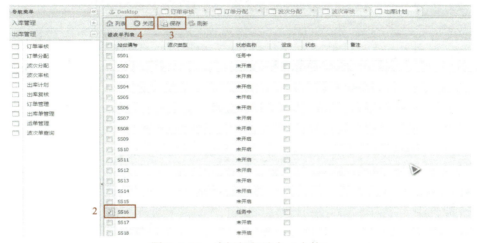

图 1-5-20　选择打包站台（小件）

图 1-5-21　设置拣选货位计划（大件）

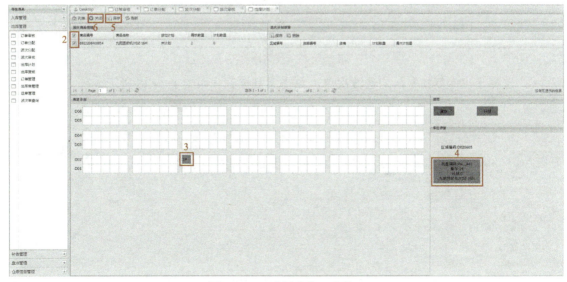

图 1-5-22　选择货位（大件）

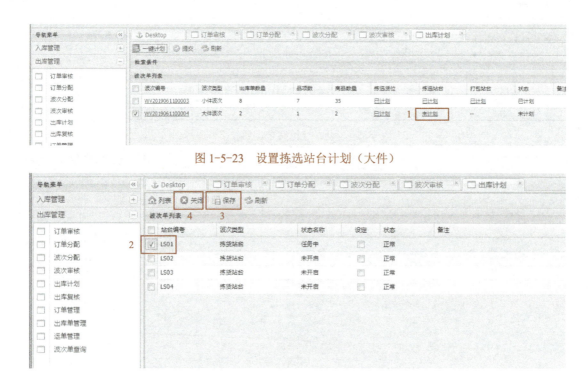

图 1-5-23　设置拣选站台计划（大件）

图 1-5-24　选择拣选站台（大件）

（3）勾选计划完成的波次单，单击【提交】并确认，如图 1-5-25 所示。

图 1-5-25　提交波次单

6．选择【出库复核】，勾选波次单，单击【复核】，如图 1-5-26 所示。

图 1-5-26　出库复核

三、小件拣货作业

下面以拣选一种商品为例介绍拣货操作方法，其余商品按照同样的操作方法拣货（注意：拣货时系统随机分配周转箱）。

1. 退出计算机操作，走出仓储部，切换角色为"配货员"，前往拣货站台，如图 1-5-27 和图 1-5-28 所示。

图 1-5-27　切换角色为"配货员"

图 1-5-28　拣货站台

2. 登录智能管理系统，进入小件拣选系统，界面显示拣货商品编码、名称、数量及具体货格位置，单击【开始】，开始拣货，如图 1-5-29 和图 1-5-30 所示。

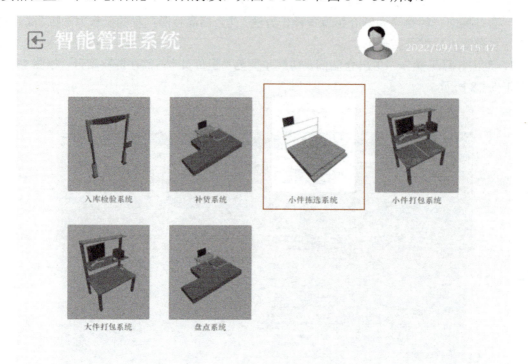

图 1-5-29 小件拣选系统

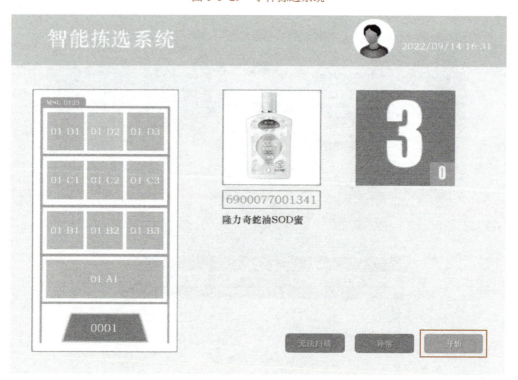

图 1-5-30 开始拣货

3. 界面显示播种数量及具体位置，退出计算机操作，可以看到拣货货格呈红色高亮显示，播种周转箱呈蓝色高亮显示，该位置电子标签红灯亮起并且显示播种数量，如图1-5-31和图1-5-32所示。

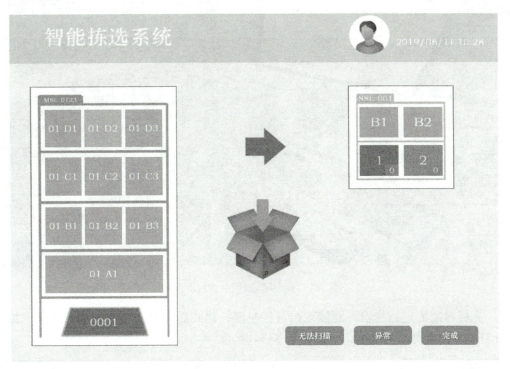

图1-5-31　播种数量及具体位置

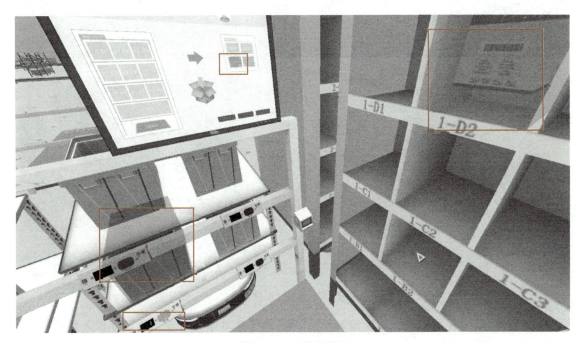

图1-5-32　拣货提示

4. 光标对准包装箱，按住 <Alt> 键单击鼠标左键从包装箱中拿取商品（如果拿取数量过多，可以按住 <Alt> 键并单击鼠标右键将多出商品放回包装箱中），如图 1-5-33 所示。

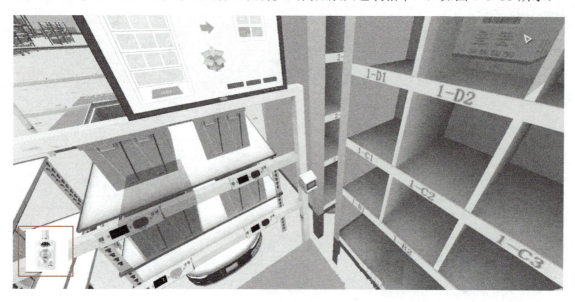

图 1-5-33　从包装箱中拿取商品

5. 光标对准固定扫描器，连续双击鼠标左键扫描商品（双击一次扫描一件），扫描完成后计算机界面会弹出确认窗口，如图 1-5-34 所示。

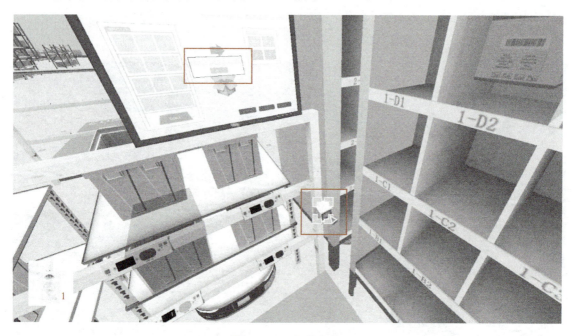

图 1-5-34　扫描商品

6. 光标对准播种货架上的周转箱，按住 <Alt> 键连续单击鼠标左键将商品放入周转箱中，如图 1-5-35 所示。

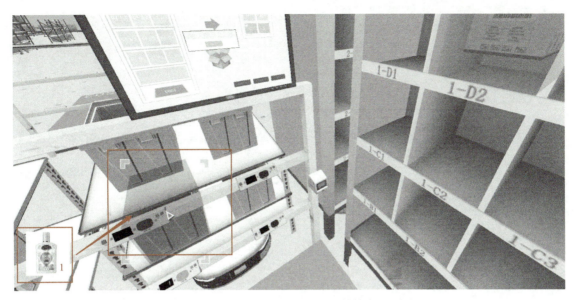

图 1-5-35　将商品放入周转箱中

7．放完商品后，光标对准电子标签红灯，双击鼠标左键拍灭红灯，完成该商品在此周转箱的拣货作业，如图 1-5-36 所示。

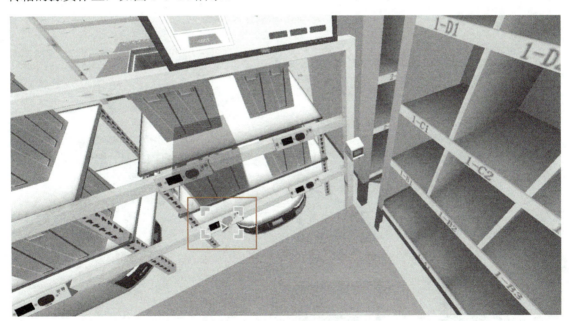

图 1-5-36　拍灭红灯

8．此时跳转至下一个周转箱拣货界面，按照同样方法完成该商品的拣货作业。然后操作计算机，单击【完成】，该货架的拣货作业完成，此时界面会跳转到下一个货架的拣货界面，用同样的方法完成其他货架的拣货作业。

9．在最后一个货架的拣货作业界面上单击【完成】后，退出智能拣选系统，返回登录主界面，如图 1-5-37 至图 1-5-39 所示。

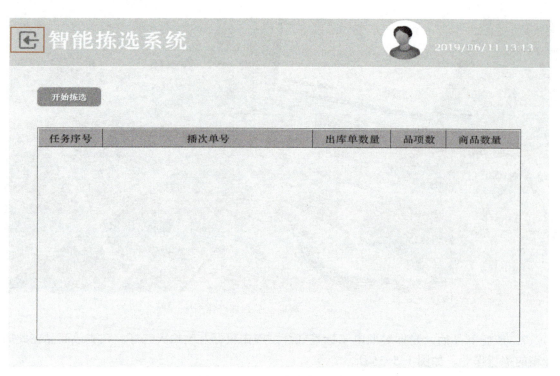

图 1-5-37　返回智能拣选系统

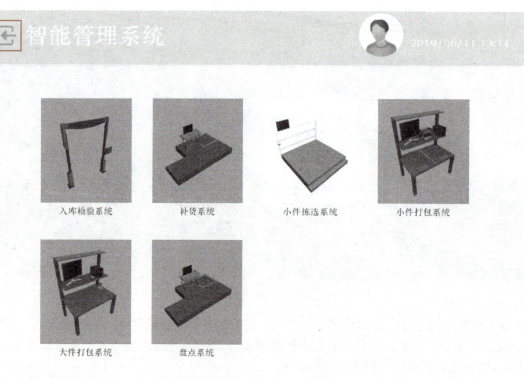

图 1-5-38　退出智能管理系统

子项目五　电商物流中心出库作业方案设计与实施

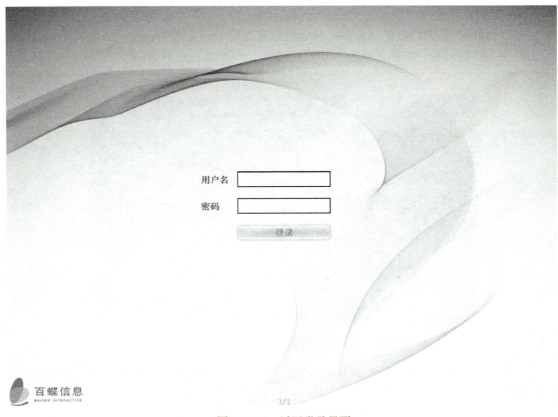

图 1-5-39　返回登录界面

10. 自动搬运机器人将播种货架自动运至打包站台，如图 1-5-40 所示。

图 1-5-40　打包站台

四、小件打包作业

下面分别以打包可混装和不可混装的商品为例介绍小件打包操作方法,其余周转箱的商品按照同样的操作方法打包(注意:打包时没有先后顺序要求)。

1. 来到打包站台,切换角色为"复核打包员",如图 1-5-41 所示。

图 1-5-41　切换角色为"复核打包员"

2. 登录智能管理系统,单击进入小件打包系统,界面显示打包任务列表,单击【开始】,如图 1-5-42 和图 1-5-43 所示。

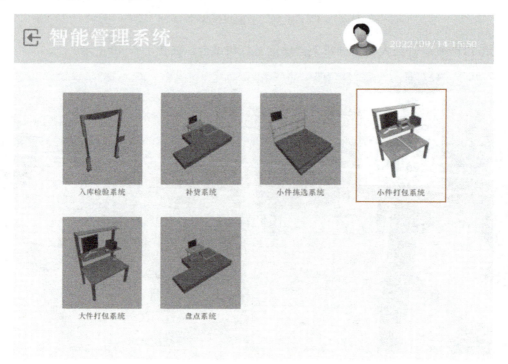

图 1-5-42　小件打包系统

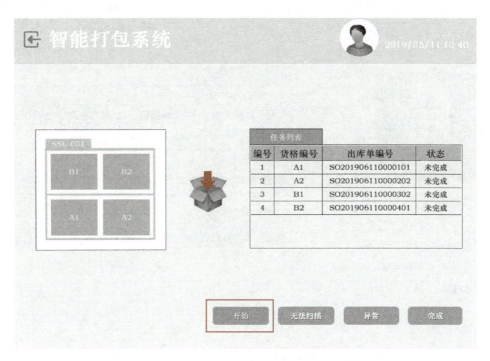

图 1-5-43　打包任务列表

3. 单击【A1】，出现打包任务列表，单击【开始】，跳转至扫描编码界面，如图 1-5-44 和图 1-5-45 所示，开始可混装商品的打包操作。

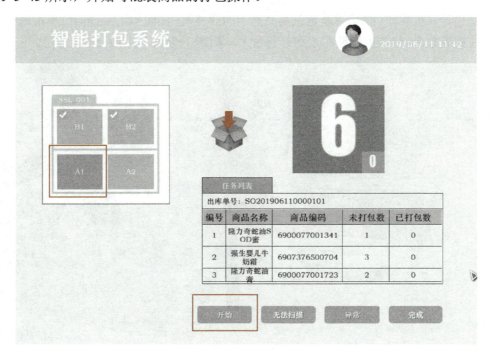

图 1-5-44　A1 任务列表

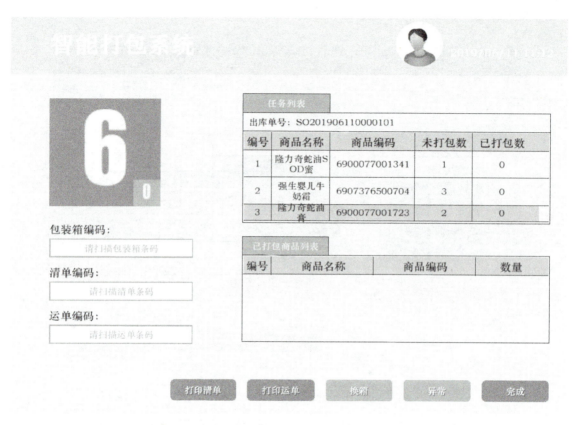

图 1-5-45　显示扫描编码

4. 退出计算机操作，光标对准蓝色高亮显示的周转箱，按住<Ctrl>键同时单击鼠标左键，拿起播种货架上 A1 位置的周转箱放在打包台上，如图 1-5-46 至图 1-5-48 所示。

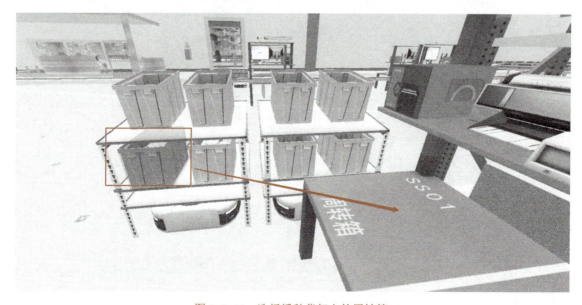

图 1-5-46　选择播种货架上的周转箱

图 1-5-47 拿起周转箱

图 1-5-48 放下周转箱

5. 然后转身，光标指向打包箱货架，双击鼠标左键打开选取打包箱界面，单击【打包规则】可以查看打包规则，查看完成单击【关闭】，如图 1-5-49 至图 1-5-51 所示。

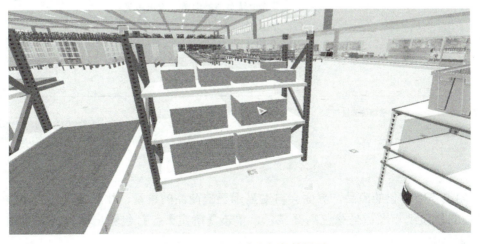

图 1-5-49 打开选取打包箱界面

选择	商品名称	体积(cm³)	重量(kg)	待打包数
☐	隆力奇蛇油SOD蜜	840	0.09	1
☐	强生婴儿牛奶霜	1200	0.05	3
☐	隆力奇蛇油膏	840	0.025	2

已选商品重量：　　　　　推荐包装纸箱：
已选商品体积：

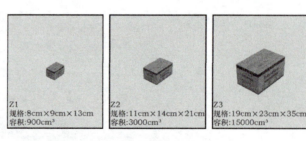

Z1 规格:8cm×9cm×13cm 容积:900cm³
Z2 规格:11cm×14cm×21cm 容积:3000cm³
Z3 规格:19cm×23cm×35cm 容积:15000cm³
Z4 规格:21cm×27cm×43cm 容积:24000cm³
Z5 规格:23cm×29cm×53cm 容积:35000cm³

[打包规则] [确定] [取消]

图 1-5-50　单击【打包规则】

选择	商品名称	体积(cm³)	重量(kg)	待打包数
☐	隆力奇蛇油SOD蜜	840	0.09	1
☐	强生婴儿牛奶霜	1200	0.05	3
☐	隆力奇蛇油膏	840	0.025	2

已选商品重量：　　　　　推荐包装纸箱：
已选商品体积：

商品分类打包原则

（1）化学用剂类（洗发水、香皂、肥皂、洗衣粉、各类清洁剂、杀虫剂）不可与食品类混装。
（2）电子产品类（包括剃须刀、电动牙刷等电子类产品）独立打包出库，不可与其他商品混装。
（3）液体类商品不可与其他商品混装。
（4）纺织类（床单、枕头、棉被、衣物等）一般不与食品类商品混装，避免污染。
（5）单箱限装15件，包裹重量不超过8kg。

[关闭]

[打包规则] [确定] [取消]

图 1-5-51　查看商品分类打包原则

6. 勾选需要打包的商品，界面会自动显示已选商品的重量、体积及推荐的包装纸箱，并且推荐的包装纸箱图标呈绿色高亮显示，单击【确定】，打包箱自动生成在桌面上，如图 1-5-52 和图 1-5-53 所示。

图 1-5-52　选择打包箱

图 1-5-53　生成打包箱

7. 拿起桌面上的扫描枪，扫描打包箱条码，如图 1-5-54 和图 1-5-55 所示。

图 1-5-54　拿起扫描枪

图 1-5-55　扫描打包箱条码

8. 光标对准周转箱，双击鼠标左键打开周转箱，右边会显示出周转箱的商品信息，单击要打包的商品，连续单击【+】到打包数量后，单击【拿取】，如图 1-5-56 所示；界面上出现拿取的商品图片及数量，对准固定扫描器扫描商品，如图 1-5-57 所示；扫描完成后双击鼠标左键将商品放入打包箱，如图 1-5-58 所示。

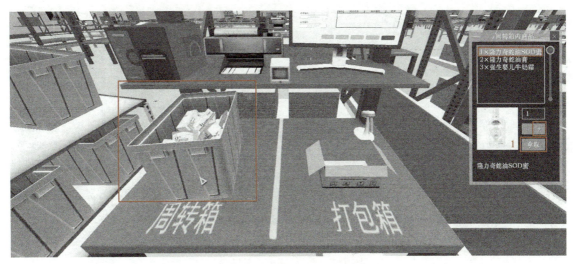

图 1-5-56　拿取周转箱中的商品

图 1-5-57　扫描商品

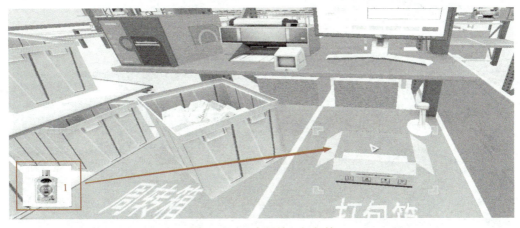

图 1-5-58　商品放入打包箱

9．第一种商品打包完成之后，按照同样的方法打包第二种商品，完成后关闭"周转箱商品"窗口，如图 1-5-59 至图 1-5-62 所示。

图 1-5-59　拿取第二种商品

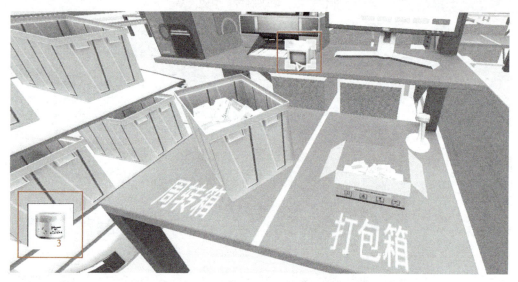

图 1-5-60　扫描第二种商品

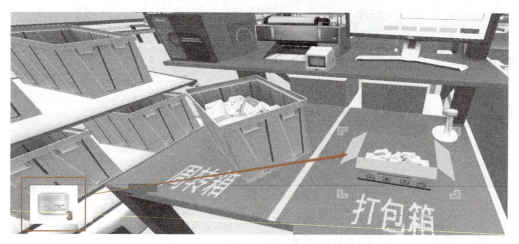

图 1-5-61　第二种商品放入打包箱

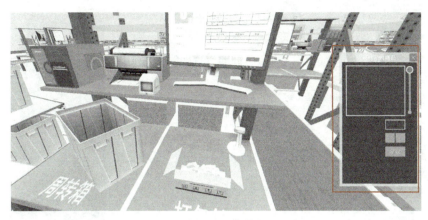

图 1-5-62　关闭"周转箱商品"窗口

10. 按 <Alt> 键操作打包台计算机,显示扫描清单和运单编码,单击【打印清单】和【打印运单】,如图 1-5-63 所示。

图 1-5-63　打印清单和运单

11. 打印完成后退出计算机操作,拿起并打开清单,在固定扫码器上进行扫描,扫描完成后双击鼠标左键将清单放入打包箱中,然后光标对准打包箱并双击鼠标左键打包,如图 1-5-64 至图 1-5-68 所示。

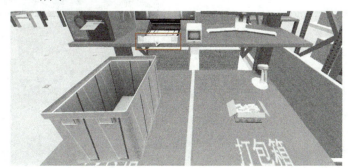

图 1-5-64　拿起清单

图 1-5-65 打开清单

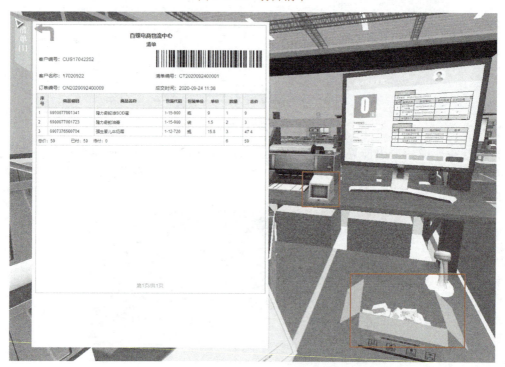

图 1-5-66 扫描清单

图 1-5-67　清单放入打包箱

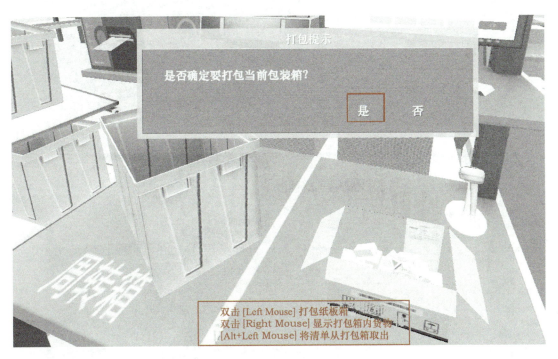

图 1-5-68　包装箱打包

12．拿起并打开运单，之后在固定扫码器上扫描，扫描完成后双击鼠标左键将运单粘贴到打包箱上，如图 1-5-69 至图 1-5-72 所示。

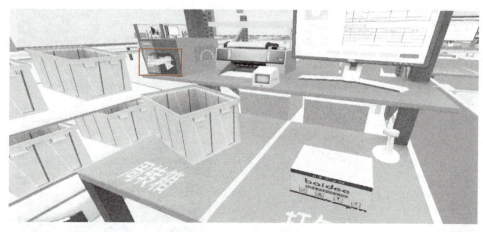

图 1-5-69　拿起运单

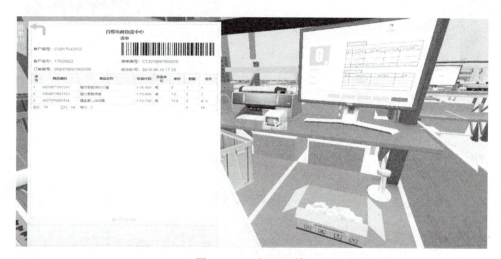

图 1-5-70　打开运单

图 1-5-71　扫描运单

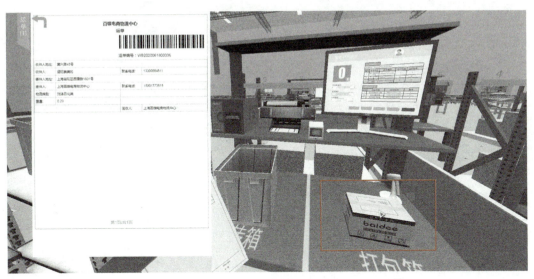

图 1-5-72 粘贴运单

13．运单粘贴完成后，拿起打包箱放到旁边的传送带上，周转箱放回播种货架，如图 1-5-73 所示。

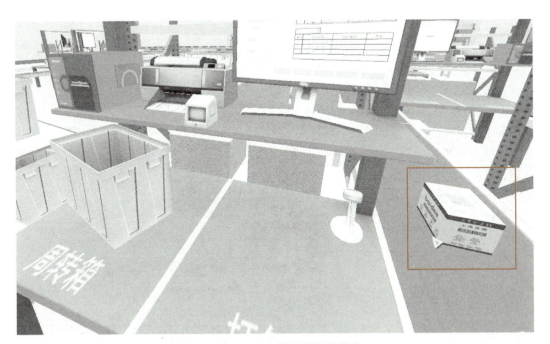

图 1-5-73 打包箱放到传送带上

14．操作计算机，可以看到该周转箱的商品已打包完成，单击【完成】并返回初始界面，如图 1-5-74 和图 1-5-75 所示。可混装商品的打包操作完成。

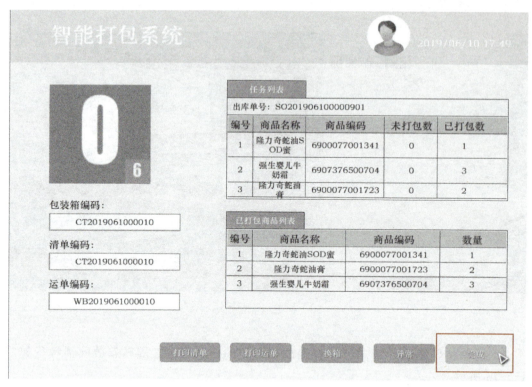

图 1-5-74　完成商品打包

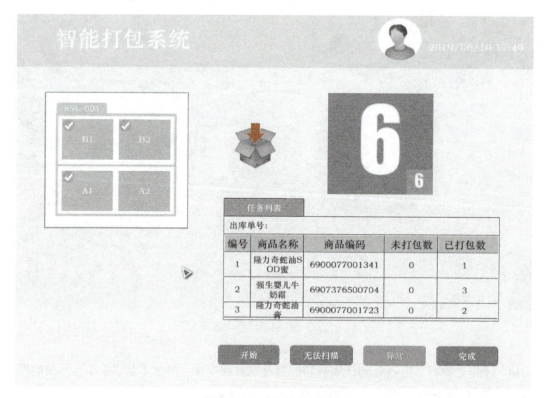

图 1-5-75　返回初始界面

15. 单击【B1】，界面显示打包任务列表，单击【开始】，跳转至扫描编码界面，如图 1-5-76 和图 1-5-77 所示，开始不可混装商品的打包操作。

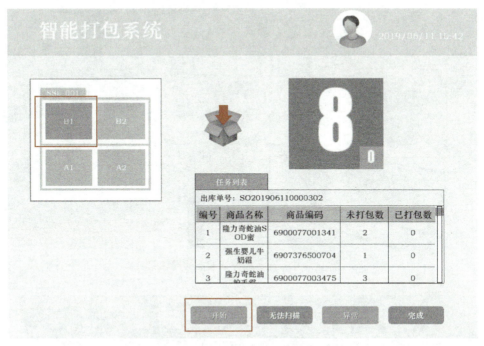

图 1-5-76　B1 任务列表

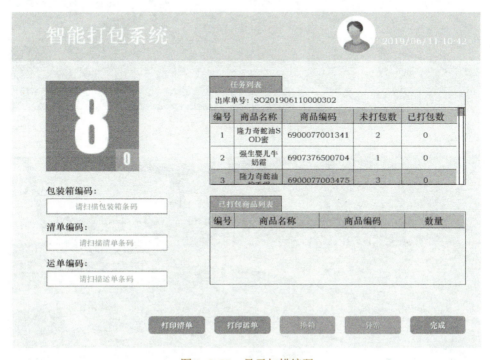

图 1-5-77　显示扫描编码

16. 退出计算机操作,光标对准蓝色高亮显示的周转箱,按住<Ctrl>键同时单击鼠标左键,拿起播种货架上 B1 位置的周转箱放在打包台上,如图 1-5-78 至图 1-5-80 所示。

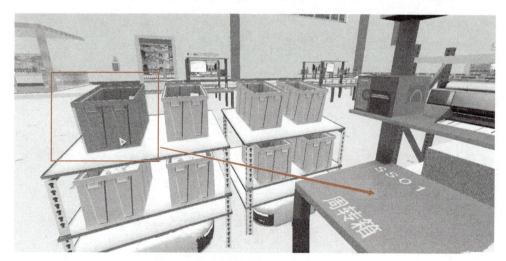

图 1-5-78　选择播种货架上的周转箱

图 1-5-79　拿起周转箱

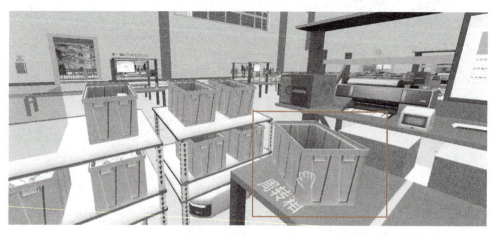

图 1-5-80　放下周转箱

17. 然后转身,光标指向打包箱货架,双击鼠标左键打开选取打包箱界面,单击【打包规则】可以查看打包规则,查看完成单击【关闭】,如图 1-5-81 至图 1-5-83 所示。

图 1-5-81　打开选取打包箱界面

选择	商品名称	体积(cm³)	重量(kg)	待打包数
■	隆力奇蛇油SOD蜜	840	0.09	2
■	强生婴儿牛奶霜	1200	0.05	1
■	隆力奇蛇油护手霜	840	0.05	3
■	威士雅壮骨粉	6750	1	2

已选商品重量:　　　　推荐包装纸箱:
已选商品体积:

Z1
规格:8cm×9cm×13cm
容积:900cm³

Z2
规格:11cm×14cm×21cm
容积:3000cm³

Z3
规格:19cm×23cm×35cm
容积:15000cm³

Z4
规格:21cm×27cm×43cm
容积:24000cm³

Z5
规格:23cm×29cm×53cm
容积:35000cm³

图 1-5-82　单击【打包规则】

选择	商品名称	体积(cm³)	重量(kg)	待打包数
☐	隆力奇蛇油SOD蜜	840	0.09	2
☐	强生婴儿牛奶霜	1200	0.05	1
☐	隆力奇蛇油护手霜	840	0.05	3
☐	威士雅壮骨粉	6750	1	2

已选商品重量：　　　　推荐包装纸箱：
已选商品体积：

商品分类打包原则

(1) 化学用剂类（洗发水、香皂、肥皂、洗衣粉、各类清洁剂、杀虫剂）不可与食品类混装。
(2) 电子产品类（包括剃须刀、电动牙刷等电子类产品）独立打包出库，不可与其他商品混装。
(3) 液体类商品不可与其他商品混装。
(4) 纺织类（床单、枕头、棉被、衣物等）一般不与食品类商品混装，避免污染。
(5) 单箱限装15件，包裹重量不超过8kg。

[关闭]

[打包规则] [确定] [取消]

图 1-5-83　查看商品分类打包原则

18. 勾选需要打包的商品，界面会自动显示已选商品的重量、体积及推荐的包装纸箱，并且推荐的包装纸箱图标呈绿色高亮显示，单击【确定】，打包箱自动生成在桌面上，如图 1-5-84 和图 1-5-85 所示。

选择	商品名称	体积(cm³)	重量(kg)	待打包数
☑	隆力奇蛇油SOD蜜	840	0.09	2
☑	强生婴儿牛奶霜	1200	0.05	1
☑	隆力奇蛇油护手霜	840	0.05	3
☐	威士雅壮骨粉	6750	1	2

已选商品重量：0.38kg　　推荐包装纸箱：Z3
已选商品体积：5400cm³

Z1
规格:8cm×9cm×13cm
容积:900cm³

Z2
规格:11cm×14cm×21cm
容积:3000cm³

Z3
规格:19cm×23cm×35cm
容积:15000cm³

Z4
规格:21cm×27cm×43cm
容积:24000cm³

Z5
规格:23cm×29cm×53cm
容积:35000cm³

[打包规则] [确定] [取消]

图 1-5-84　选择打包箱

子项目五 电商物流中心出库作业方案设计与实施

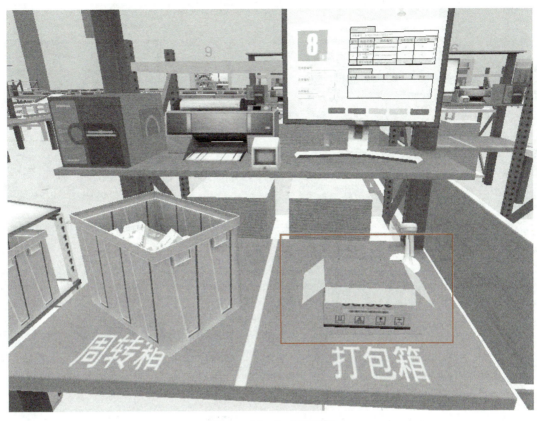

图 1-5-85 生成打包箱

19. 拿起桌面上的扫描枪，扫描打包箱条码，如图 1-5-86 和图 1-5-87 所示。

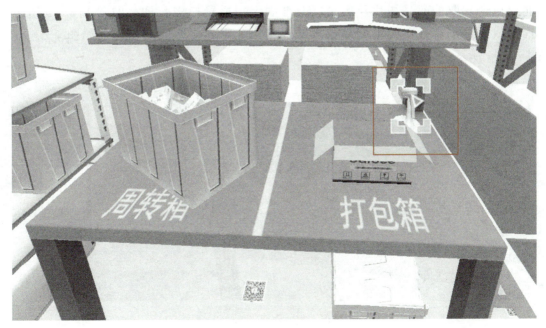

图 1-5-86 拿起扫描枪

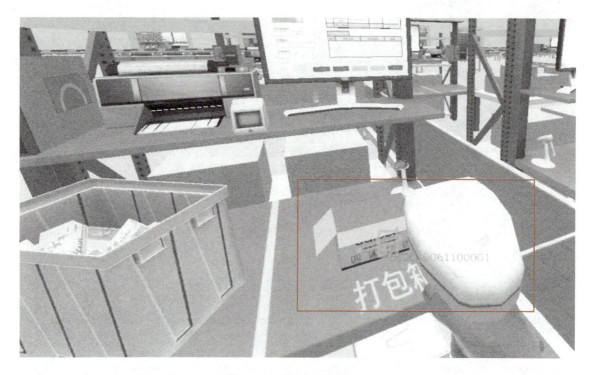

图 1-5-87　扫描打包箱条码

20．光标对准周转箱，双击鼠标左键打开周转箱，右边会显示出周转箱的商品信息，单击要打包的商品，连续单击【+】到打包数量后，单击【拿取】，如图 1-5-88 所示；界面上出现拿取的商品图片及数量，对准固定扫描器扫描商品，如图 1-5-89 所示；扫描完成后双击鼠标左键将商品放入打包箱，关闭周转箱商品窗口，如图 1-5-90 和图 1-5-91 所示。

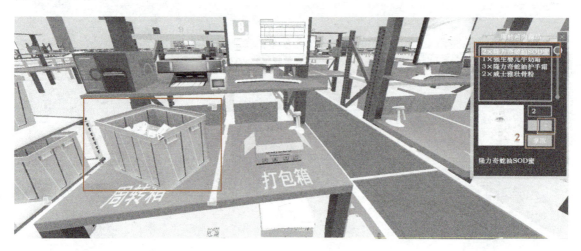

图 1-5-88　拿取周转箱中的商品

图1-5-89 扫描商品

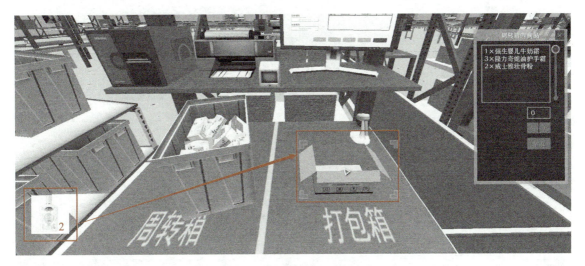

图1-5-90 商品放入打包箱

图1-5-91 关闭周转箱商品窗口

21. 按<Alt>键操作打包台计算机,显示扫描清单和运单编码,单击【打印清单】和【打印运单】,如图1-5-92所示。

22. 打印完成后退出计算机操作,拿起并打开清单,在固定扫码器上进行扫描,扫描完成后双击鼠标左键将清单放入打包箱中，然后光标对准打包箱并双击鼠标左键打包，如图 1-5-93 至图 1-5-97 所示。

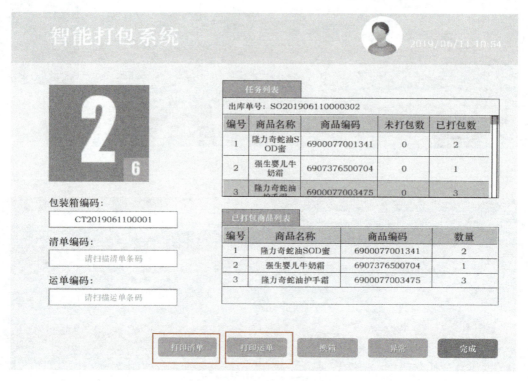

图 1-5-92　打印清单和运单

图 1-5-93　打开清单

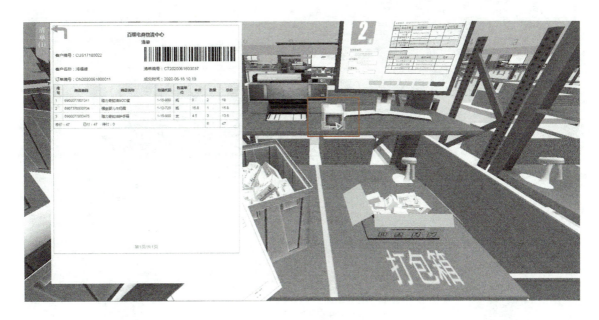

图 1-5-94　扫描清单

图 1-5-95　清单放入打包箱

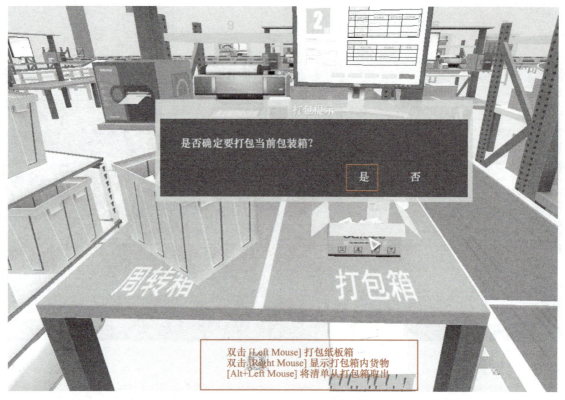

图 1-5-96 包装箱打包

23. 拿起并打开运单，之后在固定扫码器上扫描，扫描完成后双击鼠标左键将运单粘贴到打包箱上，然后拿起打包箱放到桌子前面，如图 1-5-97 至图 1-5-100 所示。

图 1-5-97 拿起运单

子项目五　电商物流中心出库作业方案设计与实施

图 1-5-98　扫描运单

图 1-5-99　粘贴运单

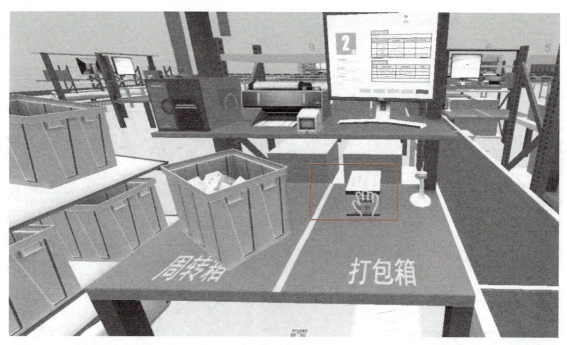

图 1-5-100　打包箱放到桌子前面

24．操作计算机，单击【换箱】，按照同样的方法打包第二种商品，完成后将打包箱放上传送带，周转箱放回播种货架，如图 1-5-101 至图 1-5-109 所示。

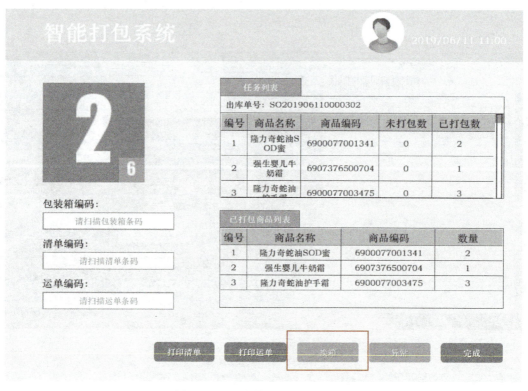

图 1-5-101　换箱打包第二种商品

子项目五　电商物流中心出库作业方案设计与实施

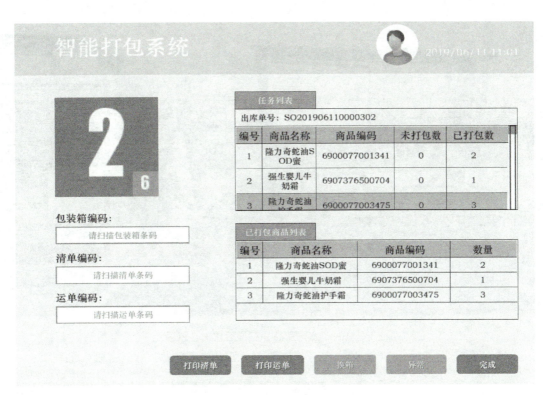

图 1-5-102　第二种商品任务列表

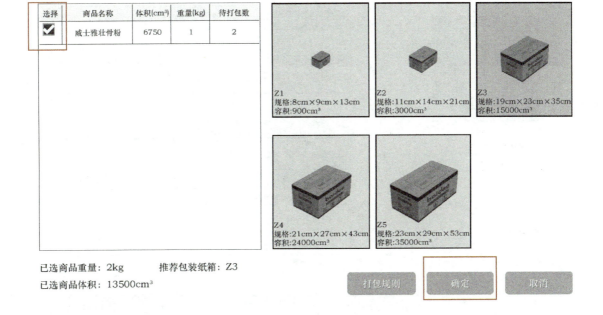

图 1-5-103　选择打包箱

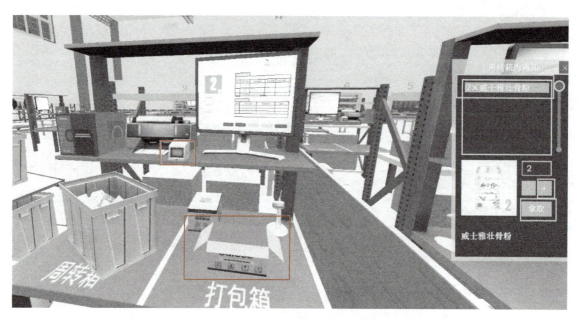

图 1-5-104　拿取商品并扫描后放入打包箱

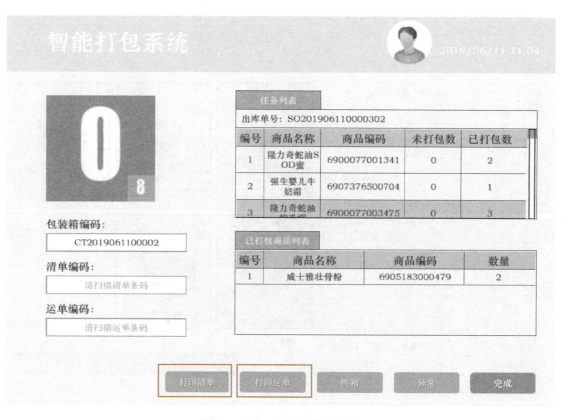

图 1-5-105　打印清单和运单

子项目五　电商物流中心出库作业方案设计与实施

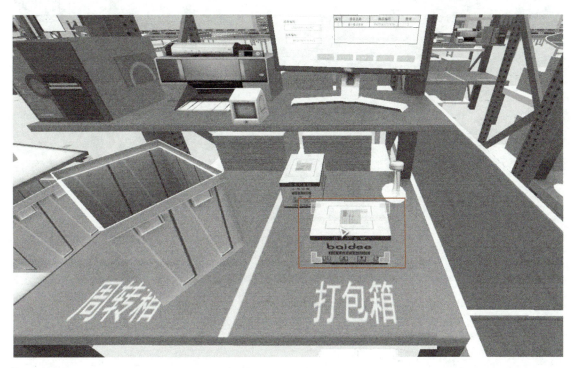

图 1-5-106　拿起打包箱

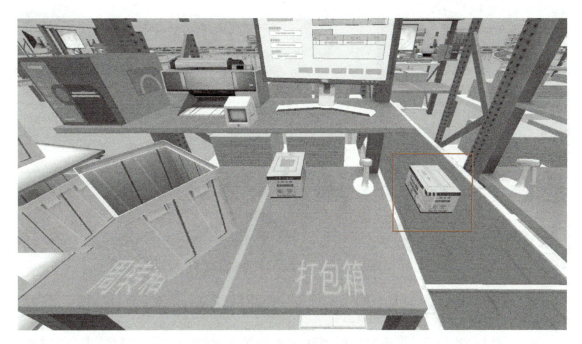

图 1-5-107　打包箱放上传送带

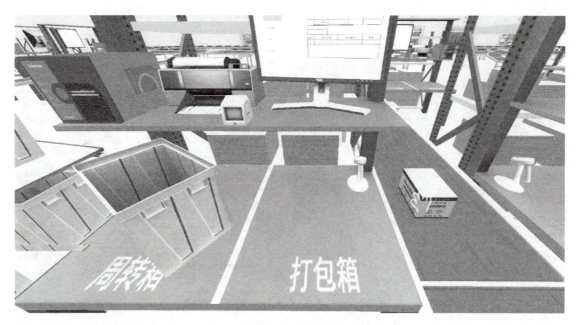

图 1-5-108 另一个打包箱放上传送带

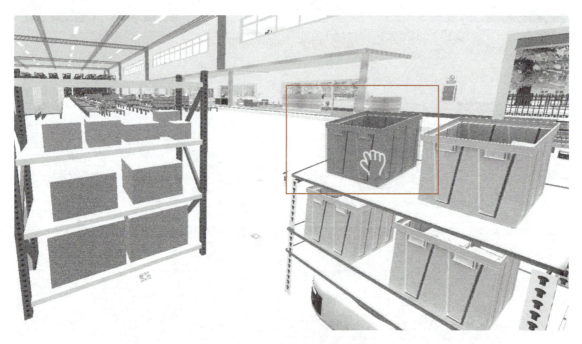

图 1-5-109 周转箱放回播种货架

25. 操作计算机，单击【完成】，此周转箱商品打包完成，如图 1-5-110 所示。不可混装商品的打包操作完成。

26. 按照上述操作方法完成剩余周转箱商品打包作业。最后一个周转箱商品打包完成时，在计算机界面依次单击【完成】，完成小件打包作业，如图 1-5-111 和图 1-5-112 所示。

子项目五　电商物流中心出库作业方案设计与实施

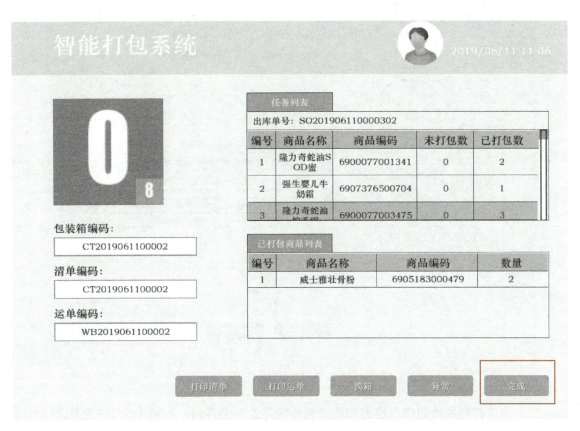

图 1-5-110　完成商品打包

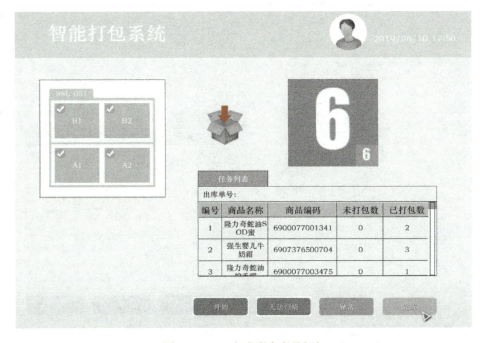

图 1-5-111　完成剩余商品打包

177

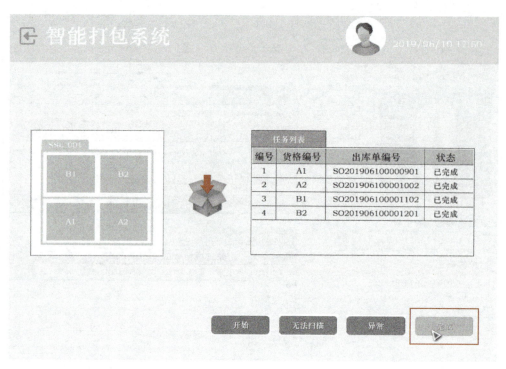

图 1-5-112　完成小件打包作业

27. 小件打包操作完成后退出智能打包系统并返回主界面，如图 1-5-113 至图 1-5-115 所示。

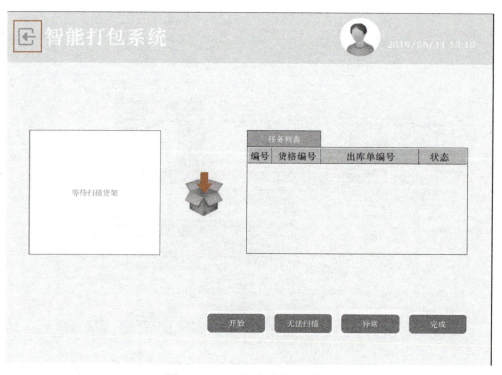

图 1-5-113　返回智能管理系统

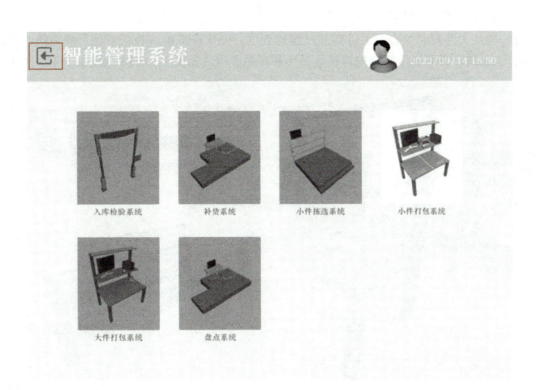

图 1-5-114　退出智能管理系统

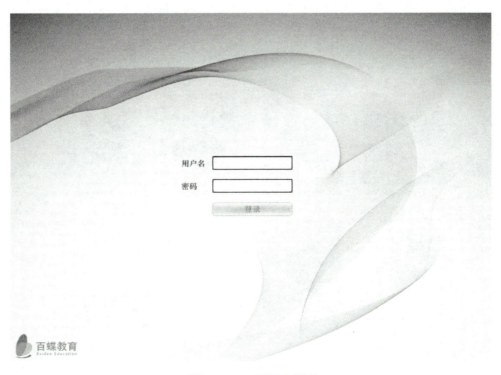

图 1-5-115　返回主界面

五、大件打包作业

1. 来到大件打包站台，大件商品已自动到位。操作计算机，登录智能管理系统，进入大件打包系统，界面显示等待扫描托盘条码和商品条码，如图1-5-116至图1-5-118所示。

图1-5-116　大件打包站台

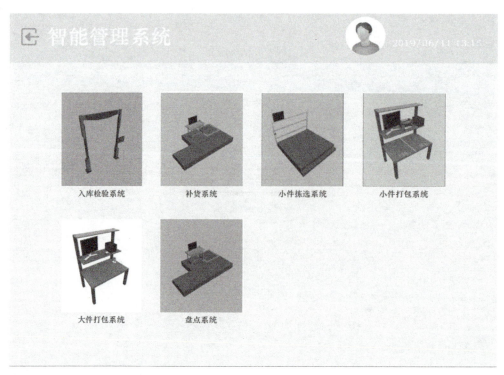

图1-5-117　进入大件打包系统

图 1-5-118　扫描界面

2．拿起桌面上的扫描枪，依次扫描托盘条码和商品条码，如图 1-5-119 和图 1-5-120 所示。

图 1-5-119　扫描托盘条码

图 1-5-120 扫描商品条码

3．操作计算机，界面显示商品信息及任务列表，单击【开始】→【打印运单】，如图 1-5-121 和图 1-5-122 所示。

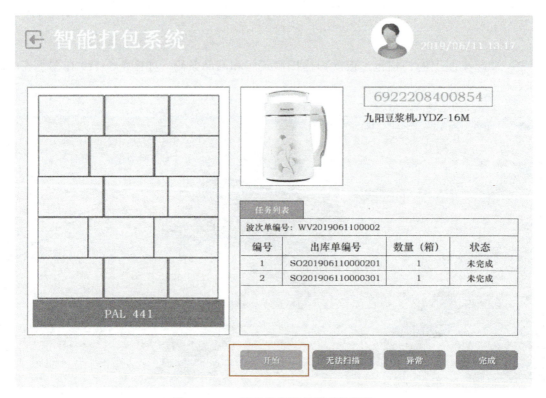

图 1-5-121 商品信息和任务列表界面

子项目五 电商物流中心出库作业方案设计与实施

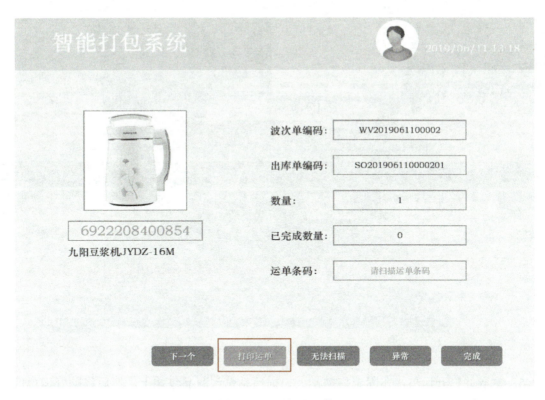

图 1-5-122 打印运单

4. 打印完运单，退出计算机操作，拿起托盘上的商品放在打包台上（注意商品的数量），如图 1-5-123 和图 1-5-124 所示。

图 1-5-123 拿起商品

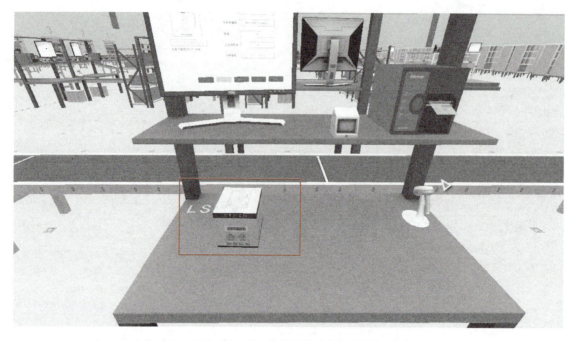

图 1-5-124　将商品放在打包台上

5. 拿取并打开运单，在固定扫描器上扫描后粘贴到商品包装上，然后将贴好运单的包装箱放上传送带，如图 1-5-125 至图 1-5-129 所示。

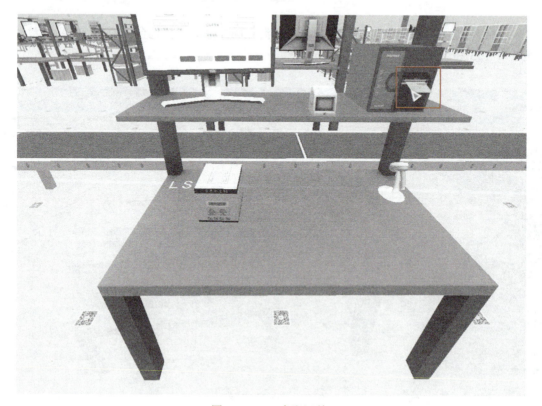

图 1-5-125　拿取运单

图 1-5-126　打开运单

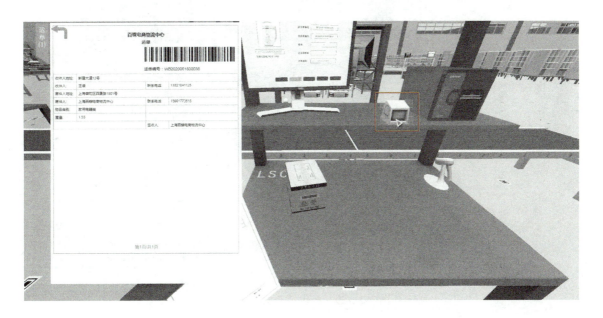

图 1-5-127　扫描运单

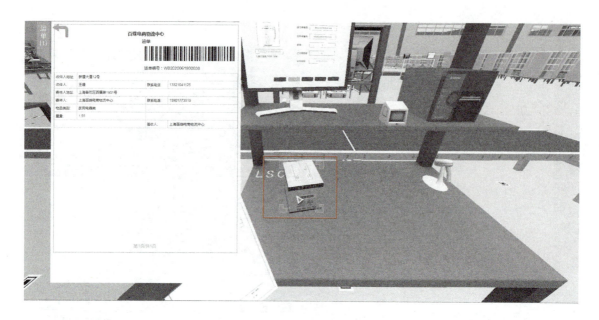

图 1-5-128 粘贴运单

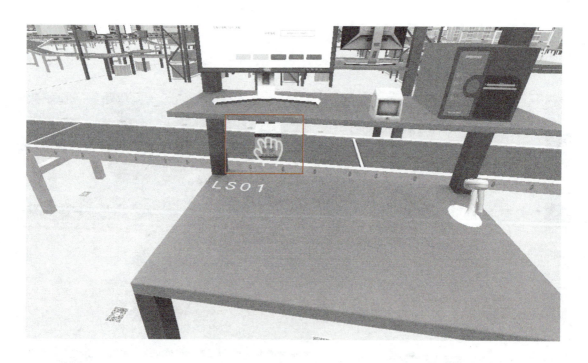

图 1-5-129 将包装箱放上传送带

6. 操作计算机,单击【下一个】,界面跳转到下一个出库单打包界面,然后单击【打印运单】,如图 1-5-130 和图 1-5-131 所示。

子项目五　电商物流中心出库作业方案设计与实施

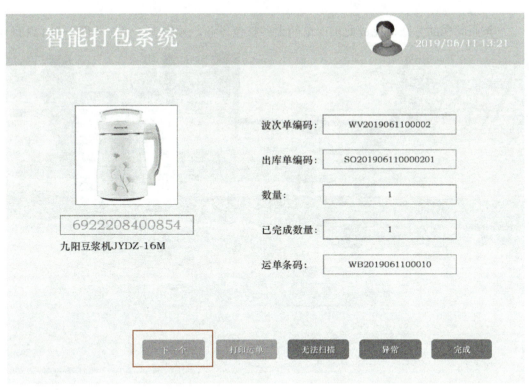

图 1-5-130　进行下一个出库单打包

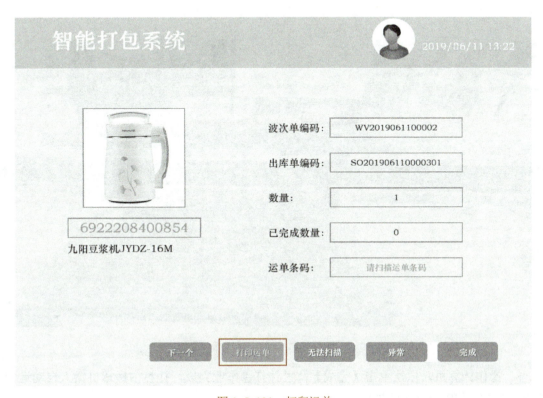

图 1-5-131　打印运单

7. 按照同样的方法，完成此出库单的大件打包作业，如图 1-5-132 和图 1-5-133 所示。

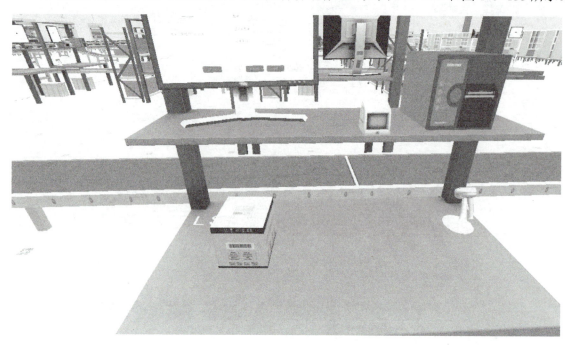

图 1-5-132　打包完成

图 1-5-133　放上传送带

8. 操作计算机，依次单击【完成】，大件打包作业完成，托盘由搬运机器人自动运回，如图 1-5-134 和图 1-5-135 所示。

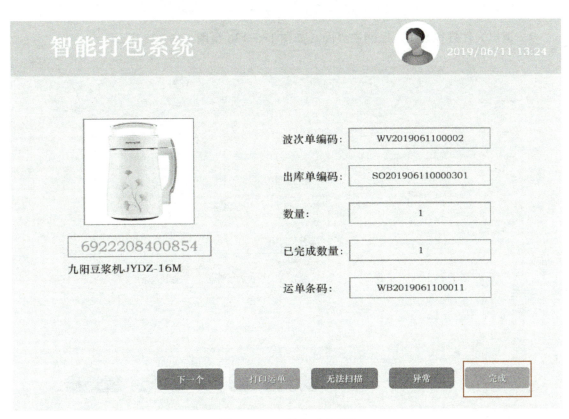

图 1-5-134　单击【完成】

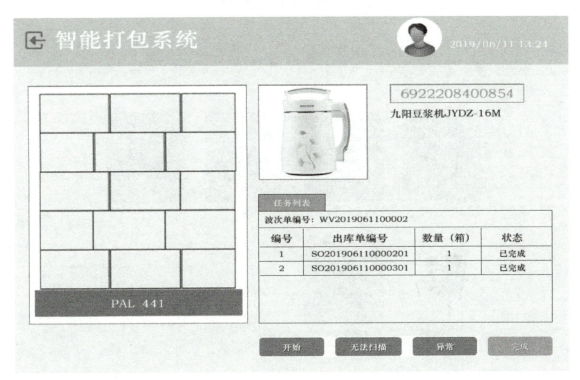

图 1-5-135　大件打包作业完成

9. 退出大件打包系统，返回主界面，如图 1-5-136 至图 1-5-138 所示。

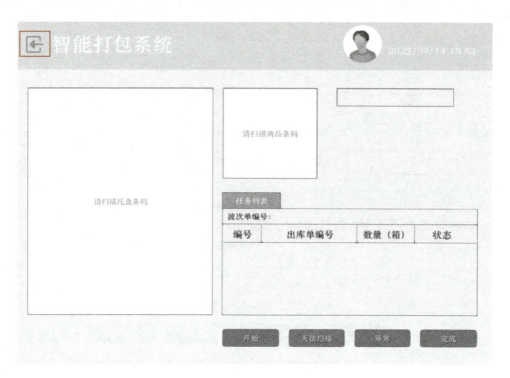

图 1-5-136　退出打包站台

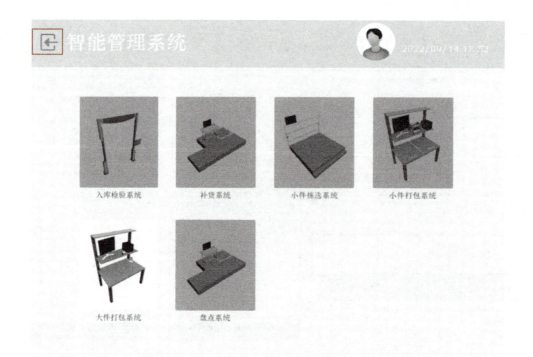

图 1-5-137　退出大件打包系统

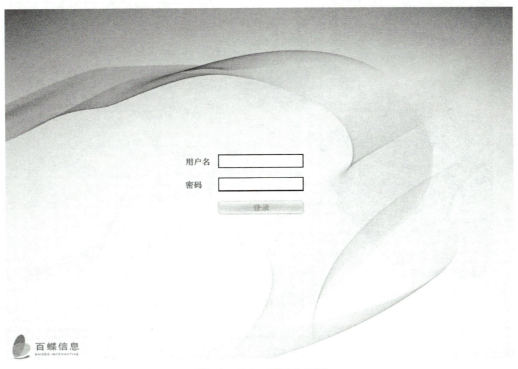

图 1-5-138　返回主界面

六、出库装车

1. 切换角色为"搬运工",前往出库月台,如图 1-5-139 和图 1-5-140 所示。

图 1-5-139　切换角色为"搬运工"

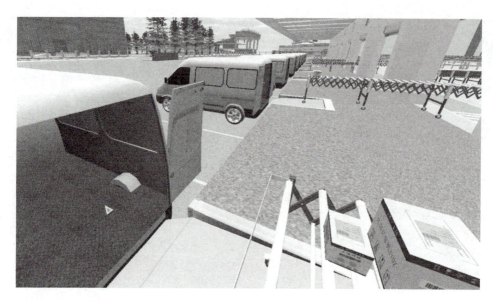

图 1-5-140　出库月台

2. 可以看到有出库任务的伸缩式输送机已经自动伸至车厢后门处。走近伸缩输送机,拿起包装箱放入车内,装完该出库口的所有包装箱后,双击鼠标左键收回伸缩输送机,如图 1-5-141 至图 1-5-144 所示。按照同样的方法,装完所有包装箱,收回伸缩输送机,此出库作业完成。

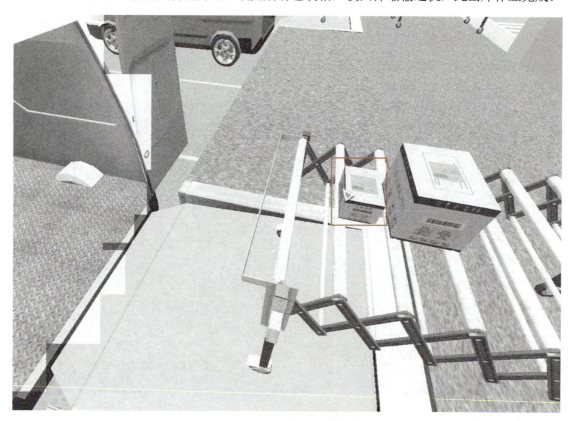

图 1-5-141　走近伸缩输送机

图 1-5-142　拿起包装箱

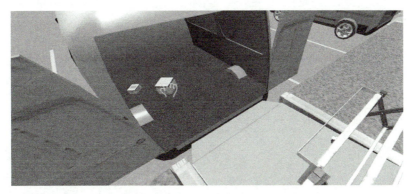

图 1-5-143　包装箱放入车内

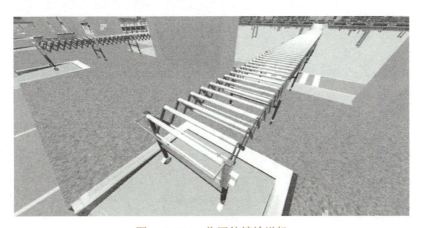

图 1-5-144　收回伸缩输送机

任务总结

学生在完成电商物流中心出库作业方案实施任务后,根据方案实施过程中对电商物流中心出库环节的作业流程、实施中的难点要点及困惑进行总结反思,将其梳理成总结报告,反复思考,总结经验教训。教师可对学生的方案实施结果和总结报告进行评价,并作为课程考核成绩的一部分。

项目二

电商物流中心综合作业优化方案设计与实施

项目背景

上海百蝶电商物流中心采用先进的"无人仓"技术，通过自动三向叉车、智能搬运机器人和智能分拣线等智能化仓库硬件设备实现"无人化"作业模式；同时，上海百蝶电商物流中心采用"货到人"拣选方式，所有的拣选作业由智能搬运机器人搬运移动货架（托盘）至站台以完成补货、盘点、拣选、打包等作业，在减轻工作人员劳动强度的同时，有效地降低了人力成本。

上海百蝶电商物流中心在长期运营中通过大数据分析不断优化库存和流程，降低了货物损耗、库存成本，提高了货物周转率，降低了整个公司的运营成本。同时，上海百蝶电商物流中心从客户满意度的角度出发，在改进作业流程的同时，对员工进行专业的作业培训，不仅有效地提高了拣选效率，并且大大降低了拣错率，使客户满意度不断提高。

上海百蝶电商物流中心服务水平的不断提升带来了百蝶自营网上超市营业额的不断攀升。随着客户订单的不断增长，商品的周转率压力不断提升，上海百蝶电商物流中心的业务也出现了一些问题，主要表现为：入库效率低，待验收货物积压严重；商品账面数量与实际数量不符；整货区库存积压，拣选区库存不足；订单出库效率降低，拣选出错增多等。

为了保证客户的满意度，如何减少库存积压、合理分工，降低货物流通费用等问题是尤为重要的，而这些需要从库存管理、操作流程和成本分析等方面进行优化，保证电商物流中心作业正常进行的情况下，提高作业效率，保证客户满意度。作为一名仓储管理工作人员，通过对电商物流中心运营的分析，你应该如何开展这一系列工作？

子项目一

电商物流中心综合作业优化方案设计与实施（单人作业）

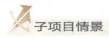 子项目情景

2018年10月30日，新员工培训结束，在新员工培训中，由于你的优秀表现，你被分配到仓储管理岗位。通过8周的培训，你已经对上海百蝶电商物流中心的作业流程有了清晰的认知；同时你发现电商物流中心的作业量不断增加，在负荷不断加重的情况下，出现了作业效率低下、成本攀升等问题，作业流程改善迫在眉睫。

2018年10月31日，上海百蝶电商物流中心决定对部分商品进行促销活动，为保证促销活动的高效进行，仓储管理部决定开会找出存在的问题。通过会议讨论，得出电商物流中心存在的作业流程问题主要表现为：入库效率低，待验收货物积压严重；商品账面数量与实际数量不符；整货区库存积压，拣选区库存不足；订单出库效率降低，拣选出错增多等。同时，电商物流中心缺少作业流程分析与成本预算环节，无法进行工作任务的及时跟踪及合理的成本控制。为此，仓储管理部决定，电商物流中心在优化作业流程，加强运营质量管理和监控的同时，新增作业流程分析环节，将作业流程通过甘特图的形式来表现，实现工作任务实时跟踪；新增作业成本预算环节，严格控制作业成本。

2018年11月1日，促销活动正式开始，上海百蝶电商物流中心接到客户订单。仓储部经理将电商物流中心的部分作业分由你进行计划，请你给出作业优化方案，并对整个作业流程进行全程实时追踪，发现问题，及时改正。新晋仓储管理员的你，将会如何安排接下来的工作？

 学习目标

【知识目标】
1. 理解智能仓储的概念和应用。
2. 理解电商物流中心作业的流程。
3. 掌握电商物流中心作业优化的途径及方法。
4. 掌握电商物流中心成本构成及对应的核算方法。
5. 掌握电商物流中心作业成本控制的基本方法。

【技能目标】
1. 能够根据项目任务书的要求设计完整的电商物流中心综合作业计划优化方案。
2. 能够根据电商物流中心综合作业计划优化方案的要求制订作业进度计划和作业成本预算。

3. 能够灵活运用 IELS 虚拟仿真系统完成电商物流中心综合作业优化方案的实施。

【素质目标】

1. 树立严谨认真的工作态度。
2. 培养吃苦耐劳的工作精神。

任务一 电商物流中心综合作业优化方案设计（单人）

知识链接

一、智能仓储系统概述

自从有了生产活动，仓储就应运而生。仓储是生产活动的一个重要组成部分，并随着生产的发展而发展。特别是随着我国制造业的崛起，物流业也得到了迅猛发展，仓储活动越来越受到社会的关注，大大促进了人们对仓储理论的研究，促使其逐步发展完善，从而成为一门独立的学科。

仓储活动是指通过仓库对物资进行储存和保管，以保管活动为中心，从仓库接收商品入库开始，到按需把商品全部完好地发送出去为止的全部过程。它不同于生产或交易活动，是整个物流系统中衔接上下游物流活动的核心环节之一。仓储活动能够克服生产和消费在地理和时间上的分离，可以维持商品原有使用价值，加快资金周转，节约流通费用，降低物流成本，提高企业的经济效益。仓储活动的基本功能包括审核入库、在库盘点、环境监控和出库信息处理四个方面，其中货物的出入库与在库盘点管理是仓储的基本活动和传统功能；环境监控是仓储物流活动中的安全辅助环节，为货物存储的环境安全提供了保证。如今，随着管理手段与管理水平的不断提升，对仓储环境的监控研究也变得更普遍、更深入、更精细。

智能仓储物流管理系统（Intelligent Warehouse Management System）是基于自动识别技术对仓储各环节实施全过程的流程管理，以提高仓库管理人员对货物的入库、盘点、环境监控和出库操作作业的规范化，实现对货物货位、批次、保质期等的电子标签管理，有效地对仓库流程和空间进行管理，实现批次管理、快速出入库和动态盘点，从而有效地利用仓库存储空间，提高仓库的储存能力；同时在物料的使用上采用先进先出原则，以提高仓库存储空间的利用率，降低库存成本，提升市场竞争力。

智能仓储物流管理系统包括货物从供应商供货到仓储部门保管的全部工作流程，并能够根据仓储作业各个环节的信息来制订仓储计划；同时，系统将采用 RFID 技术、ZigBee 无线传感技术等，对仓库系统实施全过程的流程进行管理。

二、RFID 在现代物流中的应用

（一）采购环节

在采购环节，企业可以通过 RFID 技术实现即时采购和快速反应采购。企业通过 RFID 技术能够实时了解整个供应链的销售和供应状态，从而更好地把握库存信息、供需信息等，

即时对企业的采购计划进行制订和管理,并及时生成有效的采购订单。企业通过应用 RFID 技术集成的信息资源为前提,可以实现内部采购业务与外部运作的信息化,实现采购管理的无纸化,提高信息传递的速度,加快企业对市场的反应速度,并且最终达到工作流的统一。

在上海百蝶电商物流中心的采购环节,所有供应商的商品包装均已采用 RFID 技术,且部分供应商与上海百蝶电商物流中心使用统一 RFID 标签托盘。因此,所有商品的包装箱在从供应商出厂时就已经贴上了 RFID 标签,且与上海百蝶电商物流中心使用统一 RFID 标签托盘的供应商的商品在入库时,无须二次码盘,可直接入库。

(二)入库环节

在入库环节,企业可通过 RFID 智能出入库系统实现对进出库的商品进行有效的管制,其实现意图和实现逻辑和传统的入库员手工输入一样,只不过结合了 RFID 标签、自动控制、计算机、网络等先进的技术和设备,完成与 RFID 技术在货物出入库管理中的有效结合,目的在于能够提供更加方便、更加灵活、更加高效、功能更加强大的仓库管理系统,如图 2-1-1 所示。

图 2-1-1　RFID 智能出入库管理系统原理

智能出入库管理系统的整体工作原理是:货物到达仓储部门待入库之前,赋予货物包装唯一的 RFID 标识,并建立货物与 RFID 标签的唯一绑定。在货物入库审核环节,系统对进入仓库过程中货物上的 RFID 标签与 RFID 读写器之间通过射频信号进行信息交换,两者之间的信息传输方式主要有电感耦合方式和电磁反向散射耦合方式两种,鉴于本系统采用的 RFID 标签的频率是超高频(UHF),所以采用电磁反向散射耦合的方式来进行信息通信。当 RFID 读写器从 RFID 标签中获取信息后,读写器通过网络将信息传输到主控中心,主控中心便可以获取货物包装的唯一身份标识。

从入库审核到出库审核之间的所有仓储作业中,RFID 标签一直与货物进行唯一绑定,以保证在仓储系统中实现对该货物全生命周期追溯的目的。智能仓储管理系统软件平台可以显示该仓库中各个货架上的货物数量,实现货物在仓库内的透明化管理。出库审核完成以后,RFID 标签信息将会与下一阶段的运输配送信息进行绑定和衔接。

货物经过 RFID 通道阅读系统,系统通过托盘上货物的 RFID 标签数来获取入库货物的数量信息,并通过 RFID 读写器获取信息并将其存入到系统的数据库中,供整个仓储作业中各环节的查询与使用。

货物以托盘的形式进入仓库,经 RFID 通道阅读系统信息读取模块读取并存储货物入库信息。货物到达仓库的货物缓存区并进行拆盘和必要的拆箱操作，等待排队入库上架；同时系统会根据该货物的属性（种类、温湿度要求、重量等）自动给该货物分配相应的仓库位置和货架位置，以便进行上架操作。

三、电商物流中心仓储成本分析

（一）仓储成本的定义

仓储成本是仓储企业在储存货物的过程中，包括装卸搬运、存储保管、流通加工、货物出库、货物入库等各业务活动以及建造、购置设施、设备等活动，所消耗的人力、物力、财力及风险成本的总和。仓储成本在企业物流成本管理中具有复杂性、存在较大的利润空间和效益背反性等特点。

（二）仓储成本的核算

仓储成本核算项目包括人工费、保管费、折旧费、修理费、动力费、租赁费、仓储损失及其他费用等。为了合理计算仓储成本，有效监控仓储过程中发生的费用来源，可以按支付形态、仓储活动项目或适用对象等不同方法计算仓储成本。

（1）按支付形态计算仓储成本：按仓储搬运费、仓储保管费、材料消耗费、人工费、仓储管理费、仓储占用资金利息等支付形态分类计算仓储成本的总额。

（2）按仓储活动项目计算仓储成本：按不同的支付形态计算仓储成本，把仓储总额按照项目区分开来，从而达到控制仓储成本的目的。

（3）按适用对象计算仓储成本：按产品、地区的不同分别计算仓储成本，计算出各单位仓储成本与销售金额或毛收入所占比例，及时发现储存过程中存在的问题。

（三）仓储成本控制

1. 仓储成本控制的重要性

首先，仓储成本控制是企业增加利润的"第三利润源"，直接服务于企业的最终经营目标；其次，仓储成本控制是加强企业竞争力、求得生存和发展的主要保障，企业在市场竞争中，降低各种运作成本，提高产品的质量，创新产品设计和增加利润是保持竞争能力的有效手段；最后，仓储成本控制是企业持续发展的基础，只有把仓储成本控制在与同类企业相比具有优势的水平上，才有迅速发展的基础。

2. 仓储成本控制的原则

（1）政策性原则。政策性原则一是要求处理好质量和成本的关系。不能因为片面追求储存成本的降低，而忽视储存货物的保管条件和保管质量；二是要求处理好国家利益、企业利益和消费者利益之间的关系。降低仓储成本从根本上说对国家、企业和消费者三者均有利，但是如果在仓储成本控制过程中，采用不适当的手段损害国家和消费者的利益，就是错误的，应予避免。

（2）全面性原则。仓储成本涉及企业管理的方方面面，因此，控制仓储成本要进行全员、全过程和全方位的控制。

（3）经济性原则。经济性原则要求因推行仓储成本控制而发生的成本费用支出，不应超过因缺少控制而丧失的收益；仓储成本控制应在仓储活动的重要领域和环节上对关键的因素加以控制，而不是对所有成本项目都进行同样周密的控制；同时，仓储成本控制的手段需具有实用、方便、易于操作的特点，这样能起到降低成本、纠正偏差的作用。

3. 仓储成本控制的策略

仓储成本管理是仓储企业管理的基础，对提高整体管理水平，提高经济效益有重大影响，但是由于仓储成本与物流成本的其他构成要素，如运输成本、配送成本、服务质量和水平之间存在二律背反的现象，因此，降低仓储成本要在保证物流总成本最低和不降低企业的总体服务质量和目标水平的前提下进行，其常见的措施如下：

（1）减少仓储物的保管风险。在电商物流中心，商品流通速度快，在商品流通过程中应尽量降低商品的存储周期，避免产生商品临期、过期的风险，减少电商物流中心商品的保有风险。

（2）提高储存密度，提高仓容利用率。现如今，仓库的建设成本和使用成本不断提升，为有效控制仓储成本，应提高单位存储面积的利用率，以降低成本、减少土地占用。

（3）采用有效的储存定位系统，提高仓储作业效率。储存定位的含义是被储存物位置的确定。如果定位系统有效，能大大节约寻找、存放、取出的时间，节约物化劳动及活劳动，而且能防止出现差错，便于清点及进行订货点管理等活动。

（4）采用有效的监测清点方式，提高仓储作业的准确程度。对储存物资数量和质量的监测有利于掌握仓储的基本情况，也有利于科学控制库存。在实际工作中稍有差错，就会使账物不符，所以，必须及时且准确地掌握实际储存情况，经常与账卡核对，确保仓储物资的完好无损，这是人工管理或计算机管理必不可少的内容。此外，经常的监测也是掌握储存物资数量状况的重要工作。

（5）采用合适的库存订货方式对库存进行控制。采用合适的库存订货方式对库存进行控制也是至关重要的，其中，生产物料控制系统（PMC）在整个生产中起着承上启下的作用，不仅要随时对物料进行跟踪，十分清晰地判断哪些物料即将出现缺货，而且应该立即做出缺货反应。PMC采取的积极有效的措施将极大地提升企业的管理效率。

（6）加速周转，提高单位仓容产出。储存现代化的重要课题是将静态储存变为动态储存，周转速度快，资本效益高，会使货损货差变小、仓库吞吐能力增加、成本下降。具体做法如采用单元集装存储、建立快速分拣系统等，都有利于实现快进快出、大进大出。

（7）采取多种经营，盘活资产。仓储设施和设备的巨大投入，只有在得到充分利用的情况下才能获得收益，如果不能投入使用或者只是低效率使用，只会造成成本的加大。仓储企业应及时决策，采取出租、借用、出售等多种经营方式盘活这些资产，提高资产设备的利用率。

（8）加强劳动管理。工资是仓储成本的重要组成部分，劳动力的合理使用，是控制工资水平的基本原则。我国是具有劳动力成本优势的国家，在一定情况下较多使用劳动力是合理的选择。但是对劳动力进行有效管理，避免人浮于事、出工不出力或者效率低下等情况的发生也是成本管理的重要方面。

（9）降低经营管理成本。经营管理成本是企业经营活动和管理活动的费用和成本支出的总和，包括管理费、业务费、交易成本等。加强该类成本管理，减少不必要的支出，也能实现成本降低。当然,经营管理成本费用的支出经常不能产生直接的收益和回报,但也不能完全取消,因此加强管理是很有必要的。

方案设计任务书

方案设计任务书	
子项目名称	电商物流中心综合作业优化方案设计与实施(单人作业)
任务描述	借助 IELS 虚拟运营软件,通过完成商品的采购、入库、补货、盘点等作业以及订单拣选出库作业,达到熟练掌握优化电商物流中心作业流程的目的
任务成果	电商物流中心综合作业设计方案 IELS 虚拟运营软件操作规范正确
模拟训练内容	上海百蝶电商物流中心近期对部分商品进行促销活动,商品的库存数量大大增加,客户订单数量也大幅增长。2018 年 11 月 1 日 21:00,上海百蝶电商物流中心仓储部接到采购部门商品入库单(见表 1),2018 年 10 月 30 日采购的商品将在次日到货。 2018 年 11 月 2 日 8:00,由于近期的促销活动,部分商品的销售数量较多,商品流动性较大。已知【休闲食品】类商品在 2018 年 10 月 10 日进行了统一盘点和采购,为保证仓储作业的正常进行,仓库管理员决定对【休闲食品】类部分商品进行盘点和采购,盘点单见表 2,订货计划明细见表 3,盘点计划明细和采购计划明细需进行相应分析后才能确定最终的盘点作业明细和采购明细;与此同时,仓储部还接收到一批客户订单(见表 4),查询库存可知,商品【乐事无限薯片】拣选区库存不足,为保证出库订单的正常出库,应对其进行补货,然后完成出库作业。商品【乐事无限薯片】的相关信息见表 5 2018 年 11 月 2 日 8:30,仓储管理员先对到货商品的验收入库,再进行盘点作业,然后完成采购入库商品的验收入库,最后完成客户订单的出库任务。作为电商物流中心的管理员,请你负责组织和完成所有的电商仓储任务

表 1 入库单

入库单					
货主:上海百蝶电商物流中心			采购类型:直接采购		
供应商:可口饮品有限责任公司			预计收货日期:2018 年 11 月 2 日		
商品编码	商品名称	包装代码	预计数量	入库月台	入库货位
6921311191987	康师傅茉莉蜜茶	1-1-36	36	R01	H010202

表 2 盘点单

编号	商品编码	商品名称
1	6901803 13888	嘉士利威化饼(椰味)
2	6921299762032	旺仔 QQ 糖 23g 橡皮糖

表 3 订货计划明细

订货计划明细						
货主:上海百蝶电商物流中心			承运商:上海百蝶货运有限公司			
供应商:上佳佳食品有限责任公司			采购类型:直接采购			
商品编码	商品名称	年需求量/件	日需求量标准差/件	次订货成本/元	年存储费用/元	采购提前期/天
6901180313888	嘉士利威化饼(椰味)	14000	10.16	35	2	3
6921299762032	旺仔 QQ 糖 23g 橡皮糖	3700	14.77	35	2	3
6901180313888	嘉士利威化饼(椰味)	14000	10.16	35	2	3

(续)

方案设计任务书

<table>
<tr><td rowspan="50">模拟训练内容</td><td colspan="4" align="center">表4 出库订单</td></tr>
<tr><td colspan="4" align="center">订单1</td></tr>
<tr><td colspan="2">客户编码：CUS17061477</td><td colspan="2">客户昵称：人生</td></tr>
<tr><td colspan="2">收货人：李燕</td><td colspan="2">收货地址：浦东区芳甸路36号</td></tr>
<tr><td>编号</td><td>商品编码</td><td>商品名称</td><td>数量/件</td></tr>
<tr><td>1</td><td>6901180313888</td><td>嘉士利威化饼（椰味）</td><td>2</td></tr>
<tr><td>2</td><td>6901180980783</td><td>嘉士利香薄趣芝麻薄脆饼干</td><td>1</td></tr>
<tr><td>3</td><td>6924743915763</td><td>乐事无限薯片</td><td>3</td></tr>
<tr><td colspan="4">备注：</td></tr>
<tr><td colspan="4" align="center">订单2</td></tr>
<tr><td colspan="2">客户编码：CUS17050755</td><td colspan="2">客户昵称：海青</td></tr>
<tr><td colspan="2">收货人：柴海青</td><td colspan="2">收货地址：静安区南京西路9号</td></tr>
<tr><td>编号</td><td>商品编码</td><td>商品名称</td><td>数量/件</td></tr>
<tr><td>1</td><td>6901180313888</td><td>嘉士利威化饼（椰味）</td><td>1</td></tr>
<tr><td>2</td><td>6901180980783</td><td>嘉士利香薄趣芝麻薄脆饼干</td><td>2</td></tr>
<tr><td>3</td><td>6928802461505</td><td>顾大嫂重庆酸辣粉</td><td>4</td></tr>
<tr><td>4</td><td>6901586103809</td><td>威猛先生厨房多用清洁剂</td><td>1</td></tr>
<tr><td>5</td><td>6908512208645</td><td>可口可乐</td><td>1</td></tr>
<tr><td colspan="4">备注：</td></tr>
<tr><td colspan="4" align="center">订单3</td></tr>
<tr><td colspan="2">客户编码：CUS17022777</td><td colspan="2">客户昵称：喵咪</td></tr>
<tr><td colspan="2">收货人：李娅</td><td colspan="2">收货地址：浦东区民生路23号</td></tr>
<tr><td>编号</td><td>商品编码</td><td>商品名称</td><td>数量/件</td></tr>
<tr><td>1</td><td>6901180313888</td><td>嘉士利威化饼（椰味）</td><td>2</td></tr>
<tr><td>2</td><td>6920907808599</td><td>好丽友呀！土豆薯条【番茄酱味】</td><td>1</td></tr>
<tr><td colspan="4">备注：</td></tr>
<tr><td colspan="4" align="center">订单4</td></tr>
<tr><td colspan="2">客户编码：CUS17010411</td><td colspan="2">客户昵称：胤子涵</td></tr>
<tr><td colspan="2">收货人：陈莉</td><td colspan="2">收货地址：宝山区密山路1号</td></tr>
<tr><td>编号</td><td>商品编码</td><td>商品名称</td><td>数量/件</td></tr>
<tr><td>1</td><td>6902934990362</td><td>喜之郎什锦果肉果冻</td><td>2</td></tr>
<tr><td>2</td><td>6928802461505</td><td>顾大嫂重庆酸辣粉</td><td>1</td></tr>
<tr><td>3</td><td>6901586103809</td><td>威猛先生厨房多用清洁剂</td><td>1</td></tr>
<tr><td>4</td><td>6908512208645</td><td>可口可乐</td><td>1</td></tr>
<tr><td colspan="4">备注：</td></tr>
<tr><td colspan="4" align="center">订单5</td></tr>
<tr><td colspan="2">客户编码：CUS17032692</td><td colspan="2">客户昵称：bd86320663</td></tr>
<tr><td colspan="2">收货人：宁叔芸</td><td colspan="2">收货地址：浦东区樱花路36号</td></tr>
<tr><td>编号</td><td>商品编码</td><td>商品名称</td><td>数量/件</td></tr>
<tr><td>1</td><td>6901180313888</td><td>嘉士利威化饼（椰味）</td><td>6</td></tr>
<tr><td>2</td><td>6901180980783</td><td>嘉士利香薄趣芝麻薄脆饼干</td><td>2</td></tr>
<tr><td>3</td><td>6920907808599</td><td>好丽友呀！土豆薯条【番茄酱味】</td><td>2</td></tr>
<tr><td>4</td><td>6908512208645</td><td>可口可乐</td><td>1</td></tr>
<tr><td colspan="4">备注：</td></tr>
</table>

(续)

方案设计任务书

<table>
<tr><td colspan="5" align="center">订单 6</td></tr>
<tr><td colspan="2">客户编码：CUS17060621</td><td colspan="3">客户昵称：熊灵耀</td></tr>
<tr><td colspan="2">收货人：熊灵耀</td><td colspan="3">收货地址：闵行区莘凌路 48 号</td></tr>
<tr><td>编号</td><td>商品编码</td><td colspan="2">商品名称</td><td>数量 / 件</td></tr>
<tr><td>1</td><td>6924743915763</td><td colspan="2">乐事无限薯片</td><td>3</td></tr>
<tr><td colspan="5">备注：</td></tr>
<tr><td colspan="5" align="center">订单 7</td></tr>
<tr><td colspan="2">客户编码：CUS17111702</td><td colspan="3">客户昵称：bd14508210</td></tr>
<tr><td colspan="2">收货人：何涪奋</td><td colspan="3">收货地址：浦东区杨南高路 15 号</td></tr>
<tr><td>编号</td><td>商品编码</td><td colspan="2">商品名称</td><td>数量 / 件</td></tr>
<tr><td>1</td><td>6901180313888</td><td colspan="2">嘉士利威化饼（椰味）</td><td>3</td></tr>
<tr><td>2</td><td>6901180980783</td><td colspan="2">嘉士利香薄趣芝麻薄脆饼干</td><td>5</td></tr>
<tr><td>3</td><td>6920907808599</td><td colspan="2">好丽友呀！土豆薯条【番茄酱味】</td><td>1</td></tr>
<tr><td>4</td><td>4893055310134</td><td colspan="2">益而高套装订书机</td><td>2</td></tr>
<tr><td>5</td><td>6934896839458</td><td colspan="2">得力中性笔（12 支）</td><td>3</td></tr>
<tr><td colspan="5">备注：</td></tr>
<tr><td colspan="5" align="center">订单 8</td></tr>
<tr><td colspan="2">客户编码：CUS17040825</td><td colspan="3">客户昵称：bd52239623</td></tr>
<tr><td colspan="2">收货人：赵少楚</td><td colspan="3">收货地址：松江区嘉松南路 154 号</td></tr>
<tr><td>编号</td><td>商品编码</td><td colspan="2">商品名称</td><td>数量 / 件</td></tr>
<tr><td>1</td><td>6902934990362</td><td colspan="2">喜之郎什锦果肉果冻</td><td>2</td></tr>
<tr><td>2</td><td>6928802461505</td><td colspan="2">顾大嫂重庆酸辣粉</td><td>3</td></tr>
<tr><td>3</td><td>6901586103809</td><td colspan="2">威猛先生厨房多用清洁剂</td><td>2</td></tr>
<tr><td>4</td><td>6908512208645</td><td colspan="2">可口可乐</td><td>1</td></tr>
<tr><td colspan="5">备注：</td></tr>
</table>

表 5　补货商品信息

商品编码	商品名称	年需求量 / 件	日需求量标准差 / 件	次补货成本 / 元	年存储费用 / 元
6924743915763	乐事无限薯片	3400	6.65	0.25	3

任务要求：

1. 根据 WMS 系统导出的【历史有效订单】，对【休闲食品】类商品进行 ABC 分类
2. 根据盘点明细单确定商品的盘点明细
3. 根据【休闲食品】类商品 ABC 分类结果，确定订货计划明细商品的采购方式，并制订详细的采购计划
4. 假设商品在促销期间采购会立即到货，根据入库商品的属性和库存管理方式，安排入库车辆的停靠月台，对商品进行验收、堆码设计和上架储位安排
5. 根据商品属性、库存信息，采用经济订货批量的计算方式确定补货数量，已知补货提前期为 0.25 天，补货商品的库存可得率为 99%
6. 通过查询商品属性可知，补货商品为小件商品，对其进行商品相关性分析
7. 制订补货计划（包括源库位、补货站台和目标库位等）
8. 对出库订单进行分析，选择合适的拣货方式、拣选策略，制订详细的出库作业计划
9. 本次作业模拟了电商物流中心的运作情景，其中需要处理的作业包括订货、入库、出库、补货、盘库等内容。根据以上设计的结果，按照时间先后顺序和作业内容将作业的内容编制成作业进度计划表，并用甘特图体现作业进度计划和优化实施过程的内容
10. 在明确了本次作业内容和计划的基础上，对本次作业任务的成本进行预算，包括作业过程中可能发生的各种费用项目及相应的预算金额

(续)

方案设计任务书

上海百蝶电商物流中心近期对部分商品进行促销活动,商品的库存数量大大增加,客户订单数量也突飞猛进。2018 年 11 月 1 日 21:00,上海百蝶电商物流中心仓储部接到采购部门商品入库单(见表 1),2018 年 10 月 30 日采购的商品将在次日到货

2018 年 11 月 2 日 8:00,由于近期的促销活动,部分商品的销售数量较多,商品流动性较大。已知【文化用品】类商品在 2018 年 10 月 10 日进行了统一盘点和采购,为保证仓储作业的正常进行,仓库管理员决定对【文化用品】类部分商品进行盘点和采购,盘点单见表 2,订货计划明细见表 3,盘点计划明细和采购计划明细需进行相应分析后才能确定最终的盘点作业明细和采购明细;与此同时,仓储部还接收到一批客户订单(见表 4),查询库存可知,商品【天乐文具盒(颜色随机)】拣选区库存不足,为保证出库订单的正常出库,应对其进行补货,然后完成出库作业。商品【天乐文具盒(颜色随机)】的相关信息见表 5

2018 年 11 月 2 日 8:30,仓储管理员先对到货商品的验收入库,再进行盘点作业,然后完成采购入库商品的验收入库,最后完成客户订单的出库任务。作为电商物流中心的管理员,请你负责组织和完成所有的电商仓储任务

强化训练内容

表 1 入库单

入库单						
货主:上海百蝶电商物流中心				采购类型:直接采购		
供应商:海迪尔电器有限责任公司				预计收货日期:2018 年 11 月 2 日		
商品编码	商品名称		包装代码	预计数量	入库月台	入库货位
6922208400854	九阳豆浆机 JYDZ-16M		1-1-60	60	R01	H010103

表 2 盘点单

编号	商品编码	商品名称
1	6921734900128	得力 12 号订书钉 0012
2	6959276100454	儿童益智电动玩具轨道玩具车
3	6950023200847	得力彩色回形针 0038

表 3 订货计划明细

订货计划明细					
货主:上海百蝶电商物流中心			承运商:上海百蝶货运有限公司		
供应商:真晨文化用品有限责任公司			采购类型:直接采购		
商品编码	商品名称	年需求量/件	日需求量标准差/件	次订货成本/元	年存储费用/元	采购提前期/天
6921734900128	得力 12 号订书钉 0012	10500	14.6	36	2	2
6959276100454	儿童益智电动玩具轨道玩具车	2700	7.5	36	2	2
6950023200847	得力彩色回形针 0038	160	2.64	36	2	2

表 4 出库订单

订单 1			
客户编码:CUS17062645			客户昵称:bd01102812
收货人:陈启			收货地址:静安区愚园东路 1 号
编号	商品编码	商品名称	数量/件
1	4893055310134	益而高套装订书机	1
2	6934896801684	天乐文具盒(颜色随机)	1
3	6901668062499	趣多多香浓巧克力味香脆曲奇	2
4	6918598028013	波力海苔原味	4
备注:			

(续)

方案设计任务书

强化训练内容

订单 2

客户编码：CUS17040291　　　　客户昵称：bd32221742
收货人：石旺圣　　　　　　　　收货地址：虹口区翔殷路 23 号

编号	商品编码	商品名称	数量/件
1	6905183000479	威士雅壮骨粉	1
2	6925560900444	雅洁皂盒	4
3	6927462220095	金锣 台式原味小烤肠 肉粒多	1

备注：

订单 3

客户编码：CUS17032230　　　　客户昵称：bd92302672
收货人：张彦云　　　　　　　　收货地址：金山区新东路 48 号

编号	商品编码	商品名称	数量/件
1	4893055310134	益而高套装订书机	2
2	6934896801684	天乐文具盒（颜色随机）	1

备注：

订单 4

客户编码：CUS17111325　　　　客户昵称：bd70574236
收货人：简迎莉　　　　　　　　收货地址：金山区康兴路 3 号

编号	商品编码	商品名称	数量/件
1	6901668062499	趣多多 香浓巧克力味香脆曲奇	3
2	6925560900444	雅洁皂盒	1

备注：

订单 5

客户编码：CUS17022123　　　　客户昵称：bd76402503
收货人：倪纹珊　　　　　　　　收货地址：闵行区莘东路 48 号

编号	商品编码	商品名称	数量/件
1	6934896839458	得力中性笔（12 支）	3
2	901894121052	白猫经典配方洗洁精	3

备注：

订单 6

客户编码：CUS17021110　　　　客户昵称：bd72326506
收货人：杨奥　　　　　　　　　收货地址：青浦区章浜路 26 号

编号	商品编码	商品名称	数量/件
1	6922208400854	九阳豆浆机 JYDZ-16M	1
2	6903244984102	心相印面巾纸 400 张	1
3	6922868286850	心相印优选手帕纸 C1910	1
4	6922868286867	心相印优选手帕纸 C2110	4
5	6902022130861	蓝月亮洗手液	1

备注：

订单 7

客户编码：CUS17080605　　　　客户昵称：bd59120902
收货人：何刚　　　　　　　　　收货地址：奉贤区木行东路 71 号

编号	商品编码	商品名称	数量/件
1	6934896839458	得力中性笔（12 支）	2
2	6901894121052	白猫经典配方洗洁精	3
3	6901404321200	上海药皂	3

备注：

(续)

方案设计任务书

强化训练内容	订单 8

客户编码：CUS17090436		客户昵称：bd48054990	
收货人：成昀澄		收货地址：奉贤区欢乐路 27 号	
编号	商品编码	商品名称	数量 / 件
1	6903244984102	心相印面巾纸 400 张	1
2	6934896839458	得力中性笔（12 支）	2
备注：			

表 5 补货商品信息

商品编码	商品名称	年需求量 / 件	日需求量标准差 / 件	次补货成本 / 元	年存储费用 / 元
6934896801684	天乐文具盒（颜色随机）	8000	16.8	0.25	1.6

任务要求：
1. 根据 WMS 系统导出的【历史有效订单】，对【文化用品】类商品进行 ABC 分类
2. 根据盘点明细单确定商品的盘点明细
3. 根据【文化用品】类商品 ABC 分类结果，确定订货计划明细商品的采购方式，并制订详细的采购计划
4. 假设商品在促销期间采购会立即到货，根据入库商品的属性和库存管理方式，安排入库车辆的停靠月台，对商品进行验收、堆码设计和上架储位安排
5. 根据商品属性、库存信息，采用经济订货批量的计算方式确定补货数量，已知补货提前期为 0.25 天，补货商品的库存可得率为 99%
6. 通过查询商品属性可知，补货商品为小件商品，对其进行商品相关性分析
7. 制订补货计划（包括源库位、补货站台和目标库位等）
8. 对出库订单进行分析，选择合适的拣货方式、拣选策略，制订详细的出库作业计划
9. 本次作业模拟了电商物流中心的运作情景，其中需要处理的作业包括订货、入库、出库、补货、盘库等内容。根据以上设计的结果，按照时间先后顺序和作业内容将作业的内容编制成作业进度计划表，并用甘特图体现作业进度计划和优化实施过程的内容
10. 在明确了本次作业内容和计划的基础上，对本次作业任务的成本进行预算，包括作业过程中可能发生的各种费用项目及相应的预算金额

子项目方案设计任务书

针对教学任务书中给出的模拟训练数据和强化训练任务数据，学生首先在课堂中和教师一起学习电商物流中心综合作业优化的各个理论知识点，学习方案设计的流程和优化要点，熟悉 IELS 虚拟运营软件的操作方法和流程，然后根据教师的课堂演示进行模拟练习，最后结合知识链接中的相关知识、管理技能、方案设计模板和强化训练任务数据进行优化方案设计

任务总结

学生在完成电商物流中心综合作业优化方案设计任务后，要根据方案设计过程中对订单处理、进货、装卸搬运、储存、盘点、补货、拣货、打包、装车等作业环节及其流程优化时遇到的困惑进行反思和总结，撰写个人总结报告，以便总结经验教训，举一反三。最后提交个人总结报告和电商物流中心综合作业优化方案。教师对学生提交的设计方案和个人总结报告给出评价，并作为学生过程性考核成绩的一部分。

任务二　电商物流中心综合作业优化方案实施（单人）

技能链接

一、作业进度计划

作业进度计划主要包括作业进度计划表和作业进度计划甘特图两部分内容。

1. 编制作业进度计划表

根据综合作业任务要求，并结合作业者的操作熟练程度编制货物入库作业、盘点作业、补货作业及出库作业进度计划表。下面以入库作业为例，编制入库作业进度计划表，见表2-1-1。

表2-1-1　入库作业进度计划表

任务	开始时间	持续时间	完成时间	操作人员
进入WMS，制订入库计划	08:00:00	00:02:00	08:02:00	制单员
签收送货单1	08:02:00	00:00:15	08:02:15	管理员
开启RFID门禁（收货单1）	08:02:15	00:00:15	08:0:30	理货员
手动液压搬运车收货	08:03:30	00:00:45	08:04:15	理货员
码盘	08:04:15	00:02:00	08:06:15	理货员
将码盘后的商品搬运至待入库区	08:06:15	00:00:30	08:06:45	理货员
手动液压搬运车归位	08:06:45	00:00:15	08:07:00	理货员
叉车自动入库（叉车自动完成）	08:07:00	00:02:00	08:09:00	—
RFID门禁确认入库完成（收货单1）	08:09:00	00:00:30	08:09:30	管理员
签字回单（收货单1）	08:09:30	00:00:30	08:10:00	管理员

2. 绘制作业进度计划甘特图

依据作业进度计划表绘制作业进度计划甘特图。下面以入库作业为例，绘制入库作业进度计划甘特图，如图2-1-2所示。

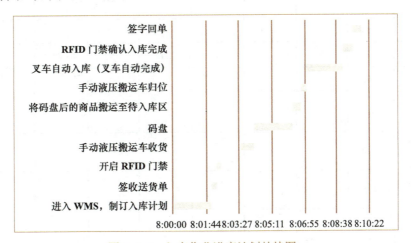

图2-1-2　入库作业进度计划甘特图

二、作业成本预算

根据综合作业任务要求,对货物入库作业、盘点作业、补货作业及出库作业进行成本核算,包括作业过程中可能发生的各种费用项目及相应的金额,并编制作业成本预算表。在此以单人作业为例,分别计算不同类型的成本,然后计算综合成本,见表2-1-2和表2-1-3。

表2-1-2 分类成本预算表

分拣系统运行成本									
科目名称	成本值	盘点时间	盘点成本	入库时间	入库成本	补货时间	补货成本	出库时间	出库成本
RFID门禁	1.00			16	16.00				
拣选站台	1.00							6.00	6.00
大件打包站台	1.00							6.00	6.00
小件打包站台	1.00							10.00	10.00
补货站台	1.00	2	2.00			2.00	2.00		
合计			2.00		16.00		2.00		22.00
按时计费设备成本									
科目名称	成本值	盘点时间	盘点成本	入库时间	入库成本	补货时间	补货成本	出库时间	出库成本
动力分拣线	1.00							9	9.00
手动叉车	1.00			4.5	4.50				
自动叉车	1.00	10	10.00	12	12.00	4	4.00		
无人搬运机器人	1.00	3	3.00			4	4.00	28	28.00
合计			13.00		16.50		8.00		37.00
按次计费设备成本									
科目名称	成本值	盘点次数	盘点成本	入库次数	入库成本	补货次数	补货成本	出库次数	出库成本
移动货架	1.00	1	1.00			2	2.00	4	4.00
播种货架	1.20							2	2.40
单层货架	0.80	1	0.80					1	0.80
托盘	1.00	5	5.00	2	2.00	1	1.00	1	1.00
周转箱	1.00							8	8.00
打包按纸箱计费(Z1)	0.15								
打包按纸箱计费(Z2)	0.20							1	0.20
打包按纸箱计费(Z3)	0.25							7	1.75
打包按纸箱计费(Z4)	0.30								

（续）

		按次计费设备成本						
打包按纸箱计费（Z5）	0.35							
打印单据按次计费（打印纸张）	0.10						8	0.80
打印纸按次计费（打印标签）	0.20						12	2.40
合计		6.80		2.00		3.00		21.35
		作业人员计时成本						
科目名称	成本值	盘点时间	盘点成本	入库时间	入库成本	补货时间	补货成本	出库时间	出库成本
储运主管	0.3								
管理员	0.3			3.75	1.13				
制单员	0.3	1	0.3	3	0.90	1	0.30	4	1.20
理货员	0.3			11	3.30				
补货员	0.3					1	0.30		
配货员	0.3							4	1.20
复核打包员	0.3							6	1.80
盘点员	0.3	2	0.6						
搬运工	0.3							4	1.20
合计		0.90		5.33		0.60		5.40	

表 2-1-3　综合成本预算表

成本类型	仓储作业成本				合　计
	盘点成本	入库成本	补货成本	出库成本	
分拣系统运行成本	2.00	16.00	2.00	22.00	42.00
按时计费设备成本	13.00	16.50	8.00	37.00	74.50
按次计费设备成本	6.80	2.00	3.00	21.35	33.15
作业人员计时成本	0.9	5.33	0.60	5.40	12.23
合计	22.70	39.83	13.60	85.75	161.88

方案实施指导书

一、任务选择

依据商品历史有效订单表中的品项与数量，运用 ABC 分类法对商品进行分析，通过查询和计算，设计方案的入库计划（见表 2-1-4）、补货计划（见表 2-1-5）和盘点计划（见表 2-1-6）。

表 2-1-4　入库计划

货主：上海百蝶电商物流中心　　　　订单日期：2019 年 6 月 17 日
供应商：宝洁百货用品有限责任公司　　预到日期：2019 年 6 月 18 日

货物编码	货物名称	单　位	数量/件	库位计划	站台计划
6912003003121	天堂伞（吉祥如意）312E	件	750	H471201	R02
6907861049510	彩虹蚊香片（柠檬）	件	240	H510101	R03

表 2-1-5 补货计划

序 号	物料代码	货物名称	源库位	目标库位	补货数量
1	6902022130861	蓝月亮洗手液	H061203	M060802	24 件

表 2-1-6 盘点计划

序 号	物料代码	货物名称	存储库区	库位编码	数量/件	站 台
1	6912003003121	天堂伞（吉祥如意）312E	小件区	M030102	50	RS01
2	6926859298501	ventry 乳胶枕	整货区	H090502	10	RS01
3	6926859298501	ventry 乳胶枕	整货区	H150801	10	RS01
4	6926859298501	ventry 乳胶枕	整货区	H030701	10	RS01
5	6926859298501	ventry 乳胶枕	整货区	H110702	10	RS01
6	6926859298501	ventry 乳胶枕	大件区	D040801	7	RS01

在【课程内容】中选择【项目二 电商物流中心综合作业优化方案设计与实施】→【子项目一 电商物流中心综合作业优化方案设计与实施（单人作业）】→【任务二 电商物流中心综合作业优化方案实施】，在界面右侧单击选择【电商物流中心综合作业优化方案实施（教师演示）】，单击【进入任务】，任务角色选择【制单员】，单击【确定】后进入 3D 仿真场景，如图 2-1-3 所示。

图 2-1-3 选择任务

二、数据导出

1. 按 <ALT> 键进入计算机桌面，单击【管理信息系统】图标，如图 2-1-4 所示。

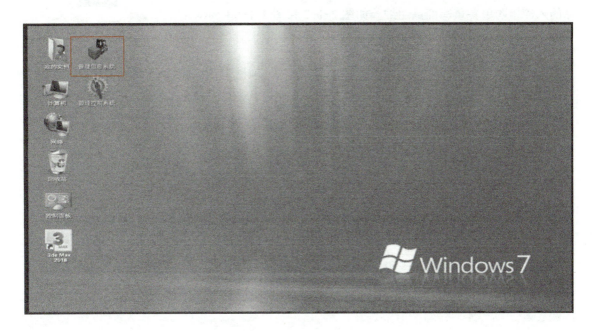

图 2-1-4　管理信息系统

2. 选择【仓库信息管理】→【历史有效订单】，单击【导出】，将导出成功的 EXCEL 表格存放于桌面，如图 2-1-5 和图 2-1-6 所示。

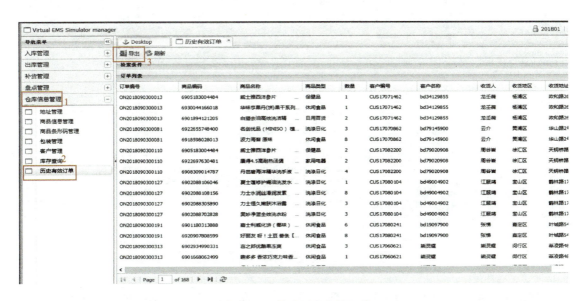

图 2-1-5　导出历史有效订单

三、入库作业

1. 选择【入库管理】→【采购申请】，单击【新增】，新增商品的入库申购单并填写商品明细，如图2-1-7和图2-1-8所示。

图 2-1-6　历史有效订单

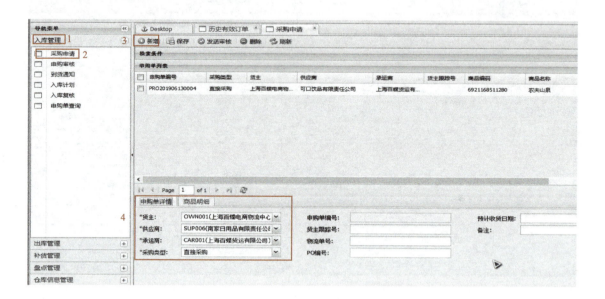

图 2-1-7　新增入库申购单（天堂伞）

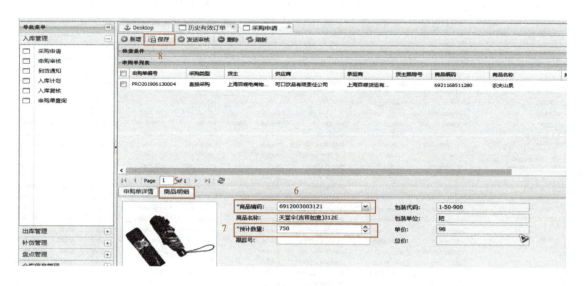

图 2-1-8　填写商品明细（天堂伞）

单击【新增】，使用相同的操作新增另一个商品的入库申购单并填写商品明细，如图2-1-9和图2-1-10所示。

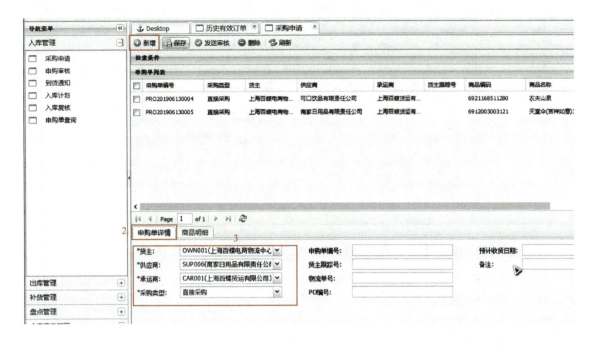

图 2-1-9　新增入库申购单（蚊香片）

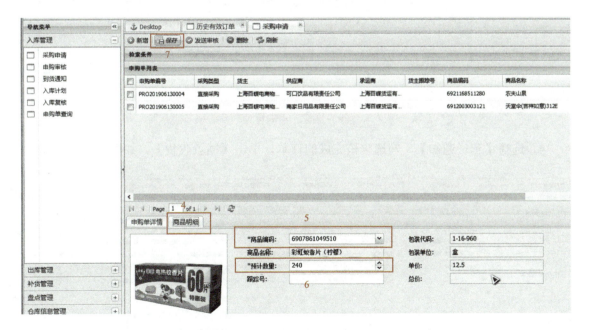

图 2-1-10　填写商品明细（蚊香片）

2. 对新增的入库申购单进行采购申请，如图 2-1-11 所示。

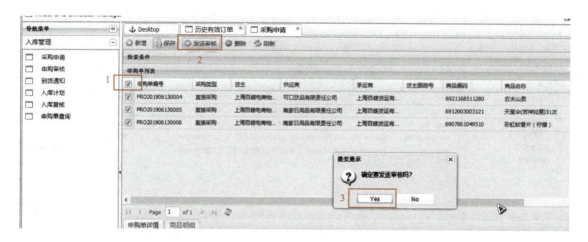

图 2-1-11 采购申请

3. 选择【申购审核】，勾选未审核的订单，单击【审核】，如图 2-1-12 所示。

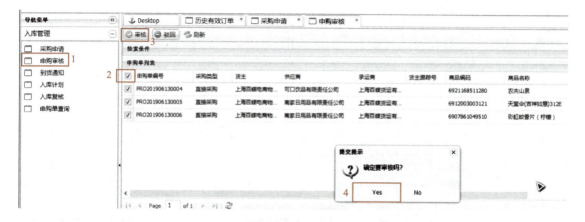

图 2-1-12 申购审核

4. 选择【到货通知】，勾选审核完成的订单，单击【同意收货】，如图 2-1-13 所示。

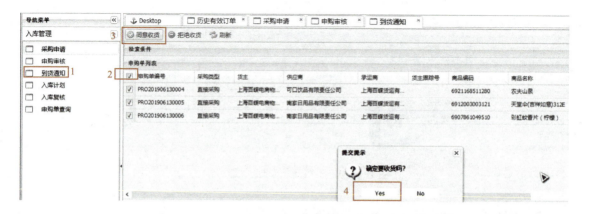

图 2-1-13 同意收货

5．选择【入库计划】，对入库单进行自动计划和手动计划。

（1）对【农夫山泉】进行自动计划，如图 2-1-14 所示。

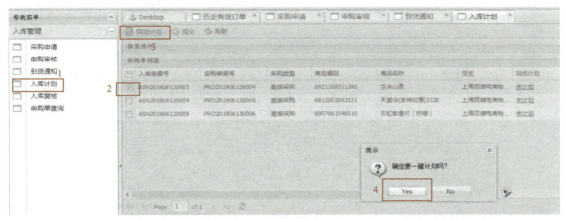

图 2-1-14　自动计划

（2）对【天堂伞（吉祥如意）312E】商品进行手动计划，为其选择入库站台和入库货位，如图 2-1-15 至图 2-1-18 所示。

图 2-1-15　站台计划（天堂伞）

图 2-1-16　选择站台（天堂伞）

图 2-1-17　货位计划（天堂伞）

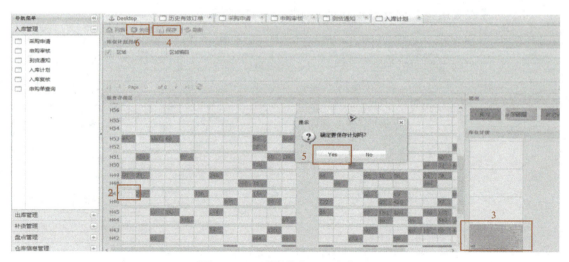

图 2-1-18 选择货位（天堂伞）

（3）对【彩虹蚊香片（柠檬）】商品进行手动计划，为其选择入库站台和入库货位，如图 2-1-19 至图 2-1-22 所示。

图 2-1-19 站台计划（蚊香片）

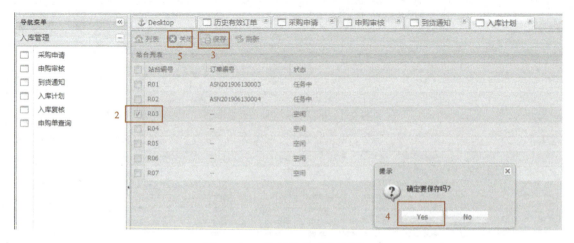

图 2-1-20 选择站台（蚊香片）

图 2-1-21　货位计划（蚊香片）

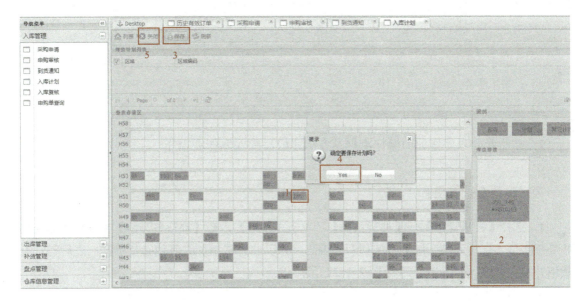

图 2-1-22　选择货位（蚊香片）

（4）勾选入库单，单击【提交】并确定，如图 2-1-23 所示。

图 2-1-23　提交入库计划

6. 选择【入库复核】，勾选入库单，单击【复核】，如图2-1-24所示。

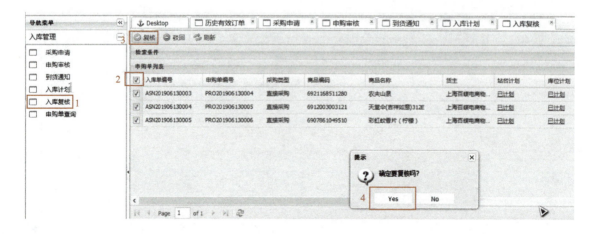

图2-1-24　入库复核

7. 按照前面入库作业的操作流程及方法完成后续入库作业操作。

四、补货作业

1. 选择【补货管理】→【补货预报】，单击【新增】，在【补货单详情】栏选择商品类型和补货类型，在【商品明细】栏选择商品编码，并以此方法增加完其他补货单据，之后勾选补货单并发送审核，如图2-1-25至图2-1-27所示。

图2-1-25　新增补货单详情

图 2-1-26 新增补货商品明细

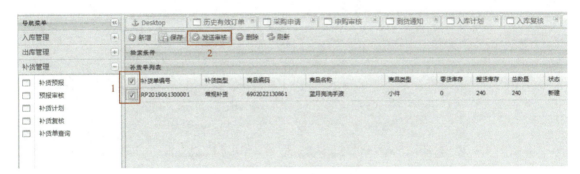

图 2-1-27 补货单发送审核

2．选择【预报审核】，勾选补货单，单击【审核】，如图 2-1-28 所示。

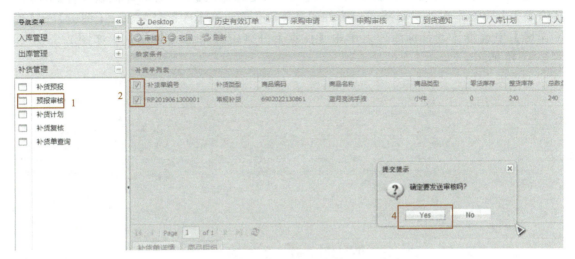

图 2-1-28 预报审核

3．选择【补货计划】，选择"手动计划"方式对补货作业进行计划。

（1）单击【未计划】（源库位），修改【箱数】为计划箱数（1箱），单击【保存】并确定后单击【关闭】，如图2-1-29和图2-1-30所示。

图2-1-29　设置源库位计划

图2-1-30　设置补货箱数

（2）单击【未计划】（目标库位），选择对应【源库位】，在【商品检索库存】的【商品编码】中检索本次补货商品的相关性商品库存信息，在【库区信息】→【图例】→【库位详情】中选择计划目标库位，单击【保存】并确定后单击【关闭】，如图2-1-31和图2-1-32所示。

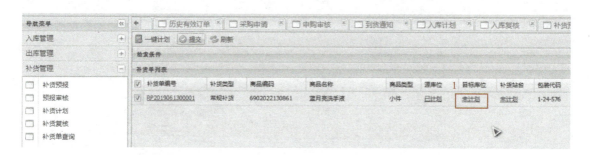

图2-1-31　设置目标库位计划

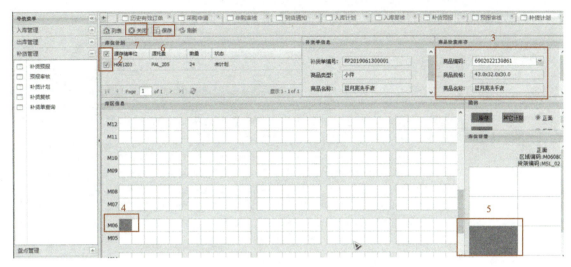

图 2-1-32　选择库位

(3)单击【未计划】(补货站台),勾选计划的补货站台,单击【保存】并确定后单击【关闭】,如图 2-1-33 和图 2-1-34 所示。

图 2-1-33　设置补货站台计划

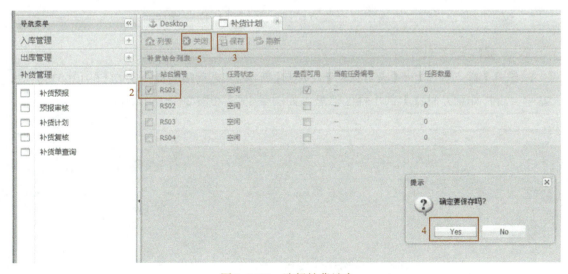

图 2-1-34　选择补货站台

(4)勾选计划完成的补货单,单击【提交】并确认,如图2-1-35所示。

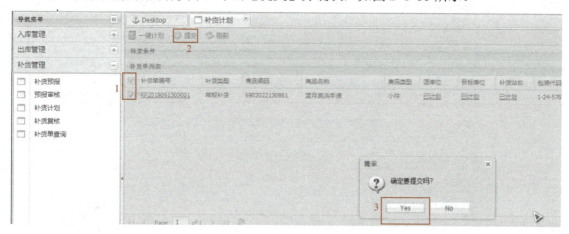

图2-1-35 提交计划

4.选择【补货复核】,勾选补货单,单击【复核】,如图2-1-36所示。

图2-1-36 补货复核

5.按照前面补货作业的操作流程及方法完成后续补货作业操作。

五、盘点作业

1.选择【盘点管理】→【盘点计划】,单击【新增】,之后填写盘点货物【6912003003121天堂伞(吉祥如意)312E】的小件区信息,如图2-1-37和图2-1-38所示。

图2-1-37 新增单据

图 2-1-38　填写盘点信息

2．以此方法添加完成【6926859298501 ventry 乳胶枕】整货区和大件区的盘点信息，之后返回盘点单列表，如图 2-1-39 所示。

图 2-1-39　盘点单列表

3．勾选盘点单，在"盘点站台"下拉菜单中选择盘点站台，单击【计划】→【提交】，完成所有货单的盘点站台计划，如图 2-1-40 所示。

图 2-1-40　选择盘点站台

223

4. 选择【盘点审核】，勾选盘点单，单击【审核】，如图2-1-41所示。

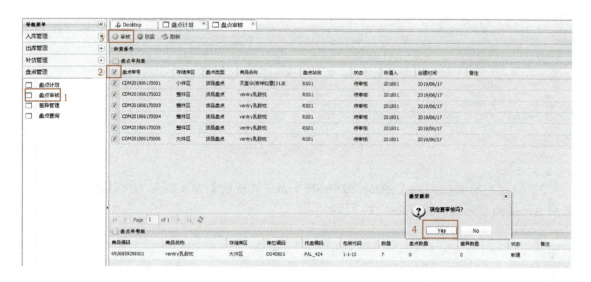

图 2-1-41　盘点审核

5. 按照前面盘点作业的操作流程及方法完成后续盘点作业操作。

六、出库作业

1. 选择【出库管理】→【订单审核】，勾选订单，单击【审核】→【提交】，如图2-1-42所示。

图 2-1-42　订单审核

2. 选择【订单分配】，勾选订单，单击【分配】，如图2-1-43所示；分配完成后，勾选出库单，单击【提交】，如图2-1-44所示。

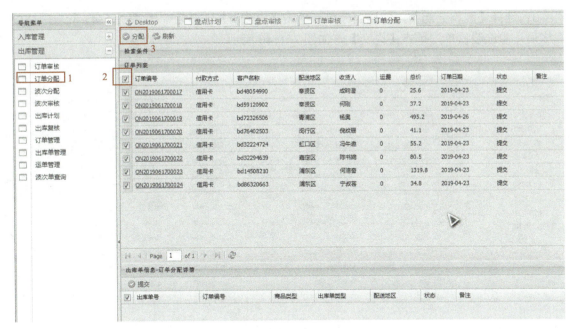

图 2-1-43　订单分配

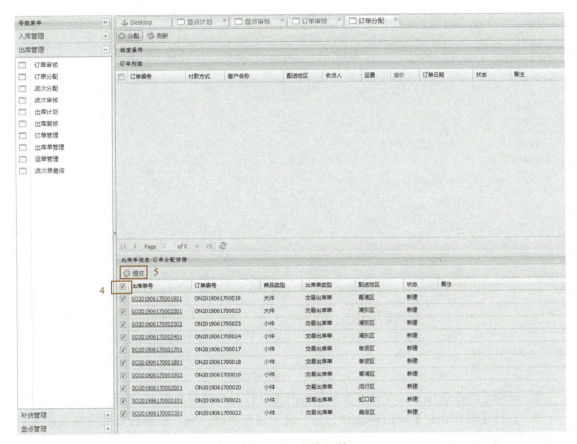

图 2-1-44　提交订单

3．选择【波次分配】，勾选出库单，单击【自动分配波次】，如图 2-1-45 所示；分配完成后，勾选波次单，单击【提交】，如图 2-1-46 所示。

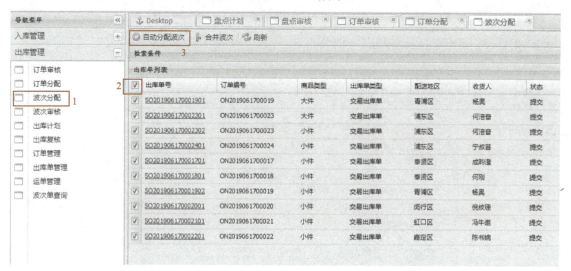

图 2-1-45　波次分配

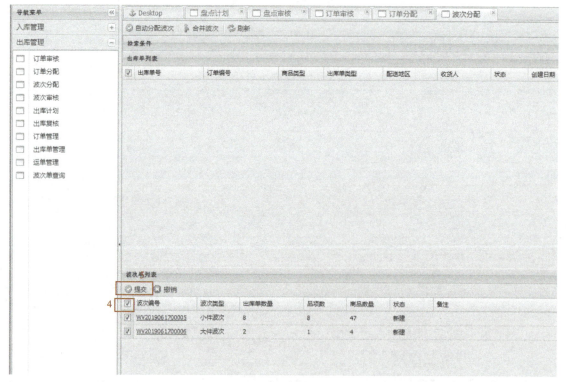

图 2-1-46　提交波次

4．选择【波次审核】，勾选波次单，单击【审核】，如图 2-1-47 所示。

5．选择【出库计划】，出库计划分为一键计划和手动计划，根据课程的方案设计来对出库单进行手动计划。

（1）为小件波次单安排出库计划。单击【未计划】（拣选货位），勾选商品，设置货位计划并选择货位,单击【保存】,如图 2-1-48 和图 2-1-49 所示(本次任务以单种商品货位选择为例说明,其他商品拣选货位选择参照其自行完成)。完成所有的拣选库位选择后单击【未计划】(拣选站台),勾选计划站台,单击【保存】后关闭,如图 2-1-50 和图 2-1-51 所示;单击【未计划】(打包站台),勾选计划站台,单击【保存】后关闭,如图 2-1-52 和图 2-1-53 所示。

图 2-1-47 波次审核

图 2-1-48 设置拣选货位计划(小件)

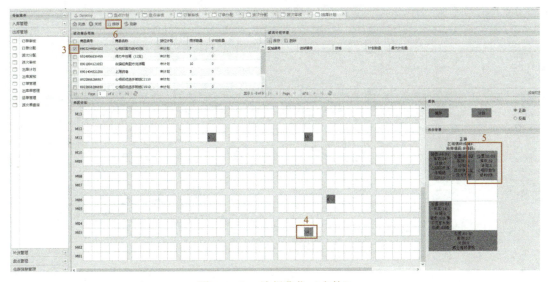

图 2-1-49 选择货位(小件)

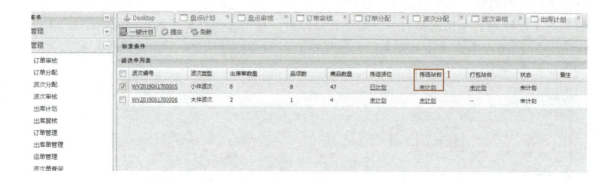

图 2-1-50 设置拣选站台计划（小件）

图 2-1-51 选择拣选站台（小件）

图 2-1-52 设置打包站台计划（小件）

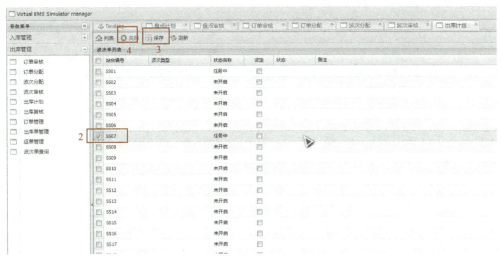

图 2-1-53　选择打包站台（小件）

（2）为大件波次单安排出库计划。单击【未计划】（拣选货位），勾选商品，设置货位计划并选择货位，单击【保存】后关闭，如图 2-1-54 和图 2-1-55 所示；单击【未计划】（拣选站台），勾选计划站台，单击【保存】后关闭，如图 2-1-56 和图 2-1-57 所示。

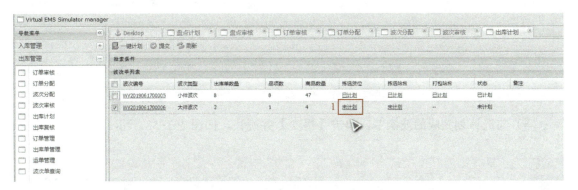

图 2-1-54　设置拣选货位计划（大件）

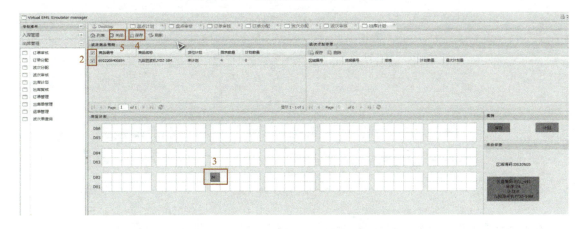

图 2-1-55　选择拣选货位（大件）

图 2-1-56 设置拣选站台计划（大件）

图 2-1-57 选择拣选站台（大件）

（3）勾选计划完成的波次单，单击【提交】并确认，如图 2-1-58 所示。

图 2-1-58 提交波次单

6. 选择【出库复核】，勾选波次单，单击【复核】，如图 2-1-59 所示。

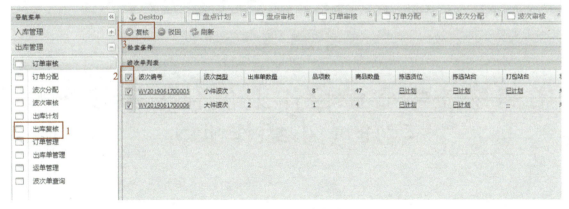

图 2-1-59　出库复核

7. 按照前面出库作业的操作流程及方法完成后续出库作业操作。

任务总结

学生在完成电商物流中心综合作业优化方案实施任务后，要根据方案实施过程中对电商物流中心综合作业各个环节及其流程优化的执行情况及遇到的困惑进行反思和总结，撰写并提交个人总结报告，以便总结经验教训，举一反三。教师对学生的方案实施结果及提交的个人总结报告给出评价，并作为学生过程性考核成绩的一部分。

子项目二
电商物流中心综合作业优化方案设计与实施（小组作业）

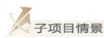

子项目情景

2018年11月9日，上海百蝶电商物流中心进入"双11"大型促销备战状态。在此期间，上海百蝶电商物流中心的业务量会急速增加，达到全年最高点。为保证电商物流中心作业的有序进行，仓储部召开紧急会议，组织和分配相关工作。

在过往几年的"双11"促销活动中，由于订单量的骤增，电商物流中心易出现作业紊乱的情况，主要表现为作业效率下降、作业准确率降低、工作负荷安排不均衡等。员工反映，在过往几年的"双11"促销期间，员工均为定岗工作，每个人负责单一工作，由于各个作业岗位的作业强度和作业时段不同，出现工作强度和时间不均衡的情况，造成作业人员作业时间严重浪费，虽然工作时段加长，但工作效率却没有明显提高。经综合讨论决定，上海百蝶电商物流中心在作业流程优化的基础上，对员工的工作岗位进行重新调整，灵活分配员工工作任务，实现高效协同作业。

2018年11月10日，"双11"活动进入促销阶段，上海百蝶电商物流中心接到大量的客户订单。仓储部经理将部分员工的工作任务分配和部分作业交由你处理，希望你进行合理分工，并给出作业优化方案，并对整个作业流程进行全程实时追踪，从总成本和效率的角度分析作业流程，发现问题并及时改正。作为仓储管理员的你，将会如何安排接下来的工作？

【知识目标】
1. 掌握电商物流中心人员岗位职责。
2. 掌握人员岗位分配的方法。
3. 掌握入库、补货、盘点、出库等作业流程。
4. 掌握电商物流中心作业成本控制的基本方法。

【技能目标】
1. 能够根据项目任务书的要求设计完整的电商物流中心综合作业计划优化方案。
2. 能够根据电商物流中心综合作业计划优化方案的要求制订作业进度计划和作业成本预算。
3. 能够灵活运用IELS虚拟仿真系统完成电商物流中心综合作业计划优化方案的实施。

子项目二　电商物流中心综合作业优化方案设计与实施（小组作业）

> 【素质目标】
> 1. 树立严谨认真的工作态度。
> 2. 培养团结协作的工作精神。

任务一　电商物流中心综合作业优化方案设计（小组）

知识链接

一、仓储组织

组织一般包含两种含义：一种是动词意义上的解释，指有目的、有系统地集合起来，属于管理的一种职能；另一种名词意义上的组织有广义和狭义之分。广义上说，组织是指由诸多要素按照一定方式相互联系起来的系统；狭义上说，组织是指人们为实现一定的目标，互相协作结合而成的集体或团体。

1. 仓储组织定义

从组织的动词意义来看，仓储组织是指按照预定的目标，将仓库作业人员与仓库储存手段有效地结合起来，完成仓储作业过程中各环节的职责，为货物提供良好的存储与流通服务。

2. 仓储组织目标

仓储组织的目标是实现仓储活动"快进、快出、多储存、保管好、费用省"的目标。"快进"是指货物抵达仓储场所时，要以快捷的速度完成货物的接运、验收和入库作业活动；"快出"是指货物出库时，要及时迅速并高效率地完成备货、复核、出库和交货作业活动；"多储存"是指在仓容合理规划的基础上，最大限度地利用有效的储存面积和空间，提高单位面积的储存量和仓储面积利用率；"保管好"是指按照货物的性质和储存条件要求，合理安排储存场所，采取科学的保管方法，使其在保管期间质量完好且数量准确；"费用省"是指在仓库流通与保管过程中，各作业环节应努力节约人力、物力和财力，以最小的仓储成本取得最大的经济效益。

3. 仓储组织原则

为了实现上述目标，在组织仓储作业过程中还要考虑以下三个原则：

（1）保证仓储作业过程的连续性。连续性是指货物在仓储作业流动过程中，在时间上是紧密衔接的、连续的。如货物到库后的卸车、验收、库内搬运、堆码和上架需要紧密衔接；出库时的分拣、复核、包装和待发货环节需要紧密衔接；货物在货位存储的相对静态阶段，要为货物的进出流动做好准备工作等。特别是电商企业的仓库，对作业过程的连续性要求更高，也是提升顾客购物体验的主要影响条件之一，因此要从技术上和组织上采取措施，保证仓储作业过程的连续性。

（2）保证仓储作业过程的协调性。协调性是指仓储作业过程的各个阶段和各个工序之间在人力与物力的配备和时间安排上必须保持适当的比例关系。作业过程的协调性，在很大程度上取决于仓库的平面布局与作业方法的合理性以及各工序间的工作节拍控制。因此，在进行仓库总平面布置时就应注意作业过程的协调性问题，统筹安排，切忌"就布置论布置"。

同时在货物流转的过程中，受订单量的波动、作业技术的改进、工人技术熟练程度的提高等因素的影响，会使作业各环节间的协调关系发生变化，要予以合理修正。

（3）坚持原则性与灵活性相结合。坚持原则性即对制定的工作流程、操作标准及人员配置数量等要素不折不扣地予以执行，杜绝私自更改流程和作业标准的情况发生；同时，一旦遇到异常状况要采取灵活的处理方法，保证作业任务的顺利完成。灵活性的尺度必须由主管人员来把握，禁止员工自作主张的行为。

4．仓储组织活动主要内容

仓储组织活动主要包含以下几个方面的内容：

（1）人员组织。人员组织的基础是作业分工和人员配备。要在合理分工的基础上配备人员，以便发挥各作业人员的技术特长和工作潜力，并处理好分工与协作的关系。正确的分工是人员合理配备的前提，而合理的人员配备又是保证实现作业分工的重要条件。分工一般遵循以下几点要求：根据仓储作业过程中所采用的设备、工具、操作方法及对技术业务熟练程度的要求，把工作内容划分为若干组别，分配给不同技术状态的仓储人员或专门的技术人员来承担；在分工时要保证每个员工在班组内都有足够的工作量，同时还要考虑培养仓储人员一专多能；按照个人单独担当工作的可能性分工，以使每个员工都有明确的责任，消除无人负责的现象，并且便于评价员工的劳动成果。

（2）空间组织。空间组织一方面要正确确定仓储作业路线，避免存储货物在作业过程中的迂回和往返运动，以保证货物在空间运动上的路线最短；另一方面通过仓储作业场地的合理布置，实现仓库空间的有效利用。

（3）时间组织。时间组织是通过对各个环节作业时间的合理安排和衔接，保证作业的连续性，尽可能消除或减少作业过程中的停顿或等待时间。仓储作业的时间安排，主要取决于订单的要求，但仓储作业的各环节是否合理，同样也影响着时间。比如加急订单的处理，各道工序的配合方式直接影响作业时间。当然，仓储作业中的时间组织还与机械化程度、设备能力和工人技术水平等因素有关。作业过程的时间组织是一个很复杂的问题，因此需要综合考虑多个可能的因素。

（4）订单组织。它指在仓储作业过程中对已有订单进行合理的安排与组合，以达到快速完成作业的目的。体现在电商企业仓储作业时特别突出。比如同样的一种商品，订单数量不同，会有全国各地的客户在不同的时间下单，如果该商品的订单不经过整合，可能会出现同一种商品不同的作业人员多次反复取货，造成劳动的低效率。如果对这些订单先进行合并然后再分离就会节约取货的时间与劳动的付出，但不同时间段的订单在出库时间要求上可能会不同，不能进行简单的合单处理，因此如何合理地对订单进行组织是一个技术含量比较高的工作。以上仅就一种商品而言，而现实情况是库内类似情况的商品有成百上千种，这么多的商品组合起来，如何实现最佳的订单处理方式，就是一个更大的难题。

二、仓储经营

（一）仓储经营组织与计划

1．仓储经营组织

仓储经营组织是按照既定的仓储经营目标，有效结合仓储作业人员与仓储作业手段，履行仓储作业各环节的职责，为商品流通提供良好的仓储服务，进而实现仓储经营效益的集体。在仓储经营过程中，应综合考虑各方面的因素，并注意以下几个问题：①保证仓储作业过程的衔接性和合理性；②实现仓储经营的多样化；③充分调动仓储人员的积极性；④建立有利于人才培养的机制与有效的风险防范机制。

2．仓储经营计划

仓储经营计划是仓储经营的重要环节，是指根据市场的需求和企业的仓储能力确定经营目标，预先拟定组织、指挥、调节计划，控制企业各部门、各环节的工作内容和步骤，以达到完成仓储经营任务，实现提高仓储作业经济效益的最终目的。

仓储经营计划是仓储企业经营活动的统筹规划和总体安排，因此要在国家实行的调控政策、市场调查、预测的基础上，结合企业的实际情况，如仓储结构、品种数量、仓储能力、组织结构等来制订。

（二）仓储经营方法

随着各企业购、销、存等经营活动连续不断地进行，商品的储存数量和仓储结构也在不断变化，为了保证仓储趋向合理化，必须采用一些科学的方法，对商品的储存及仓储经营进行有效的动态控制。因此，如何确定科学、先进、有效的仓储经营方法是仓储企业搞好经营管理的关键。仓储经营方法根据仓储目的不同可分为保管仓储经营、混藏仓储经营、消费仓储经营和仓库租赁经营等。

1．保管仓储经营

（1）保管仓储经营的概念。保管仓储是指仓储经营者根据与存货人的合同约定，提供储存保管其仓储物的服务并收取仓储保管费的一种仓储经营方式。

（2）保管仓储的特点。

1）保管仓储的目的在于保持仓储物原状。存货人交付仓储物于仓储保管人（即仓储经营者），其主要目的在于保管。即存货人将自己的货物存入仓库，仓储保管人必须采取必要的措施对货物进行有效保管而最终达到维持仓储物原状的目的。仓储经营者与存货人之间是一种提供劳务的关系，所以在仓储过程中，仓储物的所有权不转移到仓储过程中，仓储企业没有处理仓储物的权力。

2）保管仓储的仓储对象是动产。一般情况下，存货人交付仓储经营者保管的都是数量大、体积大、质量高的大宗货物，例如食品、工业制品、水产品等。因此，仓储物只能是动产，不动产不可能成为仓储物。

3）保管仓储是有偿服务。仓储经营者为存货人提供仓储服务，存货人必须支付仓储费。仓储费是仓储经营者提供仓储服务的价值表现形式，也是仓储企业盈利的主要途径。

4）仓储经营者在保管仓储中投入较多。由于保管仓储经营的整个过程均由仓储保管人进行操作，需要动用大量的人力、物力和财力，所以仓储经营者的投入较多。

（3）保管仓储的经营策略。在保管仓储中，仓储经营者应以追求最高仓储保管费收入为经营目标，尽可能多地吸引客户，争取仓储委托，并采取合理的经营策略，在仓储保管中不断降低仓储成本和支出。

2. 混藏仓储经营

（1）混藏仓储经营的概念。混藏仓储是指多数存货人将相同种类、相同品质、一定数量的可替代仓储物交付仓储经营者混合储藏并支付仓储费用，而仓储期届满时，仓储经营者只需返还同种、同质、同量的替代物的一种仓储经营方式。

（2）混藏仓储的特点。

1）混藏仓储的对象是种类物。混藏仓储的目的并不完全在于原物的储存保管，有时存货人仅仅需要实现货物的价值保管即可，待仓储期届满时，仓储保管人完全可用相同种类、品质、数量的替代物返还，并不需要返还原物。因此，当存货人基于货物的价值而免去仓储保管人对原物的返还义务时，仓储保管人减轻了义务负担，也扩大了仓储物的范围，种类物成为仓储合同中的标的物。

2）混藏仓储的仓储物并不随交付而转移所有权。仓储保管人只需为存货人提供仓储服务，而仓储物的转移只是物的占有转移，与所有权的转移关系。

3）混藏仓储适用范围有限。混藏仓储在物流活动中发挥着重要的作用，通过混藏的方式，可以减少仓储设备投入，提高仓储空间利用率，从而降低仓储成本。但这种仓储方式有一定的适用范围，主要适用于建筑施工、粮食加工等行业，针对品质无差别、可以准确计量的货物。

（3）混藏仓储的经营策略。混藏仓储经营者的收入依然来自仓储保管费，存量越多，存期越长，收益越大。尽管混藏式仓储是成本较低的仓储方式，然而一旦仓储物品种增加，则会导致仓储成本增加。因此在混藏仓储经营中应尽可能开展少品种、大批量的混藏经营。

3. 消费仓储经营

（1）消费仓储经营的概念。消费仓储是指存货人将种类物交付仓储经营者储存保管，在仓储期间，仓储经营者享有该种类物的所有权。到仓储期届满时，仓储经营者只需向存货人返还相同种类、品质及数量的替代物的一种仓储经营方式。

（2）消费仓储的特点。

1）消费仓储的仓储对象是种类物，仓储期间其所有权将转移于仓储保管人。仓储保管人在接收仓储物时便取得了仓储物的所有权，这是消费仓储最为显著的特征。

2）消费仓储以物的价值储存保管为目的，仓储保管人仅以种类、品质、数量相同的物进行返还即可。在消费仓储中不仅转移仓储物的所有权，而且必须允许仓储保管人拥有使用、处理仓储物的权利，即将仓储物的所有权转移至仓储保管人，仓储保管人无须返还原物，而仅以同种类、品质、数量的物品返还，以保存仓储物的价值即可。

（3）消费仓储的经营策略。消费仓储经营者的收益主要来自对仓储物消费的收入，当该消费的收入大于取得返还仓储物的成本时，仓储经营者便获得了经营利润。反之，当消费收益小于取得返还仓储物的成本时，仓储经营者就不会对仓储物进行消费，而将返还原物。在消费仓储中，仓储费收入是次要收入，有时甚至采取无收费仓储。由此可见，消费仓储是仓储经营者利用仓储物停滞在仓库期间的价值进行经营，追求利用仓储物经营的收益。消费仓储的开展使得仓储物的价值得以充分利用，提高了社会资源的利用率。消费仓储的仓储对象范围较广，但对仓储经营者的经营水平要求很高。

子项目二　电商物流中心综合作业优化方案设计与实施（小组作业）

4. 仓库租赁经营

（1）仓库租赁经营的概念。仓库租赁经营是指仓储经营者将仓库或仓库设备租给存货人使用，由存货人自行储存保管货物的一种仓储经营方式。

（2）仓库租赁经营的特点。

1）仓库租赁经营具有可撤销性。仓库租赁是一种可解约的租赁，在合理的条件下，承租人预先通知出租人即可解除租赁合同。

2）仓库租赁经营的期限一般比较短，远低于仓库或仓库设备的经济寿命。

3）仓库租赁经营具有不完全付清性。仓库租赁经营的租金总额一般不足以弥补出租人的仓库或仓库设备成本，出租人在租赁期满时将其再出租或在市场上出售才能收回成本，因此，仓库租赁经营不是全额清偿的租赁。

（3）仓库租赁经营的策略。仓库租赁经营的关键是签订一份仓库租赁合同，在法律条款的约束下进行租赁经营，并取得租赁收入。仓库租赁经营既可以是整体性的出租，也可以采用部分出租、货位出租等分散方式。在分散出租的情况下，仓库所有者需要承担更多的仓库管理工作，如环境管理、安保管理等。

方案设计任务书

方案设计任务书	
子项目名称	电商物流中心综合作业优化方案设计与实施（小组作业）
任务描述	借助 IELS 虚拟运营软件，通过完成商品的采购、入库、补货、盘点等作业以及订单拣选出库作业，达到熟练掌握优化电商物流中心作业流程的目的
任务成果	电商物流中心综合作业设计方案 IELS 虚拟运营软件操作规范正确
模拟训练内容	随着"双11"大型促销节的到来，上海百蝶电商物流中心的业务量大幅增加，工作人员应接不暇。2018年11月11日9:00，上海百蝶电商物流中心接到收货通知和客户订单，并决定同时进行【文化用品】类部分商品的盘点和采购，其中采购明细中的商品的上一次盘点和采购时间为10月10日，具体任务安排见表1至表5。作为仓储经理，你需要对【文化用品】类商品进行分析，确定盘点和采购明细；并对客户订单进行分析，对拣选区库存不足的商品进行紧急补货（为保证出库作业效率，仅对拣选区库存数量不足以出库的商品进行补货），再进行出库作业；对员工进行合理分工，通过多人协同作业提高工作效率。作为仓储经理，你应该如何安排人员分工，以完成本次的作业任务呢？ 表1　入库单 入库单 货主：上海百蝶电商物流中心　　　　　采购类型：直接采购 供应商：海迪尔电器有限责任公司　　　预计收货日期：2018年11月11日 | 商品编码	商品名称	包装代码	预计数量	入库月台	入库货位 | |---|---|---|---|---|---| | 6939962700809 | 美的 YJ407E 自动电饭煲 | 1-1-24 | 24 | R01 | H010104 |

237

(续)

方案设计任务书						
模拟训练内容	表2 盘点单					

表2 盘点单

编号	商品编码	商品名称
1	6949896600083	真彩米奇印章水彩笔（36色）
2	6922711027944	广博16K60页特种纸软抄6本装
3	6942098574107	潜力 美术拼盘490粒插珠拼图

表3 订货计划明细

订货计划明细

货主：上海百蝶电商物流中心　　　承运商：上海百蝶货运有限公司
供应商：真晨文用品有限责任公司　　采购类型：直接采购

商品编码	商品名称	年需求量/件	日需求量标准差/件	次订货成本/元	年存储费用/元	采购提前期/天
6949896600083	真彩米奇印章水彩笔（36色）	11000	19.8	36	2	3
6922711027944	广博16K60页特种纸软抄6本装	1700	7.5	35	2	3
6942098574107	潜力 美术拼盘490粒插珠拼图	900	2.64	35	2	3

表4 出库订单

订单1

客户编码：CUS17042252　　　客户昵称：17020922
收货人：涵妞美美的　　　收货地址：杨浦区黄兴路45号

编号	商品编码	商品名称	数量/件
1	4893055310134	益而高套装订书机	2
2	6901894121205	白猫去油高效洗洁精	2
3	6925560900444	雅洁皂盒	3
4	6903148049129	飘柔长发垂顺护发素	1

备注：

订单2

客户编码：CUS17081217　　　客户昵称：bd182111334
收货人：王媛　　　收货地址：金山区新建大道12号

编号	商品编码	商品名称	数量/件
1	4893055310134	益而高套装订书机	1
2	6903148049129	飘柔长发垂顺护发素	1
3	6921734900128	得力12号订书钉0012	1
4	6935456000752	爱普爱家cp158加湿器	1

备注：

订单3

客户编码：CUS17102133　　　客户昵称：谭龚浩
收货人：谭龚浩　　　收货地址：虹口区淞沪路15号

编号	商品编码	商品名称	数量/件
1	6901894121205	白猫去油高效洗洁精	2
2	6935456000752	爱普爱家cp158加湿器	1

备注：

（续）

方案设计任务书	
模拟训练内容	**表4　出库订单** **订单4** 客户编码：CUS17093090　　　　客户昵称：bd162323232 收货人：谢芳　　　　　　　　　　收货地址：松江区富林路15号 | 编号 | 商品编码 | 商品名称 | 数量/件 | |---|---|---|---| | 1 | 4893055310134 | 益而高套装订书机 | 2 | | 2 | 6925560900444 | 雅洁皂盒 | 2 | | 3 | 6921734900128 | 得力12号订书钉0012 | 2 | 备注： **订单5** 客户编码：CUS17120477　　　　客户昵称：bd456132263 收货人：李娜　　　　　　　　　　收货地址：青浦区中西路45号 | 编号 | 商品编码 | 商品名称 | 数量/件 | |---|---|---|---| | 1 | 4893055310134 | 益而高套装订书机 | 3 | | 2 | 6901894121205 | 白猫去油高效洗洁精 | 1 | 备注： **订单6** 客户编码：CUS17060621　　　　客户昵称：熊灵耀 收货人：熊灵耀　　　　　　　　　收货地址：闵行区莘凌路48号 | 编号 | 商品编码 | 商品名称 | 数量/件 | |---|---|---|---| | 1 | 6902265280507 | 海天老抽豉油 | 1 | | 2 | 6920104420044 | 厨师乐味精 | 2 | | 3 | 6922507800614 | 陈克明高筋精细面条 | 4 | | 4 | 6935456000752 | 爱普爱家cp158加湿器 | 1 | 备注： **订单7** 客户编码：CUS17050266　　　　客户昵称：茂茂辉辉 收货人：茂茂辉辉　　　　　　　　收货地址：宝山区密山路25号 | 编号 | 商品编码 | 商品名称 | 数量/件 | |---|---|---|---| | 1 | 6922507800614 | 陈克明高筋精细面条 | 3 | | 2 | 4893055310134 | 益而高套装订书机 | 1 | 备注： **订单8** 客户编码：CUS17021005　　　　客户昵称：银子 收货人：陈银　　　　　　　　　　收货地址：杨浦区黄兴路2号 | 编号 | 商品编码 | 商品名称 | 数量/件 | |---|---|---|---| | 1 | 6922507800614 | 陈克明高筋精细面条 | 1 | | 2 | 6920104420044 | 厨师乐味精 | 1 | | 3 | 6903148049129 | 飘柔长发垂顺护发素 | 1 | | 4 | 6921734900128 | 得力12号订书钉0012 | 2 | 备注： **表5　补货商品信息** | 商品编码 | 商品名称 | 年需求量/件 | 日需求量标准差/件 | 次补货成本/元 | 年存储费用/元 | |---|---|---|---|---|---| | 4893055310134 | 益而高套装订书机 | 9 000 | 13.59 | 0.25 | 5 | | 6922507800614 | 陈克明高筋精细面条 | 6 000 | 2.64 | 0.25 | 5 | | 6925560900444 | 雅洁皂盒 | 5 000 | 9.58 | 0.25 | 5 | | 6921734900128 | 得力12号订书钉0012 | 6 600 | 7.89 | 0.25 | 5 | | 6901894121205 | 白猫去油高效洗洁精 | 7 230 | 11.56 | 0.25 | 5 | | 6903148049129 | 飘柔长发垂顺护发素 | 9 000 | 19.22 | 0.25 | 5 | | 6920104420044 | 厨师乐味精 | 4 800 | 6.58 | 0.25 | 5 | | 6935456000752 | 爱普爱家cp158加湿器 | 900 | 1.65 | 0.25 | 5 | | 6902265280507 | 海天老抽豉油 | 2 300 | 4.22 | 0.25 | 5 |

(续)

	方案设计任务书
模拟训练内容	**任务要求：** 1. 根据 WMS 系统导出的【历史有效订单】，对【文化用品】类商品进行 ABC 分类 2. 根据盘点明细单确定商品的盘点明细 3. 根据【文化用品】类商品 ABC 分类结果，确定订货计划明细商品的采购方式，并制订详细的采购计划 4. 假设商品在促销期间采购会立即到货，根据入库商品的属性和库存管理方式，安排入库车辆的停靠月台，对商品进行验收、堆码设计和上架储位安排 5. 对出库订单进行分析，判断商品是否可以执行出库，并确定紧急补货明细 6. 根据商品属性、库存信息，采用经济订货批量的计算方式确定补货数量，已知补货提前期为 0.25 天，补货商品的库存可得率为 99% 7. 通过查询商品属性可知，补货商品为小件商品，对其进行商品相关性分析 8. 制订补货计划（包括源货位、补货站台和目标库位等） 9. 对出库订单进行分析，选择合适的拣货方式、拣选策略，制订详细的出库作业计划 10. 本次作业模拟了电商物流中心的运作情景，其中需要处理的作业包括订货、入库、出库、补货、盘库等内容。根据以上设计的结果，按照时间先后顺序和作业内容将作业的内容编制成作业进度计划表，并用甘特图体现作业进度计划和优化实施过程的内容 11. 在明确了本次作业内容和计划的基础上，对本次作业任务的成本进行预算，包括作业过程中可能发生的各种费用项目及相应的预算金额
强化训练内容	随着"双 11"大型促销节的到来，上海百蝶电商物流中心的业务量大幅增加，工作人员应接不暇。2018 年 11 月 11 日 9:00，上海百蝶电商物流中心接到收货通知和客户订单，并决定同时进行【休闲食品】类部分商品的盘点和采购，其中采购明细中的商品的上一次盘点和采购时间为 10 月 10 日，具体任务安排见表 1 至表 5。作为仓储经理，你需要对【休闲食品】类商品进行分析，确定盘点和采购明细；并对客户订单进行分析，对拣选区库存不足的商品进行紧急补货（为保证出库作业效率，仅对拣选区库存数量不足以出库的商品进行补货），再进行出库作业；对员工进行合理分工，通过多人协同作业提高工作效率。作为仓储经理，你应该如何安排人员分工，以完成本次的作业任务呢？

表 1　入库单

入库单					
货主：上海百蝶电商物流中心			采购类型：直接采购		
供应商：可口饮品有限责任公司			预计收货日期：2018 年 11 月 11 日		
商品编码	商品名称	包装代码	预计数量	入库月台	入库货位
6908512208720	雪碧	1-1-36	36	R01	H010203

表 2　盘点单

编号	商品编码	商品名称
1	6920907808599	好丽友呀！土豆薯条【番茄酱味】
2	6902934987171	喜之郎 VC 果冻爽

表 3　订货计划明细

订货计划明细						
货主：上海百蝶电商物流中心			承运商：上海百蝶货运有限公司			
供应商：上佳佳食品有限责任公司			采购类型：直接采购			
商品编码	商品名称	年需求量/件	日需求量标准差/件	次订货成本/元	年存储费用/元	采购提前期/天
6920907808599	好丽友呀！土豆薯条【番茄酱味】	14700	12.97	35	2	4
6902934987171	喜之郎 VC 果冻爽	1650	13.45	35	2	4

（续）

方案设计任务书	
强化训练内容	**表4　出库订单** 任务要求： **订单 1** 客户编码：CUS17012522　　　客户昵称：bd62450502 收货人：危蒲乔　　　收货地址：松江区嘉松南路 36 号 	编号	商品编码	商品名称	数量/件
---	---	---	---
1	6928802461505	顾大嫂重庆酸辣粉	1
2	6927462220095	金锣台式原味小烤肠肉粒多	3 | 备注： **订单 2** 客户编码：CUS17041353　　　客户昵称：bd03215672 收货人：王自菁　　　收货地址：徐汇区宛平南路 4 号 | 编号	商品编码	商品名称	数量/件
---	---	---	---
1	6928802461505	顾大嫂重庆酸辣粉	1
2	6902934990362	喜之郎什锦果肉果冻	1
3	6903244984102	心相印面巾纸 400 张	2
4	6903252008234	好滋味五连包（红烧牛肉）	1 | 备注： **订单 3** 客户编码：CUS17021596　　　客户昵称：bd13300519 收货人：张莉龄　　　收货地址：徐汇区天钥桥路 3 号 | 编号	商品编码	商品名称	数量/件
---	---	---	---
1	6902088304886	力士恒久嫩肤香皂	3
2	6937656103325	福满堂 32cm 无油烟炒锅	2 | 备注： **订单 4** 客户编码：CUS17060234　　　客户昵称：bd41120897 收货人：费竞凡　　　收货地址：闵行区报春路 2 号 | 编号	商品编码	商品名称	数量/件
---	---	---	---
1	6928802461505	顾大嫂重庆酸辣粉	1
2	6903244984102	心相印面巾纸 400 张	1
3	6903252008234	好滋味五连包（红烧牛肉）	2
4	6901668062499	趣多多 香浓巧克力味香脆曲奇	4
5	6927462220095	金锣 台式原味小烤肠 肉粒多	2
6	6902934990362	喜之郎什锦果肉果冻	3 | 备注： **订单 5** 客户编码：CUS17060621　　　客户昵称：熊灵耀 收货人：熊灵耀　　　收货地址：闵行区莘凌路 48 号 | 编号	商品编码	商品名称	数量/件
---	---	---	---
1	6901668062499	趣多多香浓巧克力味香脆曲奇	1
2	6927462220095	金锣台式原味小烤肠 肉粒多	3 | 备注： **订单 6** 客户编码：CUS17090871　　　客户昵称：bd82068990 收货人：易江维　　　收货地址：长宁区延安西路 6 号 | 编号	商品编码	商品名称	数量/件
---	---	---	---
1	6903252008234	好滋味五连包（红烧牛肉）	2
2	6928802461505	顾大嫂重庆酸辣粉	1	 备注：

（续）

方案设计任务书

订单 7

客户编码：CUS17071085		客户昵称：bd93191971	
收货人：鲁栋		收货地址：长宁区延安西路 154 号	
编号	商品编码	商品名称	数量/件
1	6901668062499	趣多多香浓巧克力味香脆曲奇	2
2	6902088304886	力士恒久嫩肤香皂	2
3	6937656103325	福满堂 32cm 无油烟炒锅	2

备注：

订单 8

客户编码：CUS17121433		客户昵称：bd90480425	
收货人：韩艺轮		收货地址：奉贤区木行东路 72 号	
编号	商品编码	商品名称	数量/件
1	6903244984102	心相印面巾纸 400 张	1
2	6927462220095	金锣台式原味小烤肠肉粒多	1

备注：

表5 补货商品信息

商品编码	商品名称	年需求量/件	日需求量标准差/件	次补货成本/元	年存储费用/元
6927462220095	金锣台式原味小烤肠肉粒多	11 500	10.55	0.25	5
6901668062499	趣多多香浓巧克力味香脆曲奇	9 500	13.58	0.25	5
6902088304886	力士恒久嫩肤香皂	4 300	8.52	0.25	5
6903252008234	好滋味五连包（红烧牛肉）	1 500	9.53	0.25	5
6903244984102	心相印面巾纸 400 张	2 000	11.54	0.25	5
6902934990362	喜之郎什锦果肉果冻	800	19.2	0.25	5
6928802461505	顾大嫂重庆酸辣粉	5 200	4.5	0.25	5
6937656103325	福满堂 32cm 无油烟炒锅	1 100	3.1	0.25	5

任务要求：

1. 根据 WMS 系统导出的【历史有效订单】，对【休闲食品】类商品进行 ABC 分类
2. 根据盘点明细单确定商品的盘点明细
3. 根据【休闲食品】类商品 ABC 分类结果，确定订货计划明细商品的采购方式，并制订详细的采购计划
4. 假设商品在促销期间采购会立即到货，根据入库商品的属性和库存管理方式，安排入库车辆的停靠月台，对商品进行验收、堆码设计和上架储位安排
5. 对出库订单进行分析，判断商品是否可以执行出库，并确定紧急补货明细
6. 根据商品属性、库存信息，采用经济订货批量的计算方式确定补货数量，已知补货提前期为 0.25 天，补货商品的库存可得率为 99%
7. 通过查询商品属性可知，补货商品为小件商品，对其进行商品相关性分析
8. 制订补货计划（包括源库位、补货站台和目标库位等）
9. 对出库订单进行分析，选择合适的拣货方式、拣选策略，制订详细的出库作业计划
10. 本次作业模拟了电商物流中心的运作情景，其中需要处理的作业包括订货、入库、出库、补货、盘库等内容。根据以上设计的结果，按照时间先后顺序和作业内容将作业的内容编制成作业进度计划表，并用甘特图体现作业进度计划和优化实施过程的内容
11. 在明确了本次作业内容和计划的基础上，对本次作业任务的成本进行预算，包括作业过程中可能发生的各种费用项目及相应的预算金额

（强化训练内容）

子项目二 电商物流中心综合作业优化方案设计与实施（小组作业）

（续）

子项目方案设计任务书
针对教学任务书中给出的模仿训练数据和强化训练任务数据，学生首先在课堂中和教师一起学习电商物流中心综合作业优化的各个理论知识点，学习方案设计的流程和优化要点，熟悉 IELS 虚拟运营软件的操作方法和流程，然后根据教师的课堂演示进行模仿练习，最后结合知识链接中的相关知识、管理技能、方案设计模板和强化训练任务数据进行优化方案设计

任务总结

学生在完成电商物流中心综合作业优化方案设计任务后，要根据方案设计过程中对订单处理、进货、装卸搬运、储存、盘点、补货、拣货、打包、装车等作业环节及其流程优化时遇到的困惑进行反思和总结，以小组为单位撰写总结报告，以便总结经验教训，举一反三。最后提交小组总结报告和电商物流中心综合作业优化方案。教师对学生提交的设计方案和小组总结报告给出评价，并作为学生过程性考核成绩的一部分。

任务二　电商物流中心综合作业优化方案实施（小组）

方案实施指导书

一、任务选择

1. 此任务属于小组模式，考察小组成员之间的工作协调能力，需要在开始任务之前分配好各自担任的角色及工作职责，然后以各自的角色依次进入 3D 仿真场景。

小组操作注意事项：

（1）所有计算机必须关掉防火墙，才可以进行小组操作。

（2）小组中先由一个人进入 3D 场景，等待第一个人完全进入后，其他成员再依次进入。

（3）系统默认第一个进入 3D 场景的角色为组长，操作过程中组长不能退出，其他成员退出后可以重新进入。

（4）如果操作过程中组长退出，所有成员都需要重新进入。

2. 依据商品历史有效订单表中的品项与数量，运用 ABC 分类法对商品进行分析，通过查询和计算，设计方案的入库计划（见表 2-2-1）、补货计划（见表 2-2-2）和盘点计划（见表 2-2-3）。

表 2-2-1　入库计划

货主：上海百蝶电商物流中心				订单日期：2019 年 6 月 17 日	
供应商：宝洁百货用品有限责任公司				预到日期：2019 年 6 月 18 日	
货物编码	货物名称	单位	数量/件	库位计划	站台计划
6902088702828	奥妙净蓝全效洗衣粉	件	720	H451201	R02
6903148131404	飘柔去屑洗发水兰花长效清爽家庭装 1L	件	240	H180101	R03

表 2-2-2　补货计划

序号	物料代码	货物名称	源库位	目标库位	补货数量	站台
1	6902088106046	夏士莲修护焗油洗发水	H410103	M090402	12 件	RS04
2	6902088106046	夏士莲修护焗油洗发水	H410103	M110701	12 件	RS04

243

表 2-2-3 盘点计划

序 号	物料代码	货物名称	存储库区	库位编码	数量/件	站 台
1	6902088702828	奥妙净蓝全效洗衣粉	小件区	M110403	18	RS01
2	6902088702828	奥妙净蓝全效洗衣粉	整货区	M090605	180	RS01
3	6907376500124	强生婴儿清润霜	小件区	M070704	12	RS01
4	6907376500124	强生婴儿清润霜	小件区	M040505	12	RS01
5	6907376500124	强生婴儿清润霜	小件区	H350202	5	RS01
6	6907376500124	强生婴儿清润霜	大件区	M110403	12	RS01
7	6907376500124	强生婴儿清润霜	整货区	M090605	360	RS01

3. 在【课程内容】中选择【项目二 电商物流中心综合作业优化方案设计与实施】→【子项目二 电商物流中心综合作业优化方案设计与实施（小组作业）】→【任务二 电商物流中心综合作业优化方案实施】，在界面右侧单击选择【电商物流中心综合作业优化方案实施（教师演示）】，单击【进入任务】，任务角色选择【制单员】，单击【确定】后进入 3D 仿真场景，如图 2-2-1 所示。

图 2-2-1 选择任务

二、开启设备

按 <Alt> 键进入计算机桌面，单击【管理控制系统】，开启本次任务所需使用的站台。单击【站台管理】，查找到本次任务所要使用的站台，单击【开启】按钮并确认，如图 2-2-2 和图 2-2-5 所示。

图 2-2-2　管理控制系统

图 2-2-3　开启拣货站台

图 2-2-4　开启打包站台

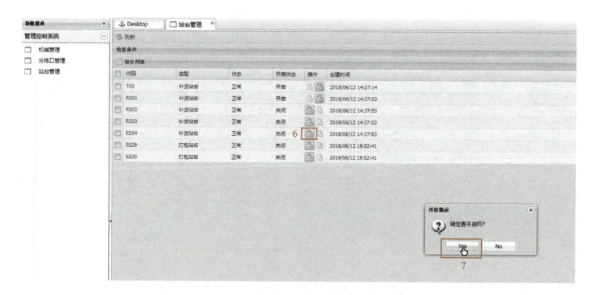

图 2-2-5　开启补货站台

三、数据导出

1. 按 <Alt> 键进入计算机桌面，单击桌面【管理信息系统】图标，如图 2-2-6 所示。

图 2-2-6 管理信息系统

2. 选择【仓库信息管理】→【历史有效订单】,单击【导出】,将导出成功的 EXCEL 表格存放于桌面,如图 2-2-7 和图 2-2-8 所示。

图 2-2-7 导出历史有效订单

图 2-2-8 历史有效订单

四、库存查询

选择【仓库信息管理】→【库存查询】，勾选需要查询的商品，可以看到该商品的库存信息，如图 2-2-9 所示。

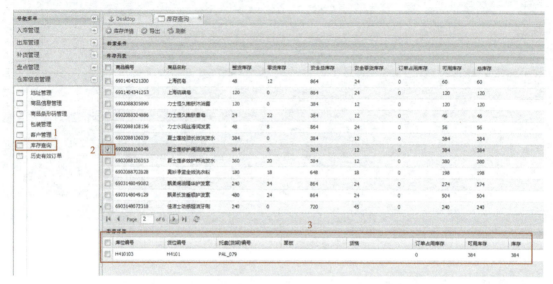

图 2-2-9　库存查询

五、入库作业

1. 选择【入库管理】→【采购申请】。

（1）单击【新增】，新增商品的入库申购单并填写商品明细，单击【保存】，如图 2-2-10 和图 2-2-11 所示。

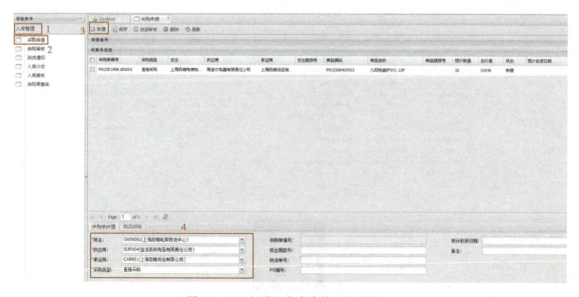

图 2-2-10　新增入库申购单（洗衣粉）

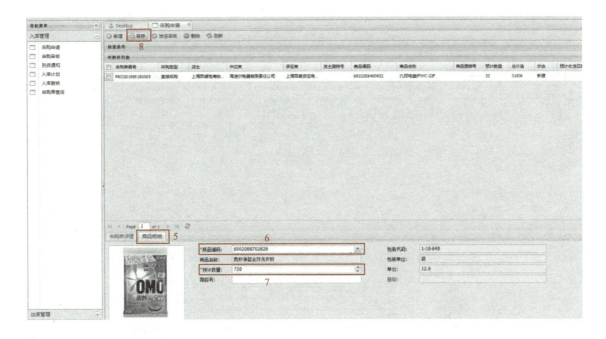

图 2-2-11　填写商品明细（洗衣粉）

（2）单击【新增】，使用相同的操作新增另一个商品的入库申购单并填写商品明细，如图 2-2-12 和图 2-2-13 所示。

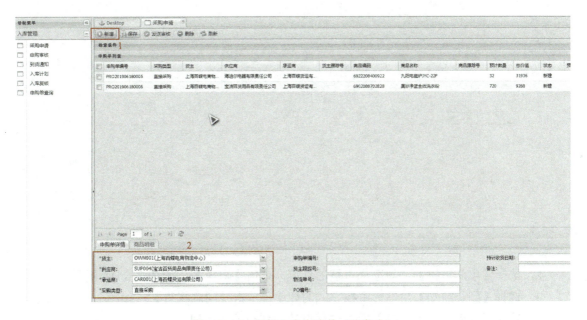

图 2-2-12　新增入库申购单（洗发水）

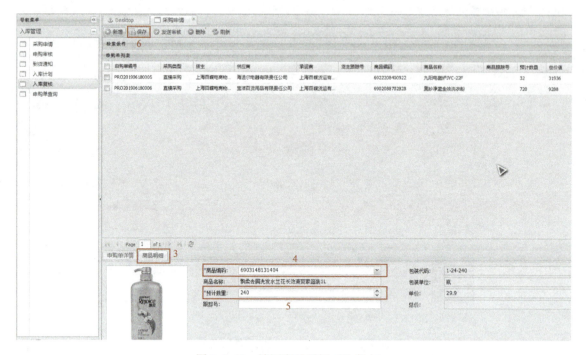

图 2-2-13 填写商品明细（洗发水）

（3）对新增的入库申购单进行采购申请，如图 2-2-14 所示。

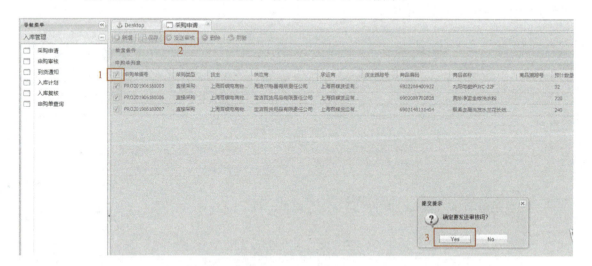

图 2-2-14 采购申请

2．选择【申购审核】，勾选未审核的订单，单击【审核】，如图 2-2-15 所示。
3．选择【到货通知】，勾选审核完成的订单，单击【同意收货】，如图 2-2-16 所示。
4．选择【入库计划】，对入库单进行自动计划和手动计划。
（1）对【九阳电磁炉 JYC-22F】进行自动计划，如图 2-2-17 所示。

图 2-2-15　申购审核

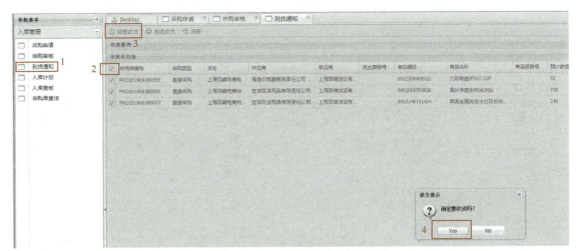

图 2-2-16　同意收货

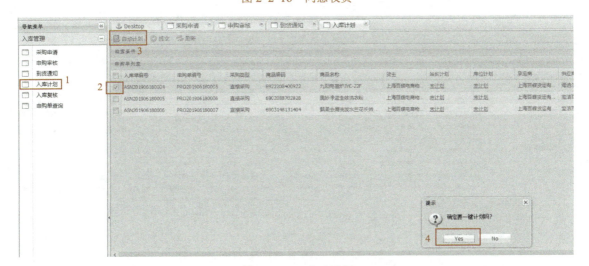

图 2-2-17　自动计划

（2）对【奥妙净蓝全效洗衣粉】商品进行手动计划，对其入库站台和入库货位进行手动计划（注意需要两个货位）如图 2-2-18 至图 2-2-22 所示。

图 2-2-18　站台计划（洗衣粉）

图 2-2-19　选择站台（洗衣粉）

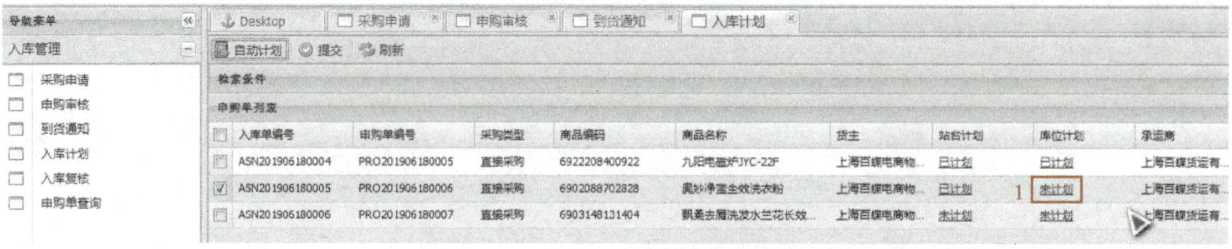

图 2-2-20　货位计划（洗衣粉）

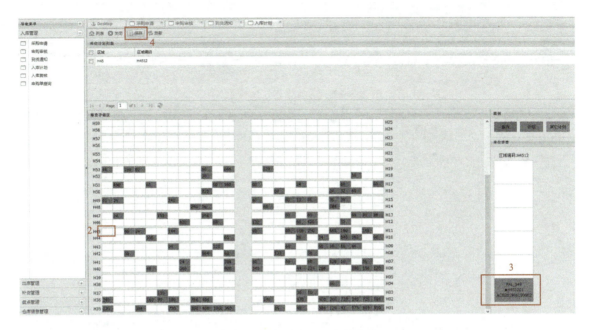

图 2-2-21 选择货位（洗衣粉货位 1）

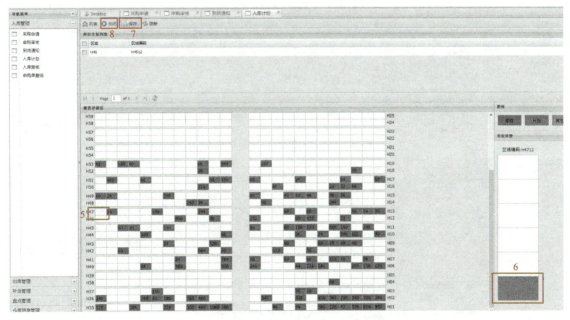

图 2-2-22 选择货位（洗衣粉货位 2）

（3）对【飘柔去屑洗发水兰花长效清爽家庭装 1L】商品进行手动计划，对其入库站台和入库货位进行手动计划，如图 2-2-23 至图 2-2-26 所示。

（4）勾选入库单，单击【提交】并确定，如图 2-2-27 所示。

253

图 2-2-23　站台计划（洗发水）

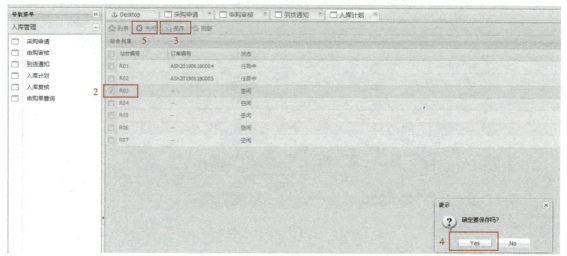

图 2-2-24　选择站台（洗发水）

图 2-2-25　货位计划（洗发水）

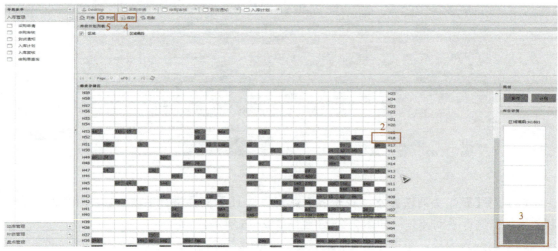

图 2-2-26　选择货位（洗发水）

图 2-2-27　提交计划

5. 选择【入库复核】，勾选入库单，单击【复核】，如图 2-2-28 所示。

图 2-2-28　入库复核

6. 小组成员分配好角色，按照前面入库作业的操作流程及方法完成后续入库作业操作。

六、补货作业

1. 选择【补货管理】→【补货预报】，单击【新增】，在【补货单详情】栏选择商品类型和补货类型，在【商品明细】栏选择商品编码，并以此方法增加完其他补货单据，之后勾选补货单并发送审核，如图 2-2-29 至图 2-2-31 所示。

2. 选择【预报审核】，勾选补货单，点击【审核】，如图 2-2-32 所示。

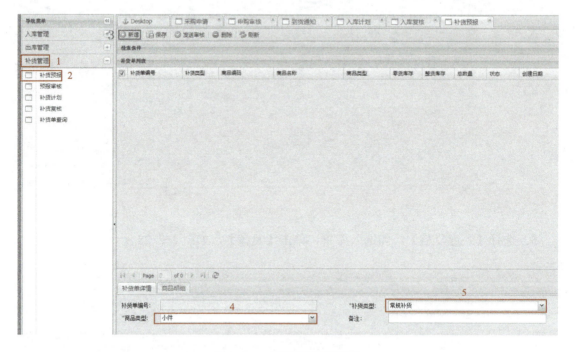

图 2-2-29 新增补货单详情

图 2-2-30 新增补货商品明细

图 2-2-31 补货单发送审核

图 2-2-32 预报审核

3．选择【补货计划】，选择"手动计划"方式对补货作业进行计划。

（1）单击【未计划】（源库位），修改【箱数】为计划箱数（2 箱），单击【保存】并确定后单击【关闭】，如图 2-2-33 和图 2-2-34 所示。

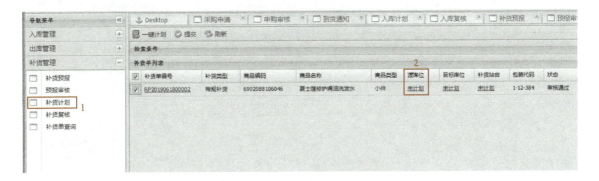

图 2-2-33 设置源库位计划

图 2-2-34 设置补货箱数

（2）单击【未计划】（目标库位），选择对应【源库位】，在【商品检索库存】的【商品编码】中检索本次补货商品的相关性商品库存信息，在【库区信息】→【图例】→【库位详情】中选择计划目标库位，单击【保存】并确定后单击【关闭】，如图 2-2-35 至图 2-2-37 所示。

图 2-2-35 设置目标库位计划

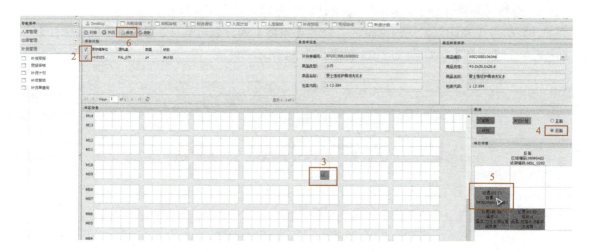

图 2-2-36 选择库位（库位 1）

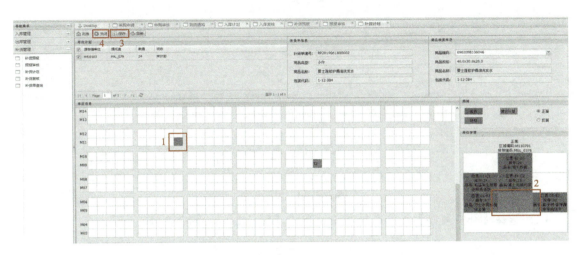

图 2-2-37 选择库位（库位 2）

（3）单击【未计划】（补货站台），勾选计划的补货站台，单击【保存】并确定后单击【关闭】，如图 2-2-38 和图 2-2-39 所示。

图 2-2-38 设置补货站台计划

图 2-2-39 选择补货站台

（4）勾选计划完成的补货单，单击【提交】并确认，如图 2-2-40 所示。

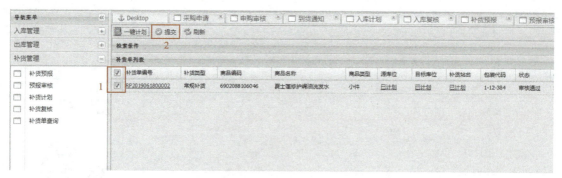

图 2-2-40 提交计划

4．选择【补货复核】，勾选补货单，单击【复核】，如图 2-2-41 所示。

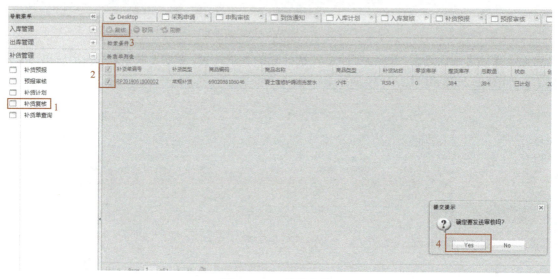

图 2-2-41 补货复核

5．小组成员分配好角色，按照前面补货作业的操作流程及方法完成后续补货作业操作。

七、盘点作业

1．选择【盘点管理】→【盘点计划】，单击【新增】，之后填写盘点货物【6902088702828 奥妙净蓝全效洗衣粉】的信息，如图 2-2-42 和图 2-2-43 所示。

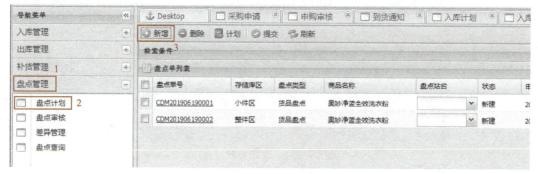

图 2-2-42 新增单据

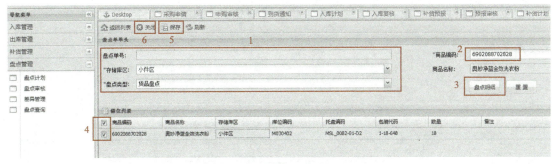

图 2-2-43 填写盘点信息

2. 以此方法添加完成【6907376500124 强生婴儿清润霜】的盘点信息，之后返回盘点单列表，如图 2-2-44 所示。

图 2-2-44 盘点单列表

3. 勾选盘点单，在"盘点站台"下拉菜单中选择盘点站台，单击【计划】→【提交】，完成所有货单的盘点站台计划，如图 2-2-45 所示。

图 2-2-45 选择盘点站台

4. 选择【盘点审核】，勾选盘点单，单击【审核】，如图 2-2-46 所示。

图 2-2-46　盘点审核

5. 小组成员分配好角色，按照前面盘点作业的操作流程及方法完成后续盘点作业操作。

八、出库作业

1. 选择【出库管理】→【订单审核】，勾选订单，单击【审核】→【提交】，如图 2-2-47 所示。

图 2-2-47　订单审核

2. 选择【订单分配】，勾选订单，单击【分配】，如图 2-2-48 所示；分配完成后，勾选出库单，单击【提交】，如图 2-2-49 所示。

3. 选择【波次分配】，勾选出库单，单击【自动分配波次】，如图 2-2-50 所示；分配完成后，勾选波次单，单击【提交】，如图 2-2-51 所示。

4. 选择【波次审核】，勾选波次单，单击【审核】，如图 2-2-52 所示。

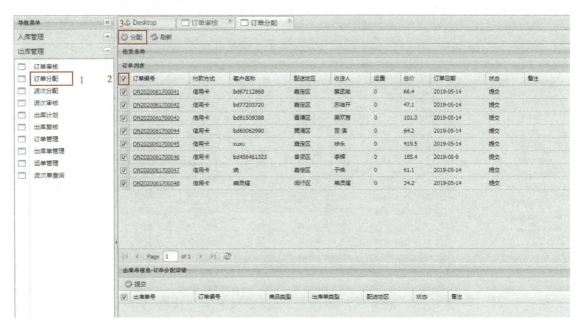

图 2-2-48　订单分配

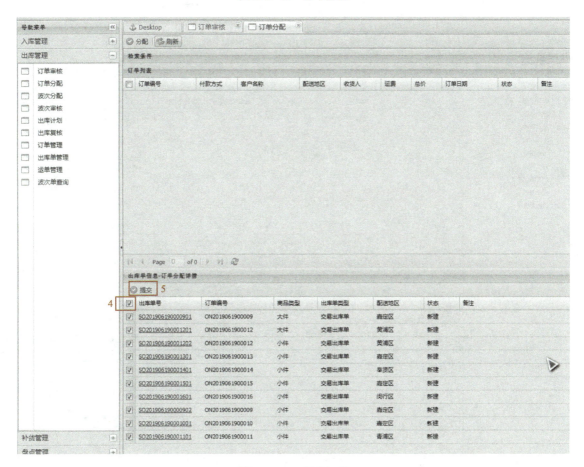

图 2-2-49　提交订单

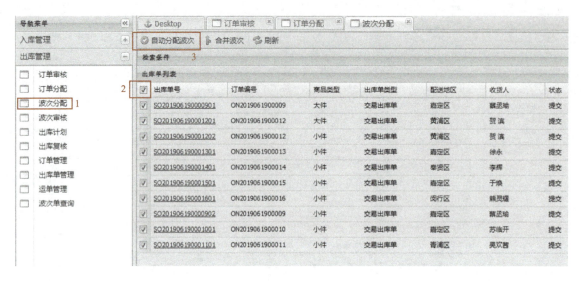

图 2-2-50　波次分配

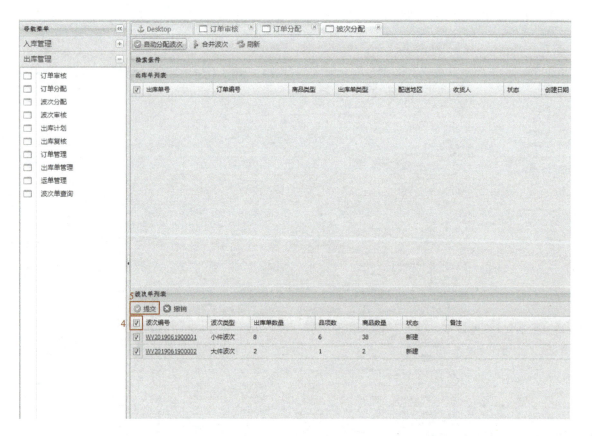

图 2-2-51　提交波次

子项目二 电商物流中心综合作业优化方案设计与实施（小组作业）

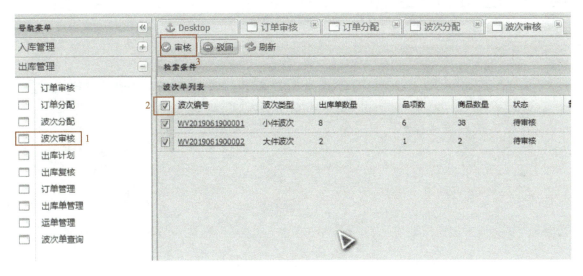

图 2-2-52 波次审核

5. 选择【出库计划】，出库计划分为一键计划和手动计划，根据课程的方案设计来对出库单进行手动计划。

（1）为小件波次单安排出库计划。单击【未计划】（拣选货位），勾选商品，设置货位计划并选择货位，单击【保存】，如图 2-2-53 和图 2-2-54 所示（本次任务以单种商品货位选择为例说明，其他商品拣选货位选择参照其自行完成），完成所有的拣选库位选择后单击【未计划】（拣选站台），勾选计划站台，单击【保存】后关闭，如图 2-2-55 和图 2-2-56 所示；单击【未计划】（打包站台），勾选计划站台，单击【保存】后关闭，如图 2-2-57 和图 2-2-58 所示。

图 2-2-53 设置拣选货位计划（小件）

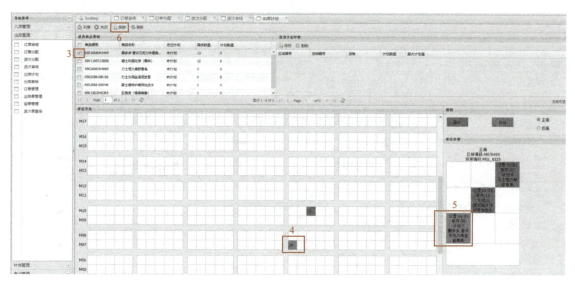

图 2-2-54 选择货位（小件）

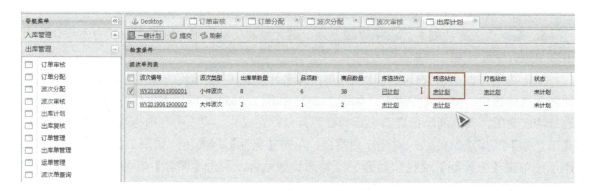

图 2-2-55 设置拣选站台计划（小件）

图 2-2-56 选择拣选站台（小件）

图 2-2-57　设置打包站台计划（小件）

图 2-2-58　选择打包站台（小件）

（2）为大件波次单安排出库计划。单击【未计划】（拣选货位），勾选商品，设置货位计划并选择货位，单击【保存】后关闭，如图 2-2-59 和图 2-2-60 所示；单击【未计划】（拣选站台），勾选计划站台，单击【保存】后关闭，如图 2-2-61 和图 2-2-62 所示。

图 2-2-59　设置拣选货位计划（大件）

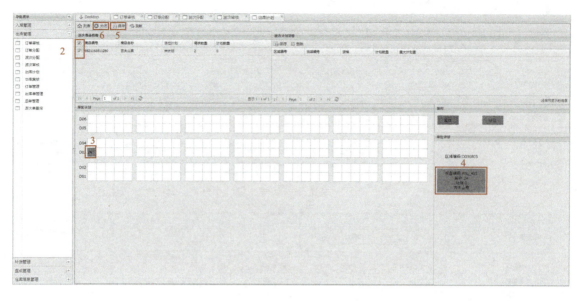

图 2-2-60 选择拣选货位（大件）

图 2-2-61 设置拣选站台计划（大件）

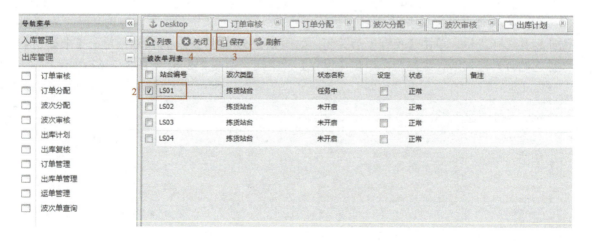

图 2-2-62 选择拣选站台（大件）

（3）勾选计划完成的波次单，单击【提交】并确认，如图 2-2-63 所示。

图 2-2-63　提交波次单

6．选择【出库复核】，勾选波次单，单击【复核】，如图 2-2-64 所示。

图 2-2-64　出库复核

7．小组成员分配好角色，按照出库作业的操作流程及方法完成后续出库作业操作。

任务总结

　　学生在完成的电商物流中心综合作业优化方案实施任务后，要根据方案实施过程中对电商物流中心综合作业各个环节及其流程优化的执行情况及遇到的困惑进行反思和总结，撰写并提交小组总结报告，以便总结经验教训，举一反三。教师对学生的方案实施结果及提交的小组总结报告给出评价，并作为学生过程性考核成绩的一部分。

附　　录

附录A　电商物流中心设施设备基础信息

一、储存单元规格

单层托盘货架（见图A-1）
货架尺寸：1 200mm×1 200mm×450mm

图A-1　单层托盘货架

移动货架（见图A-2）
货架尺寸：1 200mm×1 200mm×2 500mm
货格尺寸：320mm×550mm×500mm（规格1）、1 080mm×550mm×500mm（规格2）

图A-2　移动货架

高位货架（见图 A-3）
货架尺寸：3 000mm×1 150mm×9 200mm
货格尺寸：1 250mm×1 150mm×1 500mm

图 A-3　高位货架

播种货架（见图 A-4）
货架尺寸：1 300mm×1 200mm×1 280mm
货格尺寸：640mm×1 200mm×600mm

图 A-4　播种货架

二、货物包装规格

规格 1：430mm×320mm×300mm　　规格 2：310mm×240mm×230mm
规格 3：600mm×400mm×500mm　　规格 4：370mm×190mm×270mm
规格 5：480mm×380mm×360mm　　规格 6：400mm×300mm×260mm
规格 7：440mm×270mm×250mm　　规格 8：340mm×250mm×280mm

三、打包箱规格

规格 1：80mm×90mm×130mm　　规格 2：110mm×140mm×210mm
规格 3：190mm×230mm×350mm　　规格 4：210mm×270mm×430mm
规格 5：230mm×290mm×530mm

附录 B 标准正态分布表

X	0	0.01	0.02	0.03	0.04	0.05	0.06	0.07	0.08	0.09
0	0.5000	0.5040	0.5080	0.5120	0.5160	0.5199	0.5239	0.5279	0.5319	0.5359
0.1	0.5398	0.5438	0.5478	0.5517	0.5557	0.5596	0.5636	0.5675	0.5714	0.5754
0.2	0.5793	0.5832	0.5871	0.5910	0.5948	0.5987	0.6026	0.6046	0.6103	0.6141
0.3	0.6179	0.6217	0.6255	0.6293	0.6331	0.6368	0.6406	0.6443	0.6480	0.6517
0.4	0.6554	0.6591	0.6628	0.6664	0.6700	0.6736	0.6772	0.6808	0.6844	0.6879
0.5	0.6915	0.6950	0.6985	0.7019	0.7054	0.7088	0.7123	0.7157	0.7190	0.7224
0.6	0.7258	0.7291	0.7324	0.7357	0.7389	0.7422	0.7454	0.7486	0.7518	0.7549
0.7	0.7580	0.7612	0.7642	0.7673	0.7704	0.7734	0.7764	0.7794	0.7823	0.7852
0.8	0.7881	0.7910	0.7939	0.7967	0.7996	0.8023	0.8051	0.8079	0.8106	0.8133
0.9	0.8159	0.8186	0.8212	0.8238	0.8264	0.8289	0.8315	0.8340	0.9365	0.8389
1	0.8413	0.8438	0.8461	0.8485	0.8508	0.8531	0.8554	0.8577	0.8599	0.8621
1.1	0.8643	0.8665	0.8686	0.8708	0.8729	0.8749	0.8770	0.8790	0.8810	0.8830
1.2	0.8849	0.8869	0.8888	0.8907	0.8925	0.8944	0.8962	0.8980	0.8997	0.9015
1.3	0.9032	0.9049	0.9066	0.9082	0.9099	0.9115	0.9131	0.9147	0.9162	0.9177
1.4	0.9192	0.9207	0.9222	0.9236	0.9251	0.9265	0.9279	0.9292	0.9306	0.9319
1.5	0.9332	0.9345	0.9357	0.9370	0.9382	0.9394	0.9406	0.9418	0.9430	0.9441
1.6	0.9452	0.9463	0.9474	0.9485	0.9495	0.9505	0.9515	0.9525	0.9535	0.9545
1.7	0.9554	0.9564	0.9573	0.9582	0.9591	0.9599	0.9608	0.9616	0.9625	0.9633
1.8	0.9641	0.9649	0.9656	0.9664	0.9671	0.9678	0.9686	0.9693	0.9700	0.9706
1.9	0.9713	0.9719	0.9726	0.9732	0.9738	0.9744	0.9750	0.9756	0.9762	0.9767
2	0.9773	0.9778	0.9783	0.9788	0.9793	0.9798	0.9803	0.9808	0.9812	0.9817
2.1	0.9821	0.9826	0.9830	0.9834	0.9838	0.9842	0.9846	0.9850	0.9854	0.9857
2.2	0.9861	0.9865	0.9868	0.9871	0.9875	0.9878	0.9881	0.9884	0.9887	0.9890
2.3	0.9893	0.9896	0.9898	0.9901	0.9904	0.9906	0.9909	0.9911	0.9913	0.9916
2.4	0.9918	0.9920	0.9922	0.9925	0.9927	0.9929	0.9931	0.9932	0.9934	0.9936
2.5	0.9938	0.9940	0.9941	0.9943	0.9945	0.9946	0.9948	0.9949	0.9951	0.9952
2.6	0.9953	0.9955	0.9956	0.9957	0.9959	0.9960	0.9961	0.9962	0.9963	0.9964
2.7	0.9965	0.9966	0.9967	0.9968	0.9969	0.9970	0.9971	0.9972	0.9973	0.9974
2.8	0.9974	0.9975	0.9976	0.9977	0.9977	0.9978	0.9979	0.9980	0.9980	0.9981
2.9	0.9981	0.9982	0.9983	0.9983	0.9984	0.9984	0.9985	0.9985	0.9986	0.9986
3	0.9987	0.9987	0.9987	0.9988	0.9988	0.9989	0.9989	0.9989	0.9990	0.9990

附录 C 电商物流中心调研模板(供参考)

表 C-1 电商物流中心设施设备规模调研

调研问题	调研结果
入库月台口数量	个
出库月台口数量	个
高位货架规格与库位数量	排 列 层(共 个货位)
小件拣选区规模	个货位
大件拣选区规模	个货位
补货站台数量	个
拣选站台数量	个
打包站台数量(小件)	个
打包站台数量(大件)	个
分拣口数量	个
播种货架数量	个
手动液压托盘车数量	个
自动三向叉车数量	个
智能搬运机器人数量	个
RFID 门禁数量	个
自动三向叉车充电桩数量	个
智能搬运机器人充电桩数量	个

表 C-2 配送中心作业岗位及职责调查

岗位名称	岗位细则

表 C-3 商品基础信息表

物料代码	物料名称	分类	包装代码	包装单位	商品属性	重量/kg	单价	物料尺寸/cm	保质期	保质期单位	是否大件

表 C-4 库存信息表

货物编号	货物名称	整货库存	零货库存	订单占用库存	可用库存	总库存

表 C-5 历史有效订单表

订单编号	商品编号	货物名称	货物类型	数量	客户编号	客户名称	收件人	收件地	收件地址	下单时间	状态

表 C-6 作业成本调查表

成本类型	成本科目	科目名称	成本值

参 考 文 献

[1] 黎继子. 电子商务物流 [M]. 北京：中国纺织出版社，2016.
[2] 魏修建. 电子商务物流概论 [M]. 北京：电子工业出版社，2010.
[3] 王小宁. 电子商务物流管理 [M]. 北京：北京大学出版社，2012.
[4] 王成林. 配送中心规划与设计 [M]. 北京：中国财富出版社，2014.
[5] 真虹，张婕姝. 物流企业仓储管理与实务 [M]. 北京：中国物资出版社，2003.
[6] 水藏玺，吴平新，廖文平. 互联网＋：电商采购、库存、物流管理实务 [M]. 北京：中国纺织出版社，2017.
[7] 王欣，徐腾飞，唐连章. SQL Server 2005 数据挖掘实例分析 [M]. 北京：中国水利水电出版社，2008.
[8] 蔡颖，鲍立威. 商业智能原理与应用 [M]. 杭州：浙江大学出版社，2011.
[9] 青岛英谷教育科技股份有限公司. 电子商务与现代仓储管理 [M]. 西安：西安电子科技大学出版社，2015.
[10] 方庆琯. 物流系统设施与设备 [M]. 北京：清华大学出版社，2009.
[11] 尹军琪. "货到人"拣选技术及其应用 [J]. 物流技术与应用，2015，20（10）:136-140.
[12] 朱国俊，陈雅萍，李芊蕾. 仓储和配送管理 [M]. 北京：清华大学出版社，2011.